Die Komponenten des Geschäftsberichts
Abgrenzung und Prüfung unter besonderer Berücksichtigung des freien Teils

Beiträge zum Rechnungs-, Finanz- und Revisionswesen

Herausgegeben von
Prof. Dr. Adolf Gerhard Coenenberg
und Prof. Dr. Klaus v. Wysocki

Band 33

Peter Lang
Frankfurt am Main · Berlin · Bern · New York · Paris · Wien

Christian Wenzler

Die Komponenten des Geschäftsberichts

Abgrenzung und Prüfung
unter besonderer Berücksichtigung
des freien Teils

Peter Lang
Europäischer Verlag der Wissenschaften

Die Deutsche Bibliothek - CIP-Einheitsaufnahme

Wenzler, Christian:

Die Komponenten des Geschäftsberichts : Abgrenzung und Prüfung unter besonderer Berücksichtigung des freien Teils / Christian Wenzler. - Frankfurt am Main ; Berlin ; Bern ; New York ; Paris ; Wien : Lang, 1994
(Beiträge zum Rechnungs-, Finanz- und Revisionswesen ; Bd. 33)
Zugl.: München, Univ., Diss., 1993
ISBN 3-631-46588-2

NE: GT

Die vorliegende Arbeit
wurde als Dissertation an der
Ludwig-Maximilians-Universität
in München angenommen.

D 19
ISSN 0721-3026
ISBN 3-631-46588-2

Printed in Germany 1 3 4 5 6 7

Die Komponenten des Geschäftsberichts

Abgrenzung und Prüfung unter besonderer Berücksichtigung des freien Teils

Inaugural-Dissertation
zur Erlangung des Grades Doctor oeconomiae publicae (Dr.oec.publ.)
an der Ludwig-Maximilians-Universität München

vorgelegt von

Christian Wenzler

1993

Referent: Prof. Dr. Klaus v. Wysocki

Korreferent: Prof. Dr. Dres.h.c. Eberhard Witte

Promotionsabschlußberatung: 28. Juli 1993

Geleitwort

Es ist zumindest bei größeren Aktiengesellschaften üblich, im Geschäftsbericht neben den Pflichtbestandteilen des zu veröffentlichenden Jahresabschlusses (Bilanz, Gewinn- und Verlustrechnung, Anhang, Lagebericht), dem Bestätigungsvermerk des Abschlußprüfers und dem Prüfungsbericht des Aufsichtsrats auch weitere Informationen zu veröffentlichen, die als "freier Teil" des Geschäftsberichts bezeichnet werden können und häufig PR-Charakter besitzen. Aus der Sicht des Prüfungswesens ist diese Praxis insoweit von Bedeutung, wie Bilanz, GuV und Anhang einerseits und der Lagebericht andererseits unterschiedlichen Prüfungsintensitäten unterliegen und eine Prüfungspflicht für den freien Teil in der Literatur - bisher - abgelehnt wird.

Die Arbeit von Herrn Wenzler nimmt dies zum Anlaß, untermauert durch eine empirische Analyse, Inhalt und Aufbau des Geschäftsberichts zu untersuchen. Der Verfasser diskutiert, welche Maßnahmen zur Abgrenzung der einzlenen Berichtsteile und zur Strukturierung des gesamten Berichts anwendbar bzw. notwendig sind. Ein weiterer Problembereich ergibt sich aus der gegenseitigen Beeinflussung und Abhängigkeit der geprüften Berichtselemente auf der einen und der ungeprüften Berichtselemente auf der anderen Seite. So stellt sich die Frage, welche Konsequenzen durch den Abschlußprüfer zu ziehen sind, wenn z.B. die Aussagen im freien Teil des Geschäftsberichts mit den Aussagen in den Pflichtbestandteilen nicht übereinstimmen. Dieses Problem ist unmittelbar verknüpft mit der Frage, ob der freie Teil u.U. doch prüfungspflichtig ist.

Herr Wenzler hat es verstanden, ein in der Literatur bisher wenig bearbeitetes Problem wissenschaftlich zu durchdringen und einer richtungsweisenden Lösung zuzuführen. Hervorzuheben ist insbesondere die Verknüpfung der zunächst deduktiv gewonnenen Ergebnisse seiner Überlegungen mit den Untersuchungen im empirischen Feld. Die Erkenntnisse sollten in Theorie und Praxis nicht unberücksichtigt bleiben. Ich wünsche dem Buch eine freundliche Aufnahme.

Prof. Dr. Klaus v. Wysocki

Inhaltsverzeichnis

Abbildungsverzeichnis

Tabellen im Anhang
zur empirischen Untersuchung von Druckberichten

Abkürzungsverzeichnis

a.A.	anderer Ansicht
Abb.	Abbildung
Abs.	Absatz
Abschn.	Abschnitt
Abt.	Abteilung
ADS	Adler/Düring/Schmaltz
AG	Aktiengesellschaft
AG	Die Aktiengesellschaft (Zeitschrift)
AktG	Aktiengesetz
Anm.	Anmerkung
Art.	Artikel
Aufl.	Auflage
BAV	Bundesaufsichtsamt für das Versicherungswesen
BB	Betriebsberater (Zeitschrift)
BBK	Buchführung Bilanz Kostenrechnung (Zeitschrift, Loseblattsammlung)
Bd.	Band
Bearb.	Bearbeiter
bearb. v.	bearbeitet von
BFuP	Betriebswirtschaftliche Forschung und Praxis (Zeitschrift)
BGB	Bürgerliches Gesetzbuch
BGH	Bundesgerichtshof
BiRiLiG	Gesetz zur Durchführung der Vierten, Siebenten und Achten Richtlinie des Rates der Europäischen Gemeinschaft zur Koordinierung des Gesellschaftsrechts (Bilanzrichtlinien-Gesetz)
Bundesgesetzbl.	Bundesgesetzblatt

bzw.	beziehungsweise
d.h.	das heißt
DB	Der Betrieb (Zeitschrift)
DBW	Die Betriebswirtschaft (Zeitschrift)
Diss.	Dissertation
DStR	Deutsches Steuerrecht (Zeitschrift)
EG	Europäische Gemeinschaften
EGHGB	Einführungsgesetz zum Bürgerlichen Gesetzbuch
Einl.	Einleitung
et al.	et alii
e.V.	eingetragener Verein
evtl.	eventuell
f.	folgende (Seite)
ff.	folgende (Seiten)
FG	Fachgutachten des Instituts der Wirtschaftsprüfer in Deutschland e.V.
FN	Fachnachrichten des Instituts der Wirtschaftsprüfer in Deutschland e.V. (internes Mitteilungsblatt)
FS	Festschrift
GEFIU	Gesellschaft für Finanzwirtschaft in der Unternehmensführung e.V.
ggf.	gegebenenfalls
gl.A.	gleicher Ansicht
GmbH	Gesellschaft mit beschränkter Haftung
GmbHG	Gesetz betreffend die Gesellschaften mit beschränkter Haftung
GmbHR	GmbH-Rundschau (Zeitschrift)
GoA	Grundsätze ordnungsmäßiger Abschlußprüfung
GoB	Grundsätze ordnungsmäßiger Buchführung und Bilanzierung
GuV	Gewinn- und Verlustrechnung

h.M.	herrschende Meinung
HFA	Hauptfachausschuß des Instituts der Wirtschaftsprüfer in Deutschland e.V.
HGB	Handelsgesetzbuch
HGrG	Haushaltsgrundsatzgesetz
Hrsg.	Herausgeber
hrsg. v.	herausgegeben von
i.d.F.	in der Fassung
i.d.R.	in der Regel
i.e.S.	im engeren Sinne
i.S.d.	im Sinne der, des, dieser
i.V.m.	in Verbindung mit
i.w.S.	im weiteren Sinne
IAS	Rechnungslegungsgrundsatz des International Accounting Standards Committee
IASC	International Accounting Standards Committee
IDW	Institut der Wirtschaftsprüfer in Deutschland e.V.
IFAC	International Federation of Accountants
insb.	insbesondere
KGaA	Kommanditgesellschaft auf Aktien
Konzern-GuV	Konzern-Gewinn- und Verlustrechnung
Lfg.	Lieferung
Losebl.	Loseblattsammlung
m.E.	meines Erachtens
m.w.N.	mit weiteren Nachweisen
Nr.	Nummer
NWB	Neue Wirtschafts Briefe (Zeitschrift)
o.V.	ohne Verfasser
Pkt.	Punkt

PublG	Gesetz über die Rechnungslegung von bestimmten Unternehmen und Konzernen (Publizitätsgesetz)
Rdn.	Randnummer
Rn.	Randnummer
Rz.	Randziffer
S.	Seite
sog.	sogenannt(e)
Sp.	Spalte
SSAP	Statements of Standard Accounting Practice
Tab.	Tabelle
Tz.	Textziffer
u.ä.	und ähnliches
u.a.	unter anderem
u.U.	unter Umständen
UEC	Union Européenne des Experts Comtables Economiques et Financiers
v.	von
v.a.	vor allem
vgl.	vergleiche
Vorbem.	Vorbemerkung(en)
WM	Wertpapiermitteilungen (Zeitschrift)
WP-Handbuch	Wirtschaftsprüfer-Handbuch
WP-Jahrbuch	Wirtschaftsprüfer-Jahrbuch
WPg	Die Wirtschaftsprüfung (Zeitschrift)
WPK	Wirtschaftsprüferkammer
WPK-Mitt.	Wirtschaftsprüferkammer-Mitteilungen (Zeitschrift)
z.B.	zum Beispiel
z.T.	zum Teil
ZfB	Zeitschrift für Betriebswirtschaft (Zeitschrift)

ZfbF	Zeitschrift für betriebswirtschaftliche Forschung (Zeitschrift)
ZGR	Zeitschrift für Unternehmens- und Gesellschaftsrecht (Zeitschrift)
Ziff.	Ziffer

A. Einleitung

I. Problemstellung

Zahlreiche Unternehmen publizieren seit langem ihren handelsrechtlichen Jahresabschluß zusammen mit zusätzlichen Informationen im sog. *Geschäftsbericht*. Dieses Druckstück, in der Literatur auch als *Druckbericht* bezeichnet,[1] wird den am Unternehmen in irgend einer Form beteiligten bzw. interessierten Personen unaufgefordert oder auf Nachfrage zur Verfügung gestellt. Der Bericht enthält regelmäßig eine Kombination aus den Komponenten der externen Rechnungslegung, die der Jahresabschlußprüfung unterliegen, und zusätzlichen, freiwilligen Elementen, die neben der besseren Information des Lesers häufig auch der werbenden Selbstdarstellung des berichterstattenden Unternehmens dienen.

Obwohl der Geschäftsbericht (Druckbericht) eine freiwillige Publikation darstellt, kann er nicht unabhängig von der gesetzlichen Offenlegung nach § 325 HGB und damit letztlich von der Jahresabschlußprüfung beurteilt werden. Es bestehen nämlich wichtige Verknüpfungen zwischen dem freiwilligen Geschäftsbericht (Druckbericht) einerseits und der Pflichtveröffentlichung andererseits. Da der freiwillige Bericht den Jahresabschluß und den Lagebericht[2] enthält, die beide der handelsrechtlichen Prüfungspflicht unterliegen,[3] fällt er unter die Regelungen des § 328 HGB. Dient der Bericht auch zur Erfüllung der Vorlagepflichten gegenüber den Aktionären,[4] ist er unter § 328 Abs. 1 HGB zu subsumieren.[5] In diesem Fall sind der Jahresabschluß, der Lagebericht und die übrigen vorlagepflichtigen Komponenten vollständig und richtig in den Geschäftsbericht (Druckbericht) zu übernehmen. Außerdem ist der im Rahmen der Pflichtprüfung erteilte Bestätigungsvermerk im unveränderten Wortlaut wiederzugeben. Kommt es dagegen in der freiwilligen Publikation nur zu einer auszugsweisen Darstellung des Jahres- bzw. Konzernabschlusses, ist gemäß § 328 Abs. 2 HGB aus-

---

1 Zur Verwendung des Begriffs "Druckbericht" vgl. *v. Wysocki* (Aussagefähigkeit 1990) S. 268; *Schmidt* (Druckbericht 1992) Sp. 368 ff.; *IDW* (WP-Handbuch 1992) F 413.

2 Ggf. enthält er auch den Konzernabschluß und den Konzernlagebericht.

3 Vgl. §§ 316 ff. HGB.

4 Zu den Vorlagepflichten vgl. §§ 175, 176 AktG sowie Abschnitt B.I.1.b), Seite 11 ff.

5 Vgl. *ADS* (Rechnungslegung 1987) § 328 HGB Tz. 43 ff.; *Langenmayr* (Kommentierung 1986) § 328 HGB Rz. 4 ff.; *Müller* (Kommentierung 1990) § 328 HGB Rn. 3 f.

drücklich darauf hinzuweisen, daß es sich nicht um eine der gesetzlichen Form entsprechende Veröffentlichung handelt. Das Testat darf nicht beigefügt werden, es ist jedoch zu vermerken, ob und ggf. in welcher Form der Bestätigungsvermerk erteilt wurde.[6] Es besteht somit immer eine Verbindung zum Testat und damit zur gesetzlich vorgeschriebenen Jahresabschlußprüfung, gleichgültig ob die handelsrechtlichen Rechnungslegungsinstrumente unverändert oder verkürzt in den freiwillig publizierten Geschäftsbericht (Druckbericht) aufgenommen werden.

Durch die Verknüpfung von explizit prüfungspflichtigen Angaben, deren Inhalt sich z.T. überschneidet, einerseits und zusätzlichen, die geprüften Komponenten ergänzenden oder auch nur werbenden Ausführungen andererseits, ergeben sich verschiedene Problemkreise.

Aufgrund einer fehlenden abschließenden gesetzlichen Vorgabe hinsichtlich des Inhalts der einzelnen Berichtsteile stellt sich zunächst die Frage der Abgrenzung der einzelnen Komponenten. Sie umfaßt sowohl die formale und inhaltliche Abgrenzung der prüfungspflichtigen Elemente untereinander als auch deren Abgrenzung zu den sonstigen Angaben des Berichts.

Die zweite und weit komplexere Problematik ergibt sich aus der gegenseitigen Beeinflussung und Abhängigkeit der geprüften Elemente auf der einen und der ungeprüften Aussagen des Berichts auf der anderen Seite. Geht man mit der herrschenden Meinung von der Prüfungsfreiheit der zusätzlichen Angaben aus, die im Geschäftsbericht (Druckbericht) außerhalb der Pflichtkomponenten der externen Rechnungslegung plaziert werden, stellt sich die Frage, wie zu verfahren ist, wenn diese Angaben den testierten Bestandteilen des Berichts widersprechen und damit deren Aussagegehalt verfälschen.[7] Zwar stuft die Literatur einen derartigen Fall durchgehend als unzulässig ein,[8] die sich daraus ergebenden Konsequenzen werden jedoch nicht diskutiert. Es ist daher zu untersuchen, ob und ggf. welche Folgen sich für das Unternehmen, den Abschlußprüfer und den am Unternehmen interessierten Dritten aus der Möglichkeit einer sich widersprechenden Berichterstattung im Geschäftsbericht (Druckbericht) ergeben. In letzter

---

6 Vgl. *Stolberg* (Offenlegung 1986) Rz. 12; *Sarx* (Kommentierung 1990) § 328 HGB Anm. 18; *Ott* (Offenlegung 1992) Rz. 49 f.

7 Vgl. *v. Wysocki* (Aussagefähigkeit 1990) S. 268.

8 Vgl. u.a. *Biener/Berneke* (Bilanzrichtlinien-Gesetz 1986) S. 247; *Müller* (Einführung 1986) Rz. 7; *Clemm/Ellrott* (Kommentierung 1990) § 289 Anm. 5; *ADS* (Rechnungslegung; 1987) § 289 HGB Tz. 16 und 40; *IDW* (WP-Handbuch 1992) F 436 ff.

Konsequenz ist dabei der Frage nachzugehen, ob sich - entgegen der herrschenden Meinung - die handelsrechtliche Jahresabschlußprüfung auf den gesamten Bericht erstreckt, also auch auf den freien Teil.

II. Begriffliche Grundlagen

Der Begriff *Geschäfts- bzw. Druckbericht* bezeichnet die von einem Unternehmen nach Ablauf eines Wirtschaftsjahrs herausgegebene schriftliche Darstellung des Geschäftsverlaufs in der Berichtsperiode und der wirtschaftlichen Situation der Unternehmung am Ende dieses Zeitraums.[9] Der Bericht wird von den Unternehmen häufig unter einer anderen Bezeichnung veröffentlicht, so z.B. als *Bericht über das Geschäftsjahr*.[10] Aufgrund der Entstehungsgeschichte dieser Form der Berichterstattung wird allerdings überwiegend der Begriff *Geschäftsbericht* verwandt. Eine derartige Terminologie ist jedoch nicht korrekt, da Überschneidungen mit der früheren, gesetzlich geregelten Verwendung dieser Bezeichnung nicht ausgeschlossen werden können. Das Aktiengesetz 1965 definierte den Geschäftsbericht nämlich in der engeren Bedeutung eines Teils der aktienrechtlichen Pflichtberichterstattung. Die heutige Publikation ist dagegen rechtlich nicht kodifiziert, sondern stellt die Zusammenfassung von gesetzlich vorgeschriebenen Komponenten der externen Berichterstattung und zusätzlichen, freiwilligen Angaben dar. Um begriffliche Überschneidungen mit dem Aktienrecht 1965 zu vermeiden, wird daher im folgenden die von den Unternehmen häufig unter dem Titel "Geschäftsbericht" herausgegebene Veröffentlichung ausschließlich als *Druckbericht* bezeichnet.

Die einzelnen Komponenten des Druckberichts wiederum werden im Rahmen dieser Arbeit in zwei Kategorien unterteilt. Die zur Erfüllung der gesetzlichen Vorlagepflichten notwendigen Elemente stellen die *Pflichtbestandteile* dar, die

---

9 Vgl. *Schmidt* (Druckbericht 1992) Sp. 368 ff.; *Busse von Colbe* (Geschäftsbericht 1991) S. 217; *IDW* (WP-Handbuch 1992) F 413.

10 Vgl. *Klöckner & Co* (Bericht 1989); *Bremer Vulkan* (Bericht 1989); *Harpener* (Bericht 1989). Der Druckbericht wird auch unter kürzeren Titeln wie *Jahresbericht* oder *Das Geschäftsjahr* veröffentlicht; vgl. *Linde* (Jahresbericht 1989); *Deutsche Aerospace* (Geschäftsjahr 1989).

außerhalb dieser Komponenten publizierten Angaben bilden den *freien Teil des Druckberichts*.

Insofern wird hier der Begriff *Pflicht*bestandteile nicht im Sinne eines gesetzlich vorgeschriebenen Mindestinhalts des Druckberichts verwandt. Da es sich bei diesem Bericht um eine freiwillige Publikation handelt, existiert ein derartiger gesetzlicher Mindestinhalt nicht. Statt dessen soll durch die Bezeichnung zum Ausdruck gebracht werden, daß der Druckbericht i.d.R. auch die Vorlagepflichten nach §§ 175, 176 AktG erfüllt. Die Bestandteile des Druckberichts, die unter diese gesetzlichen Vorlagepflichten fallen, also Jahresabschluß, Lagebericht, Bestätigungsvermerk, Bericht des Aufsichtsrats sowie Gewinnverwendungsvorschlag, werden somit als *Pflicht*bestandteile des Druckberichts bezeichnet, obwohl der Gesetzgeber eine derartig umfangreiche, den interessierten Kreisen aktiv übermittelte Berichterstattung nicht fordert.

Korrespondierend dazu bildet die Summe der sonstigen Angaben, die hinsichtlich der aktienrechtlichen Vorlagepflichten z.T. weit über das gesetzlich geforderte Maß hinausgehen, den *freien Teil des Druckberichts*. Sie sind regelmäßig im Druckbericht enthalten, können jedoch nicht den Pflichtangaben zugerechnet werden. Die Aussagen reichen dabei von zusätzlichen, das Unternehmen beschreibende Informationen[11] über die Aufbereitung der im Jahresabschluß enthaltenen Zahlen[12] bis hin zu Public Relations-Angaben, die mit der Berichterstattung über die unmittelbare betriebliche Tätigkeit des Unternehmens nicht mehr zusammenhängen.[13]

---

11 Vgl. z.B. die Organisationsübersicht in *Bayer* (Geschäftsbericht 1990) S. 66 f. und den Sonderteil "Einhell-Vertrieb im In- und Ausland" in *Hans Einhell* (Geschäftsbericht 1989) S. 20 ff. Ein weiteres Beispiel ist der Abschnitt "Aus der Arbeit unserer Unternehmensbereiche" in *FAG Kugelfischer* (Geschäftsbericht 1990), S. 34 ff. Zu diesem Bereich ist auch der Sonderteil "Thema des Jahres: Mit gestraffter Konzernstruktur gefestigt in die Zukunft" in *Thyssen* (Bericht 1991/92) S. 12 ff. zu rechnen.

12 Umfangreiche statistische Übersichten enthalten z.B. folgende Druckberichte: *Brau und Brunnen* (Bericht 1989) S. 2 ff.; *Kolbenschmidt* (Geschäftsbericht 1989/90) Umschlag-Innenseite; *Siemens* (Geschäftsbericht 1991) S. 52 f.

13 Ein Beispiel ist die Abhandlung im Druckbericht 1990 der *Volkswagen AG* über die geschichtliche Entwicklung des Automobilbaus in Sachsen; vgl. *Volkswagen* (Bericht 1990) S. 55 ff. Noch auffälliger ist der Druckbericht 1990 der *Stadt-Sparkasse Solingen*, der fast zur Hälfte aus einer historisch-wissenschaftlichen Abhandlung über die Wasserversorgung Solingens besteht; vgl. *Stadt-Sparkasse Solingen* (Geschäftsbericht 1990) S. 36 ff.

III. Inhaltliche Abgrenzung der Thematik und Gang der Untersuchung

Ausgangspunkt der Überlegungen sind die handelsrechtlichen Bestimmungen zur Prüfungs- und Offenlegungspflicht sowie zur Veröffentlichung und Vervielfältigung des Jahresabschlusses und Lageberichts einer Kapitalgesellschaft. Diese Regelungen sind im dritten Buch des HGB im dritten und vierten Unterabschnitt kodifiziert. Unterstellt wird die Publizierung des Einzelabschlusses eines Industrieunternehmens in der Rechtsform einer Aktiengesellschaft. Soweit nicht explizit vermerkt, wird nicht auf branchen- oder rechtsformspezifische gesetzliche Regelungen eingegangen. Auf Besonderheiten im Zusammenhang mit dem Konzernabschluß wird im Einzelfall hingewiesen. Außerdem besteht regelmäßig die Annahme, daß es sich um den Druckbericht einer großen Aktiengesellschaft i.S.d. § 267 Abs. 3 HGB handelt. Abweichungen davon sind ebenfalls ausdrücklich gekennzeichnet. Die Ausführungen beziehen sich schwerpunktmäßig auf die Bereiche Anhang, Lagebericht und freier Teil des Druckberichts. Da sich diese Komponenten inhaltlich überschneiden können, tritt die Abgrenzungs- und Prüfungsproblematik hier am stärksten zutage.

Die vorliegende Untersuchung beginnt mit der Darstellung von Inhalt und Aufbau des Druckberichts. Dies erfolgt zum einen, unter Beachtung der historischen Entwicklung der Publizität, auf der Basis der gesetzlichen Vorgaben, zum anderen anhand einer empirischen Analyse von veröffentlichten Druckberichten. Ausgehend von den dabei gewonnenen Erkenntnissen hinsichtlich eines gesetzlich nicht abschließend geregelten Aufbaus sowie den in der Praxis zahlreich existierenden Formen des Druckberichts, wird anschließend die Abgrenzungsproblematik der einzelnen Komponenten diskutiert. Außerdem kommt es zu einer kritischen Erörterung der Möglichkeiten zur notwendigen Strukturierung des Druckberichts. Erfüllt das berichterstattende Unternehmen seine Pflicht zur klaren Abgrenzung der einzelnen Berichtskomponenten, ist dennoch nicht geklärt, welche Folgen Diskrepanzen zwischen dem freien Teil einerseits und den Pflichtbestandteilen andererseits nach sich ziehen. Daher wird anschließend vor dem Hintergrund einer korrekten formalen Abgrenzung der Druckberichtselemente der Frage nachgegangen, ob die gesetzliche Prüfungspflicht sich entgegen der herrschenden Meinung auch auf den freien Teil erstreckt, um eine widerspruchsfreie Berichterstattung im gesamten Druckbericht zu gewährleisten. Aufgrund der bestehenden Rechtslage wird diese These nicht eindeutig angenommen oder abgelehnt werden können. Daher umfaßt die Untersuchung noch die Entwicklung und kritische Erörterung von Maßnahmen, die - im wesentlichen de lege ferenda - zur Lösung der Abgrenzungs- und Prüfungsproblematik in die eine oder andere Richtung beitragen könnten. Abschließend werden die wesentlichen Ergebnisse thesenartig zusammengefaßt.

B. Die Komponenten der Druckberichts - Abgrenzung und Prüfung

I. Inhalt und Aufbau des Druckberichts

Als Grundlage für die Diskussion der die Druckberichtskomponenten betreffenden Abgrenzungs- und Prüfungsproblematik ist es zunächst notwendig, Inhalt und Aufbau des Druckberichts kurz darzustellen. Ausgehend von der historischen Entstehung werden in diesem Abschnitt die einzelnen Bestandteile anhand ihrer Aufgabenstellung charakterisiert und ihre systematische Stellung innerhalb des Druckberichts aufgezeigt. Außerdem spielt in diesem Zusammenhang die Anordnung der Komponenten eine große Rolle, weshalb untersucht wird, ob ein gesetzlich vorgeschriebener bzw. ein in der Berichtspraxis durchgehend praktizierter Grundaufbau des Druckberichts existiert.

1. Die Komponenten des Druckberichts und ihre Aufgaben

a) Historische Entwicklung des Begriffs "Geschäftsbericht"

a1) Der Geschäftsbericht nach § 160 AktG 1965

Die externe Rechnungslegung nach dem Aktienrecht 1965 bestand aus zwei großen Komponenten, zum einen aus dem Jahresabschluß, der sich aus der sog. Jahresbilanz und der GuV-Rechnung zusammensetzte, und zum anderen aus dem Geschäftsbericht.[14] Eines der Hauptanliegen der Aktienrechtsreform 1965 war es, die Streuung des Aktienbesitzes innerhalb größerer Bevölkerungskreise zu erreichen. Dies sollte u.a. durch die Ausweitung der Puplizitätspflichten bewirkt

---

14 Vgl. *Godin/Wilhelmi* (Aktiengesetz 1971) Vorbem. zu § 148 AktG S. 868 ff.; *ADS* (Rechnungslegung 1968) § 148 AktG Tz. 4 ff.; *v. Wysocki* (Aussagefähigkeit 1990), S. 260. Die entsprechenden Regelungen waren im ersten Buch, fünfter Teil des AktG 1965 in §§ 148 ff. kodifiziert.

werden.[15] Der Begriff *Geschäftsbericht* wurde deshalb durch § 160 AktG 1965 erweitert.[16] Demnach umfaßte der aktienrechtliche Geschäftsbericht den Lagebericht und den Erläuterungsbericht.[17] Im *Lagebericht* wurde über den Geschäftsverlauf, die Lage der Gesellschaft sowie über Vorgänge von besonderer Bedeutung, die erst nach dem Schluß des Geschäftsjahres eingetreten sind, berichtet. Dieser Inhalt entspricht in weiten Teilen dem heutigen, umfangreicheren Lagebericht nach § 289 HGB. Der *Erläuterungsbericht* hatte die Aufgabe, durch zusätzliche Informationen den Jahresabschluß zu ergänzen, vorwiegend durch Angaben über angewandte Bewertungs- und Abschreibungsmethoden.[18] Die Bandbreite der von § 160 AktG 1965 geforderten Erläuterungen reichte dabei von allgemeinen Angaben nach § 160 Abs. 2 Satz 1 AktG 1965, z.B. über die Zusammensetzung der einzelnen Bilanzposten, über besondere Abschlußerläuterungen gemäß § 160 Abs. 2 Satz 2 bis 5 AktG 1965, die insbesondere die Bewertungs- und Abschreibungsmethoden betrafen, bis hin zu einem Katalog von Einzelangaben[19] nach § 160 Abs. 3 Nr. 1 bis 11 AktG 1965. Der Erläuterungsbericht bildete die Basis für den heutigen Anhang nach § 284 HGB.[20]

Neben dem Lage- und dem Erläuterungsbericht mußten im aktienrechtlichen Geschäftsbericht nach § 160 Abs. 5 AktG 1965 sämtliche Mitglieder des Vorstands und des Aufsichtsrats angegeben werden. Schließlich waren die Unternehmen aufgrund außerhalb des § 160 AktG 1965 kodifizierter Regelungen[21]

---

15 Vgl. *Schulte* (Publizitätspraxis 1988) S. 41; *Wiethölter* (Publizitätsinteressen 1962) S. 35 ff.; *Mellerowicz* (Aktiengesetz 1970) Vorbem. § 148 AktG S. 5; *Würdinger* (Aktienrecht 1966) S. 159; *Hax* (Aktienrechtsreform 1962) S. 97 f.

16 Der Begriff *Geschäftsbericht* wurde mit ähnlicher Bedeutung bereits durch § 260a HGB 1931 sowie durch den diese Vorschrift ablösenden § 128 AktG 1937 eingeführt. Die Bestimmungen bildeten die Grundlage der ausführlicheren Regelung des § 160 AktG 1965. Vgl. *Bauchowitz* (Lageberichtspublizität 1979) S. 7 ff.

17 Vgl. § 160 Abs. 1 sowie § 160 Abs. 2 und 3 AktG 1965. Diese Unterteilung war demnach zwar gesetzlich nicht ausdrücklich kodifiziert, wurde jedoch von der h.M. gefordert und in der Berichtspraxis auch praktiziert. Vgl. *Clemm/Reittinger* (Lagebericht 1983) Sp. 887 ff.; *Kropff* (Kommentierung 1973) § 160 AktG Anm. 2 ff.; *Ertner* (Geschäftsbericht 1968) S. 24 ff.; *Schmidle* (Publizitätsverhalten 1981) S. 4 f.

18 Vgl. *IDW* (WP-Handbuch 1985) S. 511 ff.; *Zeiss* (Aktiengesetz 1966) S. 89 ff.

19 Beispiele hierfür sind Angaben über Vorratsaktien, eigene Aktien, wechselseitige Beteiligungen.

20 Vgl. *Brink* (Anhang 1991) S. 16 f.; *ADS* (Rechnungslegung 1987) § 284 HGB Tz. 1; *Clemm/Ellrott* (Kommentierung 1990) § 284 HGB Anm. 1.

21 Vgl. §§ 312 Abs. 3, 240 Satz 3, 261 Abs. 1 und 2 AktG 1965.

verpflichtet, unter bestimmten Voraussetzungen zusätzliche Erläuterungen in den Geschäftsbericht aufzunehmen.[22]

Einen Überblick über die systematische Stellung der Rechnungslegungskomponenten nach dem Aktiengesetz 1965 sowie über den Inhalt des Geschäftsbericht i.S.d. § 160 AktG 1965 gibt Abbildung 1.

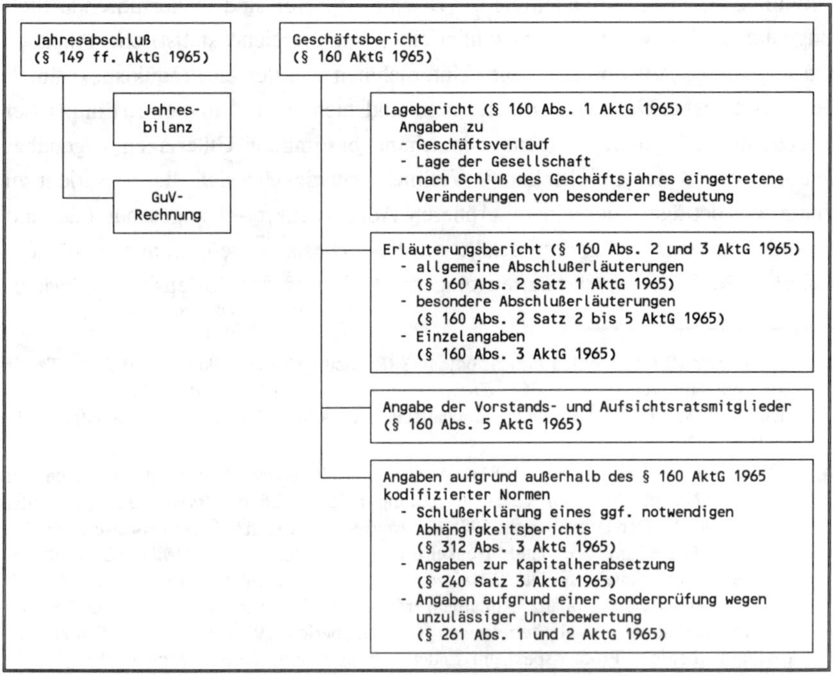

Abb. 1: Die Komponenten der Rechnungslegung nach dem Aktiengesetz 1965

a2) Die umfassendere Verwendung des Begriffs "Geschäftsbericht"

Bereits während der Geltungsdauer des Aktiengesetzes 1937, insbesondere jedoch unter dem Aktiengesetz 1965 zeigte es sich, daß die Unternehmen den Begriff *Geschäftsbericht* nicht im damaligen aktienrechtlichen, sondern in einem

22 Vgl. *IDW* (WP-Handbuch 1985) S. 530 f.; *Meier* (Geschäftsbericht 1974) Sp. 1646 f.; *Verband der Chemischen Industrie* (Rechnungslegung 1967) S. 56 f.

weitergehenden Sinn verwendeten. Als Geschäftsbericht wurde das Druckstück bezeichnet, das alle gesetzlich vorgeschriebenen Vorlagen anläßlich der Erstellung des Jahresabschlusses enthielt. Dieser *Geschäftsbericht i.w.S.* umfaßte den Jahresabschluß, den Geschäftsbericht nach § 160 AktG 1965, den Bericht des Aufsichtsrats sowie den Gewinnverwendungsvorschlag. Außerdem wurden in den meist aufwendig gestalteten Geschäftsbericht i.w.S. regelmäßig zusätzliche, freiwillige Angaben aufgenommen.[23] Beispiele hierfür sind weiterführende Stellungnahmen des Vorstands, Sozialberichte, umfangreiche statistische Angaben und allgemeine Ausführungen zum Unternehmen und dessen Produktspektrum.[24] Der Geschäftsbericht i.w.S. diente mehr und mehr nicht nur der Erfüllung der gesetzlichen Pflicht der Zugänglichmachung bestimmter Unterlagen gegenüber den Aktionären der Gesellschaft.[25] Vielmehr entwickelte sich dieser Bericht zu einem Werbeträger, der einem größeren Adressatenkreis[26] zugesandt oder auf Anforderung zur Verfügung gestellt wurde.[27] Diese, insbesondere von börsennotierten Publikumsgesellschaften eingeführte Praxis der "offensiven" Bericht-

---

23 Vgl. *Schulte* (Bilanzpolitik 1986) S. 64; *ADS* (Rechnungslegung 1968) § 160 AktG Tz. 1; *IDW* (WP-Jahrbuch 1954) S. 364; *Kropff* (Public relations 1950) S. 434; *IDW* (WP-Handbuch 1968) S. 443 ff.; *Goerdeler* (Geschäftsbericht 1966) S. 114; *Blohm* (Geschäftsbericht 1962) S. 9 ff.

24 Vgl. *Castan* (Geschäftsbericht 1981) Sp. 606 f.; *Kellinghusen/Irrgang* (Geschäftsbericht 1978) S. 2277 ff.; *Brockhoff* (Berichterstattung 1975) S. 26 ff.; *Hundhausen* (Publizität 1957) S. 143 ff. Der Druckbericht 1978 der *Henkel KGaA* enthält beispielsweise einen 30-seitigen Sonderteil mit dem Titel "Henkel und die Klebstoffe"; vgl. *Henkel* (Geschäftsbericht 1978) nach Seite 8 ff. Die *Bertelsmann AG* veröffentlicht im Druckbericht 1977/78 eine umfangreiche Sozialbilanz. Außerdem trägt der Bericht selbst den Titel "Geschäftsbericht und Sozialbilanz"; vgl. *Bertelsmann* (Geschäftsbericht 1977/78) S. 46 ff. Ein eigener Abschnitt über des Produktspektrum findet sich in *Friedr. Krupp Hüttenwerke* (Bericht 1975) S. 51. Ein umfangreicher Statistikteil ist in *Schering* (Geschäftsbericht 1971) S. 48 f. enthalten.

25 Nach § 175 AktG 1965 hatte eine Aktiengesellschaft den Jahresabschluß, den Geschäftsbericht i.S.d. § 160 AktG 1965, den Bericht des Aufsichtsrats sowie den Gewinnverwendungsvorschlag von der Einberufung der Hauptversammlung an in den Geschäftsräumen der Gesellschaft zur Einsicht der Aktionäre auszulegen. Nur auf Verlangen mußte dem Aktionär eine Abschrift erteilt werden.

26 Neben den Aktionären und Banken wurde der Bericht auch der Presse, den Geschäftspartnern und der übrigen am Unternehmen interessierten Öffentlichkeit, insbesondere den potentiellen Kapitalanlegern, zur Verfügung gestellt. Vgl. *Schulte* (Rechnungslegung 1984) S. 19 f.; *Dober* (Publizität 1966) S. 115 ff.; *Goerdeler* (Publizität 1962) S. 211 ff.; *Minz* (Mittler 1962) S. 258 ff.

27 Vgl. *Pohle* (Geschäftsbericht 1993) Sp. 711; *Mellerowicz* (Unternehmenspolitik 1965) S. 535 ff., insb. S. 540 f.; *ADS* (Rechnungslegung 1968) § 160 AktG Tz. 3.

erstattung, die durchaus der Zielsetzung der Aktienrechtsreform 1965 entsprach, wurde bereits früh von kritischen Stimmen begleitet. *Havermann* merkte beispielsweise bereits 1963 an, daß man Bestrebungen, den Geschäftsbericht in zunehmendem Maße als Werbeträger einzusetzen, sehr vorsichtig beurteilen sollte, da der Adressat "... weder eine Reklamebroschüre noch ein Bilderbuch wünscht, sondern eine klare sachliche Information."[28] Schon zu diesem Zeitpunkt wurde die Gefahr angesprochen, daß die gesetzlich geforderten und geprüften Informationen durch die äußere Aufmachung des Geschäftsberichts i.w.S. in den Hintergrund treten könnten.[29] Um zumindest Mißverständnisse hinsichtlich Inhalt und Prüfungsumfang[30] des Geschäftsberichts i.S.v. § 160 AktG 1965 zu vermeiden, schlug daher das *IDW* im Rahmen der Beratungen zur Aktienrechtsreform 1965 vor, den Geschäftsbericht i.S.v. § 160 AktG 1965 in *Jahresbericht des Vorstandes* umzubenennen,[31] um damit den Gesetzeswortlaut der betrieblichen Praxis anzupassen. Dieser Anregung ist der Gesetzgeber jedoch nicht gefolgt.

b) Der Druckbericht nach Umsetzung der 4. und 7. EG-Richtlinie

Im Rahmen der Umsetzung der 4. und 7. Richtlinie des Rates der Europäischen Gemeinschaften zur Koordinierung des Gesellschaftsrechts durch das Bilanzrichtlinien-Gesetz erfolgte eine Neuordnung der Rechnungslegungsinstrumente. Die Rechnungslegungsvorschriften wurden in zahlreichen Spezialgesetzen[32] verringert und dafür im dritten Buch des HGB zusammengefaßt.[33] In diesem Zusammenhang wurde auch § 160 AktG 1965 aufgehoben, der Begriff *Geschäftsbericht* jedoch nicht mehr in das HGB übernommen. Statt dessen kam es zu einer Aufteilung des Geschäftsberichts i.S.d. § 160 AktG 1965. Der

---

28 *Havermann* (Publizitätsfreudigkeit 1963) S. 268.

29 Vgl. *Havermann* (Publizitätsfreudigkeit 1963) S. 268.

30 Der Prüfungsumfang des Geschäftsberichts i.S.v. § 160 AktG 1965 wurde durch § 162 AktG 1965 geregelt.

31 Vgl. *IDW* (Vorschläge 1956) S. 31.

32 Davon betroffen waren z.B. das AktG, GmbHG, PublG, GenG.

33 Vgl. *Brönner/Bareis* (Bilanz 1991) S. 43 f.; *Heinhold* (Jahresabschluß 1988) S. 27 f.; *Fussan* (Jahresabschluß 1986) S. 17 ff.

Erläuterungsbericht wurde in erweiterter Form zum Anhang[34] und bildet nun gemäß § 264 Abs. 1 HGB den dritten Teil des Jahresabschlusses von Kapitalgesellschaften. Der Lagebericht wiederum wurde zu einem eigenständigen Rechnungslegungsinstrument der Kapitalgesellschaften.[35] Einen Überblick über die systematische Stellung der einzelnen Komponenten der handelsrechtlichen Rechnungslegung nach neuem Recht gibt Abbildung 2.

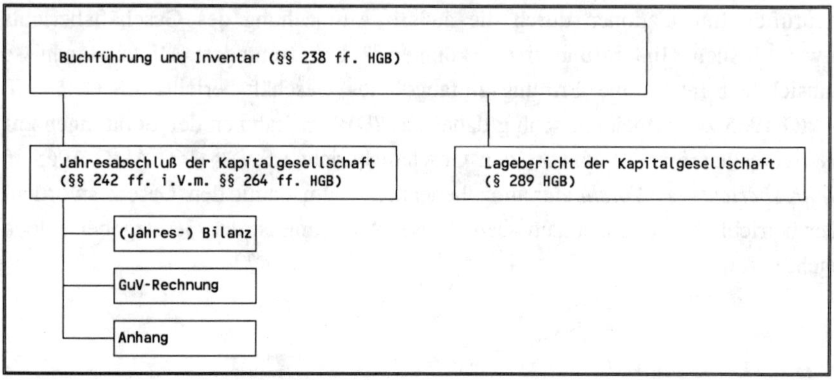

Abb. 2: Die Komponenten der Rechnungslegung einer Kapitalgesellschaft nach dem HGB

Der Begriff *Geschäftsbericht* ist demnach gesetzlich nicht mehr geregelt, die Gefahr einer terminologischen Überschneidung mit den von den Unternehmen als Geschäftsbericht veröffentlichten Druckstücken somit beseitigt. Dennoch erscheint es sinnvoll, diese Unternehmensberichte als *Druckbericht* zu bezeichnen, um Verwechslungen mit dem bis 1985 existierenden Geschäftsbericht i.S.d. § 160 AktG 1965 von vornherein auszuschließen.

Die Aufgabenstellungen, denen der heutige Druckbericht unterliegt, sind trotz der Reform der Rechnungslegungsvorschriften gleich geblieben. Zum einen soll er die gesetzlichen Vorlagepflichten gegenüber den Anteilseignern der Kapitalgesellschaft erfüllen. Diese sind gegenüber dem Aktiengesetz 1965 materiell unverändert, es wurde lediglich die Aufteilung des ehemaligen aktienrechtlichen Geschäftsberichts in Anhang und Lagebericht berücksichtigt. Die Gesellschaft hat demnach den Jahresabschluß, den Lagebericht, den Bericht des Aufsichtsrats

34 Den Inhalt des Anhangs regeln §§ 284 ff. HGB.

35 Vgl. § 264 Abs. 1 und § 289 HGB.

sowie den Gewinnverwendungsvorschlag des Vorstands ab dem Zeitpunkt der Einberufung der Hauptversammlung in den Geschäftsräumen zur Einsicht der Aktionäre auszulegen.[36] Ein Versand der Vorlagen auf Initiative der Gesellschaft, der heute bei vielen Unternehmen den Regelfall darstellt, wäre nicht notwendig, da § 175 Abs. 2 Satz 2 AktG die Pflicht zur Erteilung einer Abschrift wie bisher vom Verlangen des Aktionärs abhängig macht.

Die zweite Aufgabe - und diese gewinnt ständig an Bedeutung - hat der Druckbericht als Kommunikationsinstrument und Werbeträger des Unternehmens gegenüber der interessierten Öffentlichkeit zu erfüllen.[37] Dieser Zielsetzung suchen die Berichte durch eine Reihe von zusätzlichen Informationen gerecht zu werden, die stellenweise weit über das gesetzlich geforderte Mindestmaß hinausreichen oder mit den gesetzlichen Angaben nicht mehr in Zusammenhang stehen. Dies gilt insbesondere für Ausführungen, die dem Bereich Public Relations zuzuordnen sind.[38]

Der Druckbericht enthält demgemäß eine Vielzahl von Informationen mit z.T. stark unterschiedlichem Charakter, die zudem an divergierende Adressatengruppen gerichtet sind.[39] Aus diesem Grunde erscheint es im folgenden notwendig, zunächst kurz auf die einzelnen Komponenten des Druckberichts einzugehen. Die Aufgaben, die die einzelnen Teile des Druckberichts zu erfüllen haben, hängen stark vom angesprochenen Adressatenkreis ab, gleichzeitig wird eine Vielzahl von unterschiedlichen Gruppen innerhalb und außerhalb des Unternehmens durch den Druckbericht erreicht. Der Jahresabschluß richtet sich an Leser mit z.T. gänzlich divergierenden Interessen, vom Publikumsaktionär über den Großaktionär, den Gläubiger, die interessierte Öffentlichkeit bis hin zum Fiskus.[40] Es ist im Rahmen dieser Arbeit nicht möglich, die Informationsinteressen jeder einzelnen potentiellen Adressatengruppe als Maßstab für die Aufgaben

---

36 Vgl. § 175 Abs. 2 Satz 1 AktG.

37 Vgl. *Friedrich* (Lagebericht 1990) S. 741; *Schmidt* (Druckbericht 1992) Sp. 368 ff.; *Kellinghusen/Irrgang* (Geschäftsbericht 1978) S. 2277 f.

38 Vgl. *Baumann* (Geschäftsbericht 1987) S. 93; *Reuter* (Publizität 1987) S. 429 ff.; *Pohle* (Geschäftsbericht 1993) Sp. 708 ff.

39 Vgl. *Schmidt* (Druckbericht 1992) Sp. 372; *Baumann* (Geschäftsbericht 1987) S. 93; *Kellinghusen/Irrgang* (Geschäftsbericht 1978) S. 2277 f.

40 Vgl. *Volk* (Informationsinteresse 1987) S. 723 ff.; *Reuter* (Publizität 1987) S. 431 f.; *Coenenberg* (Jahresabschluß 1991) S. 8 ff.; *Heinen* (Handelsbilanzen 1986) S. 101 ff.; *Wiethölter* (Publizitätsinteressen 1962) S. 33 ff.

der Druckberichtsteile heranzuziehen. Das weitgefächerte Spektrum möglicher Interessenten würde eindeutige Aussagen nicht zulassen.

Für die Beurteilung der Zielsetzung der einzelnen Druckberichtskomponenten ist es daher notwendig, die Adressatengruppen weitaus gröber zu strukturieren. Als Kriterium bietet sich dabei die Qualifikation des Lesers an, auf die regelmäßig die Gestaltung der einzelnen Komponenten abgestimmt wird, soweit das Gesetz einen entsprechenden Spielraum gewährt.[41] Im folgenden sollen daher nur zwei Adressatengruppen unterschieden werden. Dies sind zum einen die geschulten *Bilanzanalysten*,[42] die über das entsprechende Fachwissen verfügen, um die vorgelegten Informationen unabhängig von ihrer Gestaltung aufbereiten und ihren Informationsgehalt einschätzen zu können. Die zweite Gruppe bilden die *anderen Interessenten*,[43] die den Druckbericht beurteilen, ohne über ein den Analysten vergleichbares Hintergrundwissen zu verfügen. Bei dieser Klassifizierung spielt die rechtliche Stellung des Lesers zum berichtenden Unternehmen keine Rolle.[44] Die Frage, für welche Gruppe die im Druckbericht enthaltenen Informationen bestimmt sind, läßt sich sicherlich nicht immer abschließend beurteilen. Dennoch ist es möglich, Tendenzaussagen über die Ausrichtung bestimmter Teile der Berichterstattung zu treffen. Als Maßstab dienen dabei Wortwahl und Darstellungsform der Druckberichtskomponenten, die sich an der Qualifikation der Adressaten ausrichten und somit Rückschlüsse auf die vom berichterstattenden Unternehmen überwiegend angesprochene Gruppe zulassen.[45] Die Zielsetzung der einzelnen Druckberichtsteile ist somit von großer Bedeutung für den Aufbau, die Abgrenzung und die Gestaltung des Druckberichts.

---

41 Vgl. *Schmidt* (Druckbericht 1992) Sp. 372 m.w.N.

42 Im folgenden kurz als *Analysten* bezeichnet.

43 Im folgenden kurz als *Interessenten* bezeichnet.

44 Es wird nicht danach unterschieden, ob es sich bei dem Leser um einen Eigenkapital- oder Fremdkapitalgeber, einen potentieller Anleger, einen Mitarbeiter usw. handelt.

45 Vgl. dazu auch die Untersuchung der *Roland Berger Forschungsgruppe*, kommentiert in *Kellinghusen/Irrgang* (Geschäftsbericht 1978) S. 2277 ff. Die dabei erzielten Ergebnisse zum Aktienrecht 1965 lassen sich mit geringen Modifikationen auf das neue Recht übertragen. Vgl. auch *Schmidt* (Druckbericht 1992) Sp. 372 m.w.N.

b1) Jahresabschluß

b11) Bilanz sowie Gewinn- und Verlustrechnung

Die Bilanz - als stichtagsbezogene Gegenüberstellung von Vermögen und Kapital - sowie die Gewinn- und Verlustrechnung - zur Darstellung der Aufwendungen und Erträge einer Periode - bilden nach § 242 i.V.m. § 264 HGB die Grundlage des handelsrechtlichen Jahresabschlusses einer Kapitalgesellschaft. Sie stellen das komprimierte Rechenwerk der Berichterstattung über das vergangene Geschäftsjahr der Gesellschaft dar.[46] Da sowohl Bilanz als auch GuV engen gesetzlichen Vorgaben zu folgen haben, sind die darin enthaltenen zahlenmäßigen Informationen eher auf den Analysten ausgerichtet. Ein Indiz dafür ist die Tatsache, daß die beiden Rechnungslegungsinstrumente von den Analysten im Regelfall weitaus genauer gelesen werden als von den Interessenten. Dies trifft für die Konzernbilanz und Konzern-GuV noch im verstärkten Maße zu.[47]

b12) Anhang

Der Anhang ist gemäß § 264 Abs. 1 HGB der dritte Teil des Jahresabschlusses von Kapitalgesellschaften. Er ging aus dem früheren Erläuterungsbericht hervor, der Teil des Geschäftsberichts nach § 160 AktG 1965 war und somit nicht dem Jahresabschluß zugerechnet wurde.[48] Der Inhalt des Anhangs wird in §§ 284 ff. HGB sowie in weiteren Bestimmungen des HGB, EGHGB, AktG, GmbHG und des PublG geregelt.[49] Die Aufgaben, die er zu erfüllen hat, reichen von der Aufgliederung und Erläuterung bestimmter Positionen in Bilanz und GuV über die Aufnahme von ergänzenden Angaben und Begründungen zu bestimmten Sachverhalten bis hin zur Entlastung der beiden anderen Jahresabschlußteile durch

---

46 Vgl. *v. Wysocki* (Jahresabschluß 1993) Sp. 989 ff.

47 Vgl. die Studie in *Kellinghusen/Irrgang* (Geschäftsbericht 1978) S. 2283.

48 Vgl. Abschnitt B.I.1.a1), Seite 7 ff.

49 Eine Übersicht über die Anhangsangaben geben u.a. *Krawitz* (Kommentierung 1989) § 284 HGB Rz. 32; *Janz/Schülen* (Anhang 1986) S. 58 ff.; *Küffner* (Anhang 1987) S. 6 ff.

den ausschließlichen Ausweis bestimmter Angaben im Anhang.[50] So vielfältig wie seine Aufgaben sind auch die unterschiedlichen Arten der Angaben des Anhangs. Das Gesetz unterscheidet zwischen Pflichtangaben, die nur im Anhang gemacht werden dürfen, Pflichtangaben, die wahlweise in den Anhang oder in die Bilanz bzw. GuV eingestellt werden können, sowie freiwilligen Zusatzangaben.[51]

Aufgrund der verschiedenartigen Anhangsangaben ist es schwierig, sie einer bestimmten Adressatengruppe zuzuordnen. Besonders die freiwilligen Angaben können dazu genutzt werden, auf die Interessen der verschiedenen Adressatengruppen näher einzugehen.[52] Dennoch kann festgestellt werden, daß aufgrund der engen Verbindung, die der Anhang zu den übrigen Teilen des Jahresabschlusses besitzt, die Informationen tendenziell auf die Analysten ausgerichtet sind. Dementsprechend sind die Anhangsangaben i.d.R. kurze, prägnante Erläuterungen bzw. Ergänzungen zu den Rechenwerken.[53]

b2) Lagebericht

Kapitalgesellschaften haben gemäß § 264 Abs. 1 Satz 1 HGB neben dem Jahresabschluß einen Lagebericht aufzustellen. Dieser Bericht, der wiederum auf § 160 AktG 1965 basiert,[54] stellt eine eigenständige Komponente der handelsrechtlichen Rechnungslegung dar, die unabhängig neben dem Jahresabschluß der Kapitalgesellschaft steht. § 289 Abs. 1 HGB bestimmt, daß der Lagebericht den Geschäftsverlauf und die Lage der Gesellschaft im Sinne des true and fair view darzustellen hat. Nach Absatz 2 sind außerdem Einzelangaben über die nach dem Bilanzstichtag aufgetretenen Vorgänge von besonderer Bedeutung, über die vor-

---

50 Zu Aufgaben und Inhalt des Anhangs im einzelnen vgl. u.a. *Kupsch* (Anhang 1988) Rn. 9 ff.; *Csik/Dörner* (Kommentierung 1990) §§ 284 bis 288 HGB Rn. 2 ff.; *Lück/Müller/Schönbrunn* (Anhang 1985) S. 365 ff.; *Budde/Förschle* (Fragen 1988) S. 1457 ff.

51 Vgl. *Clemm/Ellrott* (Kommentierung 1990) § 284 HGB Anm. 40 ff., 55 ff. sowie 80 ff.; *Lätsch* (Anhang 1986) Rz. 2 ff.; *Schülen* (Grundsätze 1986) Rz. 3.

52 Vgl. *Schmidt* (Druckbericht 1992) Sp. 372.

53 Vgl. *Lausberg* (Anhang 8/1986) S. 40 ff.; *Lausberg* (Anhang 9/1986) S. 38 ff. Vgl. auch z.B. *Henkel* (Geschäftsbericht 1991) S. 40 ff.; *B.A.T Cigarettenfabriken* (Geschäftsbericht 1991) S. 22 ff.; *Schneider Rundfunkwerke* (Geschäftsbericht 1989) S. 36 ff.

54 Vgl. Abschnitt B.I.1.a1), Seite 7 ff.

aussichtliche Entwicklung der Gesellschaft sowie über den Forschungs- und Entwicklungsbereich aufzunehmen.[55] Aufgabe des Lageberichts ist es demnach, den Jahresabschluß zu ergänzen. Dem Leser sollen Informationen über den Stand der Gesellschaft vermittelt werden, die aus dem Jahresabschluß aufgrund dessen Normierung und Stichtagsbezogenheit nicht oder nur bedingt hervorgehen.[56]

Der Lagebericht bietet die Gelegenheit zur Aufnahme freiwilliger Angaben, da § 289 HGB nur den Mindestumfang regelt.[57] Darüber hinaus ermöglicht er die subjektive Darstellung der Unternehmenslage aus der Sicht der Geschäftsleitung, ohne daß Inhalt oder Form einem engen gesetzlichen Korsett unterworfen sind.[58] Unabhängig davon, daß die Einschätzung der zukünftigen Entwicklung des Unternehmens auch für die Analysten von großer Bedeutung ist, wird der heutige Lagebericht i.d.R. an den Bedürfnissen der sonstigen Interessenten ausgerichtet. Er bietet die Möglichkeit, die Informationen in einer leicht verständlichen Form zu präsentieren und mit werblichen Stilmitteln - z.B. aufwendigen Graphiken oder Bildberichten über Unternehmenssparten[59] - zu versehen, die z.T. weniger der reinen Informationsvermittlung als vielmehr der Selbstdarstellung des Unternehmens dienen.

b3) Übrige Pflichtbestandteile

b31) Bericht des Aufsichtsrats

Die Aktiengesellschaft hat gemäß § 175 Abs. 2 AktG neben dem Jahresabschluß und dem Lagebericht auch den Bericht des Aufsichtsrats vom Zeitpunkt der Ein-

---

55 Zum Inhalt des Lageberichts im einzelnen vgl. *Clemm/Reittinger* (Lagebericht 1992) Sp. 1183; *Müller* (Inhalt 1986) B 510 Rz. 1 ff.; *Lück* (Kommentierung 1990) § 289 HGB Rn. 13 ff.; *Münker* (Inhalt 1985) S. 311 ff.

56 Vgl. *v. Wysocki* (Aussagefähigkeit 1990) S. 261; *Stobbe* (Lagebericht 1988) S. 305 ff.; *Räuber* (Lagebericht 1988) S. 1286 f.; *Schloen* (Lagebericht 1988) S. 1661 ff.

57 Vgl. *Castan* (Lagebericht 1991) S. 366; *Sorg* (Entwicklung 1988) S. 381; *Clemm/Ellrott* (Kommentierung 1990) § 289 HGB Anm. 4; *Emmerich/Künnemann* (Lagebericht 1986) S. 147 ff.

58 *Krawitz* (Prüfung 1988) S. 229; *Reittinger* (Lagebericht 1986) Rn. 68 sowie 77 ff.; *Grewe* (Kommentierung 1986) § 317 HGB Rz. 49; *Werner* (Analyse 1990) S. 1014.

59 Vgl. beispielhaft *Schering* (Geschäftsbericht 1991) S. 4 ff.; *Daimler-Benz* (Geschäftsjahr 1991) S. 8 ff.; *Metallgesellschaft* (Geschäftsjahr 1988/89) S. 24 ff.

berufung der Hauptversammlung an auszulegen. Diese Vorlagepflicht wird regelmäßig durch die Aufnahme in den Druckbericht erfüllt. Der Bericht nach § 171 Abs. 2 AktG hat die Aufgabe, die Aktionäre über den Umfang, die Durchführung und das Ergebnis der Überwachungs- und Prüfungsaufgaben des Aufsichtsrats in Kenntnis zu setzen, nicht jedoch ausführliche Erläuterungen etwa entsprechend dem Lagebericht zu geben.[60] Er ergänzt nur die Berichterstattung des Vorstands.[61] Deshalb hat es sich in der Praxis durchgesetzt, den Bericht des Aufsichtsrats in möglichst knapper Form, meist mit standardisierten Formulierungen abzufassen. Über den Mindestinhalt hinaus werden kaum zusätzliche Angaben aufgenommen.[62]

Aufgrund des sehr formalen Aufbaus kann von einer gezielten Ausrichtung auf eine der beiden Adressatengruppen nicht ausgegangen werden. Es zeigt sich, daß der Bericht des Aufsichtsrats bei den Lesern des Druckberichts auf wenig Interesse stößt. Dies gilt sowohl für die Interessenten, jedoch noch im verstärkten Maß für die Analysten.[63] Aufgrund der Standardisierung messen ihm anscheinend beide Gruppen kaum zusätzliche Bedeutung zu. Anzunehmen ist, daß evtl. auftretende Einwände des Aufsichtsrats bereits während des Geschäftsjahrs bzw. im Zuge der Abschlußerstellung durch die Geschäftsführung sowie im Rahmen der Prüfung des Jahresabschlusses durch den Abschlußprüfer berücksichtigt

---

60 Der Aufsichtsrat ist gemäß § 171 Abs. 1 AktG verpflichtet, eine von der Prüfung des Jahresabschlusses und Lageberichts durch den Abschlußprüfer unabhängige Prüfung durchzuführen sowie die Geschäftsführung während des Geschäftsjahres zu überwachen. Über das Ergebnis der Prüfung hat der Aufsichtsrat schriftlich an die Hauptversammlung zu berichten. Dabei ist gemäß § 171 Abs. 2 AktG zumindest auf folgende Punkte einzugehen:
(1) Ergebnis der Prüfung des Jahresabschlusses, des Lageberichts sowie des Gewinnverwendungsvorschlags;
(2) Art und Umfang der Prüfung der Geschäftsführung der Gesellschaft während des Geschäftsjahres;
(3) Stellungnahme zum Ergebnis der Abschlußprüfung des Jahresabschlusses durch den Abschlußprüfer;
(4) Erklärungen, ob aufgrund der eigenen Prüfung Einwendungen zu erheben sind und ob der Aufsichtsrat den vom Vorstand aufgestellten Jahresabschluß billigt.

61 Vgl. *Kropff* (Kommentierung 1973) § 171 AktG Anm. 26 ff.; *Godin/Wilhelmi* (Aktiengesetz 1971) § 171 AktG Anm. 1 und 3.

62 Vgl. *Theisen* (Überwachungsberichterstattung 1988) S. 706 ff.; *Lutter/Krieger* (Rechte 1988) S. 29; *ADS* (Rechnungslegung 1987) § 171 AktG Tz 40. Vgl. dazu u.a. *IKB Deutsche Industriekreditbank* (Geschäftsbericht 1991/92) S. 62; *RWE Energie* (Bericht 1991/92) S. 75; *Nixdorf Computer* (Geschäftsbericht 1989) S. 6.

63 Vgl. die Studie in *Kellinghusen/Irrgang* (Geschäftsbericht 1978) S. 2283.

werden, um eine Aufnahme in den Bericht des Aufsichtsrats und damit in den Druckbericht zu verhindern.

b32) Gewinnverwendungsvorschlag

Ein weiterer Pflichtbestandteil des Druckberichts, der auf den Vorlagepflichten des § 175 AktG basiert, ist der Vorschlag des Vorstands für die Verwendung des Bilanzgewinns. Dieser Teil der Berichterstattung ist primär an die Anteilseigner gerichtet, um die mögliche Gewinnverwendung, über die diese in der Hauptversammlung zu beschließen haben, darzustellen. Aus den entsprechenden Zahlenangaben kann der Leser z.B. erkennen, aus welchen Komponenten sich die ggf. ausgeschüttete Dividende zusammensetzt. Es wird ersichtlich, ob der Gewinn für die Dividendendotierung ausreicht oder ob dafür die Inanspruchnahme der Rücklagen notwendig ist bzw. ob der Gewinn nur zum Teil ausgeschüttet und der Rest in die Rücklagen eingestellt werden soll.[64] Diese Informationen geben einen gewissen Einblick in die Lage des Unternehmens, zumindest demjenigen Leser, der über ein Mindestmaß an Fachwissen verfügt.

b33) Bestätigungsvermerk

Der Bestätigungsvermerk, der in § 322 HGB geregelt ist, stellt die formelhafte Zusammenfassung des Ergebnisses der gesetzlich vorgeschriebenen externen Abschlußprüfung dar. Er richtet sich an die Öffentlichkeit und gibt das Gesamturteil des Abschlußprüfers wieder.[65] Gemäß § 328 Abs. 1 Nr. 1 HGB ist dem prüfungspflichtigen Jahresabschluß der ungekürzte Bestätigungsvermerk beizufügen. Diese Pflicht bezieht sich nach dem Wortlaut der Vorschrift auf die Offenlegung im Sinne des HGB sowie auf die Veröffentlichung oder Vervielfäl-

---

64 Vgl. zur Ergebnisverwendung und der damit verbundenen Publizität *Ziegler* (Ergebnisverwendung 1991) S. 45 ff.; *Weilenmann* (Gewinnermittlung 1993) Sp. 1476 ff.; *Schmidt* (Gewinnverwendung 1993) Sp. 798 ff.; *Chmielewicz* (Gewinnverwendung 1991) S. 229 ff.

65 Vgl. *IDW* (FG 3/1988) Abschnitte B. und C.; *Goerdeler* (Bestätigungsvermerk 1993) Sp. 130 f.; *Bolsenkötter* (Bestätigungsvermerk 1992) Sp. 210 f.

tigung in anderer Form aufgrund des Gesellschaftsvertrags bzw. der Satzung.[66] Die Vorlagepflichten nach § 175 Abs. 2 AktG nennen dagegen den Bestätigungsvermerk nicht ausdrücklich. Dies war nach dem Aktiengesetz 1965 auch nicht notwendig, da § 178 Abs. 1 Nr. 1 AktG 1965 klarstellte, daß bei allen durch das Gesetz vorgeschriebenen Veröffentlichungen der Bestätigungsvermerk mit dem vollen Wortlaut wiederzugeben sei. Während im Zuge der Umsetzung der 4. und 7. EG-Richtlinie die Vorlagepflichten nach § 175 AktG im Wortlaut unverändert geblieben sind,[67] wurde § 178 AktG 1965 durch § 328 HGB ersetzt. Dementsprechend ist es auch nach neuem Recht unstrittig, daß § 328 HGB ebenfalls auf die Vorlagepflichten des § 175 AktG anzuwenden ist und damit der prüfungspflichtige Jahresabschluß im Rahmen der Vorlagepflichten nur mit dem Zusatz des unveränderten Bestätigungsvermerks veröffentlicht werden kann.[68]

Fraglich könnte sein, ob die freiwillige Erfüllung der Vorlagepflichten in dem größeren Rahmen des Druckberichts unter Absatz 1 oder Absatz 2 des § 328 HGB zu subsumieren ist. Im zweiten Fall wäre es nicht zulässig, den Bestätigungsvermerk beizufügen.[69] Die Vorlagepflichten des § 175 AktG können jedoch nur durch die vollständige und ungekürzte Wiedergabe der geforderten Unterlagen erfüllt werden. Dabei ist unbeachtlich, ob die Vorlage im gesetzlich geforderten Rahmen oder durch umfangreichere freiwillige Maßnahmen erfolgt. In beiden Fällen kommt ausschließlich § 328 Abs. 1 HGB zur Anwendung. Dementsprechend muß auch im Zusammenhang mit der Veröffentlichung des gesamten Jahresabschlusses im Druckbericht der Wortlaut des Bestätigungsvermerks oder des Vermerks über dessen Versagung unverändert aufgenommen werden.[70]

Der uneingeschränkte Bestätigungsvermerk darf in seinem gesetzlich vorgeschriebenen, formelhaften Wortlaut nicht verändert, z.B. im Hinblick auf be-

66 Vgl. § 328 Abs. 1 S. 1 HGB.

67 Es wurde lediglich der Begriff *Geschäftsbericht* durch *Lagebericht* ersetzt. Auf den Bestätigungsvermerk wird wie in § 175 AktG 1965 nicht explizit Bezug genommen.

68 Vgl. *Müller* (Kommentierung 1990) § 328 HGB Rn. 3 f.; *ADS* (Rechnungslegung 1987) § 328 HGB Tz. 17.

69 Vgl. § 328 Abs. 2 S. 2 HGB.

70 Vgl. *ADS* (Rechnungslegung 1987) § 328 HGB Tz. 30 m.w.N., Tz. 62 f. sowie Tz. 17; a.A. offenbar *Sarx* (Kommentierung 1990) § 328 HGB Anm. 16, der die Veröffentlichung im Druckbericht unter § 328 Abs. 2 HGB subsumiert. Beide Auffassungen führen jedoch hinsichtlich der unveränderten Aufnahme des Bestätigungsvermerks zum gleichen Ergebnis.

stimmte Adressatenkreise umformuliert oder mit werblichen Mitteln gestaltet werden.[71] Insofern richtet er sich an die gesamte interessierte Öffentlichkeit, unabhängig von derem Fachwissen. Fraglich ist jedoch, ob die Reichweite des Bestätigungsvermerks von den einzelnen Lesern des Druckberichts korrekt eingeschätzt wird.[72] Während die Analysten seine tatsächliche Bedeutung beurteilen können, wird man davon ausgehen müssen, daß der Bestätigungsvermerk von den Interessenten regelmäßig überschätzt wird. Dieses Problem darf bei der Gestaltung des Druckberichts, der umfangreiche werbende, auf die Interessenten zugeschnittene Teile enthält, nicht außer acht gelassen werden.

b4) Freier Teil des Druckberichts

Neben den bisher behandelten Pflichtangaben enthält der Druckbericht regelmäßig eine Reihe von zusätzlichen Angaben, die weit über das gesetzlich geforderte Maß hinausgehen, den sog. freien Teil. Zu beachten ist jedoch, daß bereits in die Pflichtbestandteile des Druckberichts freiwillige Angaben aufgenommen werden können.[73] Wurden die Pflichtbestandteile um freiwillige Informationen ergänzt, sind diese Angaben nicht dem freien Teil zuzuordnen, sondern demjenigen Abschnitt des Druckberichts, in dem sie erscheinen. I.d.R. kommt dafür der Jahresabschluß sowie insbesondere der Lagebericht in Betracht. Die übrigen Pflichtbestandteile dürfen entweder aufgrund gesetzlicher Vorschriften nicht verändert werden[74] oder eignen sich kaum für die Aufnahme freiwilliger Zusatzangaben.[75] Der freie Teil ist in diesem Sinne als Sammelbecken derjenigen Angaben zu verstehen, die nicht einem Pflichtbestandteil des Druckberichts zugeordnet werden können. Dadurch wird deutlich, daß er sich aus einer Vielzahl völlig unterschiedlicher Angaben zusammensetzen kann, was wiederum eine abschließende Analyse hinsichtlich der Adressatenbezogenheit des freien Teils ver-

---

71 Zum Wortlaut des Bestätigungsvermerks vgl. *IDW* (FG 3/1988) Abschnitt C.; *Marks* (Entwicklungstendenzen 1989) S. 122; *Luik* (Bestätigungsvermerk 1989) S. 120 ff.

72 Zum Umfang des Bestätigungsvermerks und der Problematik der Einschätzung der Reichweite vgl. *Bolsenkötter* (Bestätigungsvermerk 1992) Sp. 210 f.; *Raff/Brandl* (Prüfungsbericht 1988) Rn. 82 ff.; *Leffson* (Wirtschaftsprüfung 1988) S. 351; *Erle* (Bestätigungsvermerk 1990) S. 123 ff.; *Siepe* (Bestätigungsvermerks 1991) S. 54 ff.

73 Zu Einzelheiten vgl. Abschnitt B.II.1.c.), Seite 43 ff.

74 Dies betrifft z.B. die Kernfassung des Bestätigungsvermerks.

75 So v.a. der Bericht des Aufsichtsrats sowie der Gewinnverwendungsvorschlag.

hindert. Statt dessen muß diese Frage bezüglich jeder einzelnen Angabe behandelt werden. Tendenziell kann jedoch festgestellt werden, daß insbesondere die Aufbereitung der bereits in den Pflichtbestandteilen enthaltenen Daten eher auf die Analysten zugeschnitten ist. Dagegen ist die Selbstdarstellung des Unternehmens, die in den Druckberichten immer größeren Raum einnimmt, eindeutig auf die übrigen Interessenten abgestellt. Es gibt zahlreiche Druckberichte, bei denen diese Abschnitte den Gesamteindruck des Berichts wesentlich beeinflussen.[76] Dies zeigt, welche Bedeutung die Unternehmen dem Druckbericht als Werbeträger beimessen.

Einen zusammenfassenden Überblick hinsichtlich des Inhalts und der systematischen Stellung der Bestandteile des Druckberichts gibt Abbildung 3.

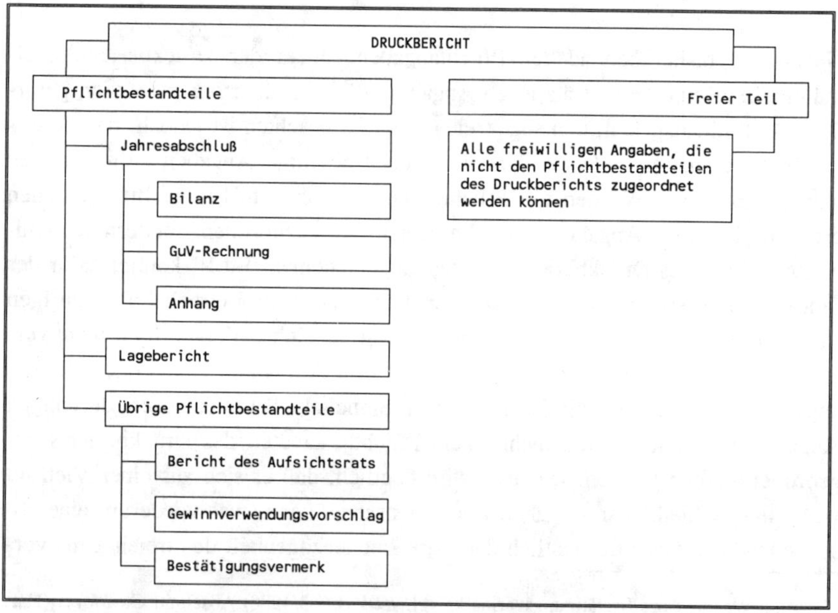

Abb. 3: Die Komponenten des Druckberichts

76 Vgl. z.B. den "Sonderbericht: Volkswagen im Reich der Mitte" in *Volkswagen* (Bericht 1988) S. 77 ff., den "Sonderteil Kraftwirtschaft" in *Saarbergwerke* (Bericht 1991) S. 32 ff., den 30-seitigen Sonderteil mit detaillierten Beschreibungen der neuen Schiffsgeneration des Unternehmens in *Hapag-Lloyd* (Geschäftsbericht 1990) nach Seite 25 sowie das "Sonderthema: Erste Erfolge in der Biotechnologie" in *Wacker-Chemie* (Geschäftsjahr 1991) S. 8 ff.

2. Die Anordnung der Komponenten

Von großer Bedeutung für die Wirkung des Druckberichts auf den Leser und damit für die Aufgabenerfüllung des Berichts ist dessen Gestaltung.[77] Dazu zählt einerseits die inhaltliche Abgrenzung, also die Entscheidung, welche freiwillige Angaben aufgenommen und welchem Teil des Berichts sie zugeordnet werden. Ebenso wichtig ist auch die formale Gestaltung, das Layout des Berichts. Erst eine optisch ansprechende Darstellung der einzelnen Sachverhalte, die Aufnahme von Grafiken, Tabellen und anderem Bildmaterial in den Text ermöglicht es, den Druckbericht als Werbemittel einzusetzen. Dies gilt nicht nur hinsichtlich der Interessenten, sondern kann durchaus auch auf die Analysten ausgerichtet sein, denen z.B. bereits aufgearbeitetes Zahlenmaterial übersichtlich zur Verfügung gestellt wird.[78] Grundlage für die formale Gestaltung des Druckberichts ist die Anordnung der einzelnen Komponenten. Es ist daher zu diskutieren, ob eine bestimmte Reihenfolge durch das Gesetz vorgegeben ist bzw. sich in der Praxis herausgebildet hat.

a) Fehlende gesetzliche Vorgaben

Eine explizite gesetzliche Bestimmung hinsichtlich des Aufbaus eines Druckberichts existiert weder im HGB noch in einem anderen Gesetz. Es stellt sich jedoch die Frage, ob sich aus der Anordnung der gesetzlichen Regelungen eine bestimmte Reihenfolge der Druckberichtskomponenten ableiten läßt. Entsprechend der Anordnung der die einzelnen Komponenten regelnden Vorschriften müßte nach dem HGB zunächst der Jahresabschluß, in der Abfolge Bilanz, GuV, Anhang, und danach der Lagebericht veröffentlicht werden. Analog dazu käme nach § 175 Abs. 2 AktG nur die Gliederung in Jahresabschluß (in der obigen Reihenfolge), Lagebericht, Bericht des Aufsichtsrats sowie Gewinnverwendungsvorschlag in Betracht. Entsprechend der handelsrechtlichen Reihenfolge wäre der Bestätigungsvermerk in beiden Fällen nach Jahresabschluß und Lagebericht als

77 Vgl. *Reuter* (Publizität 1987) S. 429 ff.; *Kellinghusen/Irrgang* (Geschäftsbericht 1978) S. 2277 ff.; *Minz* (Mittler 1962) S. 259 ff.

78 Vgl. die Angabe von Kennzahlen u.a. in folgenden Druckberichten: *Feldmühle* (Geschäftsbericht 1989) Umschlag-Innenseite; *Mannesmann* (Bericht 1990) Umschlag-Innenseite; *Hoesch* (Geschäftsbericht 1991) Umschlag-Innenseite.

abschließendes Urteil über diese Komponenten aufzunehmen. Abbildung 4 gibt die Reihenfolge der Pflichtbestandteile wieder, ausgehend von der Anordnung der handelsrechtlichen Rechnungslegungsvorschriften im HGB und den Vorlagepflichten nach dem AktG.

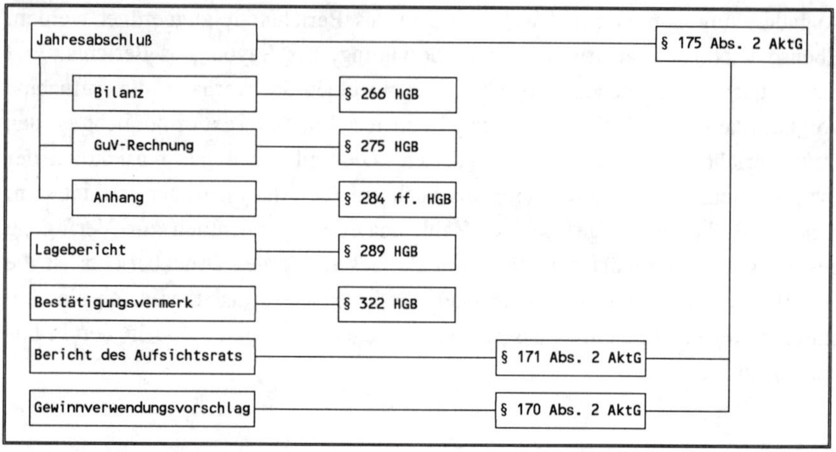

Abb. 4: Die Anordnung der Komponenten des Druckberichts nach der Reihenfolge der handelsrechtlichen Einzelvorschriften sowie der aktienrechtlichen Vorlagepflichten

Da einerseits das Gesetz die Aufnahme freiwilliger Angaben grundsätzlich an jeder Stelle und in jeder Komponente des Druckberichts gestattet und andererseits der Druckbericht eine freiwillige, über die gesetzlichen Regelungen hinausgehende Berichterstattung darstellt, erscheint die Ableitung einer gesetzlich implizit vorgeschriebenen Reihenfolge der Druckberichtskomponenten nicht möglich. Die Abfolge der gesetzlichen Regelungen basiert vielmehr auf der Reihenfolge der technischen Erstellung, der zeitlichen Abfolge sowie der grundsätzlichen Bedeutung der einzelnen Komponenten.[79] Dementsprechend ist es den Unternehmen grundsätzlich freigestellt, in welcher Reihenfolge die einzelnen

79 Beispielsweise bilden die Rechenwerke der Bilanz und der GuV die Grundlage für bestimmte Ausführungen in Anhang und Lagebericht. Außerdem ist der Jahresabschluß vergangenheitsorientiert, während der Lagebericht insbesondere auch Einschätzungen über die zukünftige Entwicklung des Unternehmens enthält.

Abschnitte des Druckberichts angeordnet werden.[80] Allerdings wird dieser Grundsatz der Gestaltungsfreiheit in einigen Punkten durchbrochen. So ist der Anhang mit der Bilanz und GuV räumlich zu verbinden, um dessen Zugehörigkeit zum Jahresabschluß zu verdeutlichen.[81] Außerdem ist der Bestätigungsvermerk erst nach dem Jahresabschluß und dem Lagebericht auszuweisen, da er das abschließende Gesamturteil über diese Bereiche darstellt.[82] Insgesamt ist jedoch davon auszugehen, daß eine bindende, gesetzlich ausdrücklich vorgegebene Reihenfolge der Druckberichtskomponenten nicht existiert.

b) Empirische Untersuchung zur Anordnung in der Berichtspraxis

b1) Jahresabschluß und Lagebericht

Die Möglichkeit der freien Anordnung der einzelnen Komponenten wird von den Unternehmen regelmäßig in Anspruch genommen. Wie sich aus einer im Rahmen dieser Arbeit durchgeführten empirischen Untersuchung[83] ergeben hat, kann von einem einheitlichen Aufbau der Berichte nicht die Rede sein. Statt dessen existieren zahlreiche Variationen. Dennoch kristallisiert sich heraus, daß sich hinsichtlich der Anordnung der handelsrechtlichen Komponenten zwei

---

80 Vgl. *Kupsch* (Anhang 1988) Rn. 59 ff.; *Müller* (Darstellungsformen 1986) Rz. 17 ff.; *Clemm/Ellrott* (Kommentierung 1990) § 289 HGB Anm. 5; *ADS* (Rechnungslegung 1987) § 289 HGB Tz. 40.

81 Vgl. *IDW* (WP-Handbuch 1992) F 413; *Biener/Berneke* (Bilanzrichtlinien-Gesetz 1986) S. 247; *Clemm/Ellrott* (Kommentierung 1990) § 284 HGB Anm. 27.

82 So auch *Biener/Berneke* (Bilanzrichtlinien-Gesetz 1986) S. 276; a.A. *ADS* (Rechnungslegung 1987) § 289 HGB Tz. 40. Demnach muß der Lagebericht nicht zwingend vor dem Bestätigungsvermerk plaziert werden. Im FG 1/1988 heißt es, daß der Bestätigungsvermerk auf dem Jahresabschluß anzubringen oder fest mit ihm zu verbinden ist; vgl. *IDW* (FG 1/1988) Abschnitt B. Ob der Lagebericht dabei vor dem Jahresabschluß auszuweisen ist, bleibt offen.

83 Aufgabe dieser Auswertung von Druckberichten war es nicht, die Berichte in allen Einzelheiten darzustellen, was aufgrund der großen gestalterischen Freiheit aussichtslos erscheint. Vielmehr wurde untersucht, ob bestimmte Tendenzen hinsichtlich des Grundaufbaus erkennbar sind. Die Ergebnisse sind in den nachfolgenden Abschnitten einzeln dargestellt.
Der Aufbau der Untersuchung sowie eine tabellarische Zusammenfassung der Ergebnisse sind im Anhang dieser Arbeit wiedergegeben; vgl. Seite 157 ff.

Grundmuster erkennen lassen.[84] Die beiden hauptsächlich vorgefundenen Gliederungsschemata sind in Abbildung 5 wiedergegeben.

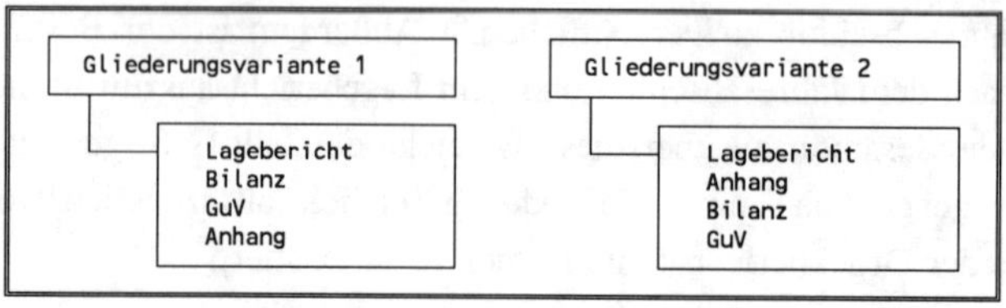

Abb. 5: Die Anordnung der handelsrechtlichen Komponenten in Druckberichten

In beiden Fällen wird der Lagebericht vorangestellt, häufig zusammen mit zusätzlichen freiwilligen Angaben unter der Bezeichnung *Bericht des Vorstands*.[85] Unterschiede ergeben sich jedoch bei der Einordnung des Anhangs. Während er in der ersten Variante - entsprechend der gesetzlichen Reihenfolge - nach der Bilanz sowie der Gewinn- und Verlustrechnung aufgenommen wird, ist er in der zweiten Variante den beiden Zahlenwerken vorangestellt. Zahlenmäßig liegt der Schwerpunkt eindeutig auf der Verwendung der ersten Gliederungsvariante, also der Anordnung Lagebericht - Bilanz - GuV - Anhang. Von den 74 der durch die Untersuchung erfaßten Druckberichte waren 64 in dieser Form aufgebaut. Neun Unternehmen präferierten dagegen die zweite Gliederungsvariante und schließlich veröffentlichte ein Unternehmen die GuV vor Bilanz und Anhang.[86] Die handelsrechtlich "vorgegebene" Reihenfolge wurde in keinem Bericht konsequent praktiziert.

Hier zeigt sich bereits, daß die Gestaltung des Druckberichts stark an den Erwartungen der Interessenten ausgerichtet ist. Der für den weniger vorgebildeten Leser leichter verständliche Lagebericht wird zusammen mit Angaben des freien Teils vor den eigentlichen Zahlenwerken plaziert und optisch aufwendig gestaltet. Erst danach kommen Bilanz und GuV, häufig unter Ausnutzung der gesetzlich zulässigen Verlagerung bestimmter Angaben in den Anhang, der i.d.R. daran anschließt. Durch diese Gestaltung wird erreicht, daß der interes-

84 Vgl. auch die empirische Studie von *Meyer* (Geschäftsbericht 1987) S. 15 f., die zu ähnlichen Ergebnissen kommt.

85 Vgl. *BASF* (Geschäftsjahr 1989) S. 2 ff.; *AEG* (Geschäftsbericht 1989) S. 6 ff.; *Held & Francke* (Geschäftsbericht 1989) S. 9 ff.

86 Vgl. *KERAMAG* (Geschäftsbericht 1989) S. 33 ff.

sierte, aber nicht fachmännische Leser zunächst einen leicht verständlichen, für das Unternehmen häufig werbenden Berichtsteil vorfindet und nicht durch umfangreiche Rechenwerke abgeschreckt wird.

In die gleiche Richtung tendiert die Veröffentlichung des Konzernabschlusses sowie des Konzernlageberichts. Bei den Druckberichten ist es üblich, den Lagebericht des Einzelabschlusses ggf. mit dem des Konzernabschlusses zusammenzufassen[87] und im vorderen Teil des Druckberichts zu plazieren. Anschließend folgt der Jahresabschluß und der Konzernabschluß, häufig mit zusammengefaßtem Anhang.[88] Einige Unternehmen gehen inzwischen im Druckbericht dazu über, neben dem zusammengefaßten Lagebericht nur den Konzernabschluß zu veröffentlichen.[89] Im Druckbericht wird dann ein Hinweis auf die Veröffentlichung im Bundesanzeiger und den Ort der Hinterlegung des Jahresabschlusses der Gesellschaft aufgenommen und i.d.R. auf die Möglichkeit der gesonderten Anforderung hingewiesen.[90]

Diese Vorgehensweise zeigt nicht nur die zunehmende Bedeutung des Konzernabschlusses, sondern spiegelt m.E. auch die zugrundeliegende Informationsstrategie des Unternehmens wider. Dem weniger vorgebildeten Interessenten soll ein ansprechender Bericht präsentiert werden, ohne ihn mit zu umfangreichen Datenmaterial zu überschwemmen. Unter dieser Prämisse wird die Plazierung der einzelnen Elemente vorgenommen. Hinsichtlich des Analysten wird davon ausgegangen, daß er die von ihm benötigten Informationen gezielt ermittelt, unabhängig davon, an welcher Stelle des Druckberichts sie ausgewiesen werden. Ihm ist es auch zuzumuten, sich bei Bedarf zusätzliche Daten anderweitig zu erschließen, beispielsweise durch die gesonderte Anforderung des nicht in

---

87 Von den 74 untersuchten Unternehmen stellten 44 einen Konzernabschluß auf. 43 Druckberichte enthielten dabei einen zusammengefaßten Lagebericht, ein Unternehmen veröffentlichte ausschließlich den Konzernabschluß und -lagebericht. Vgl. Anhang: Tabelle 4 und 8, Seite 163 f.

88 Von den 44 Unternehmen, die einen Konzernabschluß aufstellten, veröffentlichten nur sieben jeweils einen getrennten Anhang für Einzel- und Konzernabschluß. Vgl. Anhang: Tabelle 8, Seite 164.

89 Vgl. *Siemens* (Geschäftsbericht 1989) S. 32 ff. Einige Unternehmen veröffentlichen neben dem Konzernabschluß nur Auszüge aus dem Einzelabschluß, z.B. die Bilanz und die GuV. Vgl. *Bayerische Motoren Werke* (Bericht 1989) S. 80 f. Der Trend zur ausschließlichen Publizität des Konzernabschlusses wird bestätigt durch die Untersuchung von *Reige* (Publizitätspraxis 1989) S. 1649 f.

90 Vgl. *Siemens* (Geschäftsbericht 1989) Umschlag-Innenseite; *Bayerische Motoren Werke* (Bericht 1989) S. 79.

den Druckbericht aufgenommenen Jahresabschlusses.[91] Durch die getrennte Veröffentlichung von Jahresabschluß und Konzernabschluß wird die Berichterstattung der Gesellschaft im Hinblick auf die einzelnen Zahlenwerke komprimiert, ohne dadurch die gesetzlichen Publizitätspflichten zu verletzen. Die Vorlagepflichten des § 175 Abs. 2 AktG werden durch dieses Vorgehen nach wie vor erfüllt. Für die nicht vorgebildeten Interessenten wird der Druckbericht - so anscheinend die Auffassung der berichtenden Gesellschaften - handlicher und übersichtlicher. Diese Tendenz der Berichterstattung setzt sich auch bei den übrigen Komponenten fort.

b2) Übrige Pflichtbestandteile

Der *Bericht des Aufsichtsrats* wird an völlig unterschiedlichen Stellen im Druckbericht gezeigt. Nahezu die Hälfte der untersuchten Berichte enthielt den Aufsichtsratsbericht am Beginn noch vor dem Lagebericht,[92] fast ebensoviele dagegen erst nach dem Jahresabschluß[93] bzw. ganz am Ende des Druckberichts.[94] Schließlich wurde der Bericht des Aufsichtsrats von neun Unternehmen zwischen dem Lagebericht und dem Jahresabschluß abgedruckt. Es zeigt sich, daß der Bericht des Aufsichtsrats in seiner kurzen formalen Darstellung eher dem übrigen Aufbau des Druckberichts untergeordnet wird. Bemerkenswert ist außerdem, daß sich das Problem der Abgrenzung der einzelnen Komponenten bereits bezüglich des Aufsichtsratsberichts andeutet. So wird in einem Druckbericht der Bericht des Aufsichtsrats am Ende des Anhangs unter der Hauptüberschrift *Anhang* veröffentlicht.[95]

---

91 Es ist bereits üblich, den Analysten diese Unterlagen mit dem Druckbericht unaufgefordert zukommen zu lassen.

92 Dies trifft auf 33 der 74 untersuchten Druckberichte zu. Vgl. Anhang: Tabelle 10, Seite 165.

93 Einen derartigen Aufbau wählten 17 Unternehmen. Vgl. Anhang: Tabelle 10, Seite 165.

94 In dieser Form wurden 15 Druckberichte gegliedert. Vgl. Anhang: Tabelle 10, Seite 165.

95 Vgl. *Kaufhalle* (Bericht 1989) S. 30. Die Hauptüberschrift "Anhang" ist auf jeder Seite des Anhangs abgedruckt. Auf Seite 30 erscheint dann direkt darunter in kleineren Buchstaben die Überschrift "Bericht des Aufsichtsrats". Auf der Seite ist auch nur dieser Bericht abgedruckt, Anhangsangaben erscheinen keine mehr. Durch diese Gestaltung entsteht der Eindruck, daß der Bericht des Aufsichtsrats einen Unterpunkt des Anhangs darstellt.

Die Abgrenzungsproblematik tritt hinsichtlich des *Vorschlags des Vorstands zur Gewinnverwendung* verstärkt auf. Die Hälfte der Unternehmen integriert den Gewinnverwendungsvorschlag direkt in den Lagebericht oder den Anhang.[96] In den übrigen Druckberichten wird der Gewinnverwendungsvorschlag, soweit er nicht aufgrund von Verlusten bzw. Gewinnabführungsverträgen entfällt,[97] als eigener Teil zwischen Lagebericht und Jahresabschluß bzw. nach dem Anhang aufgenommen. Die Qualifizierung als eigener Berichtsteil am Ende des Anhangs ist jedoch oft schwierig, da die Abgrenzung zum übrigen Anhang nicht immer eindeutig ist. Hinsichtlich des Gesamtaufbaus des Druckberichts ist diese Komponente ohne große Bedeutung, sie wird vielmehr in die Gesamtberichterstattung integriert. Daß dies nicht zwingend als eigener Berichtsteil zu erfolgen hat, ist auf die Möglichkeit der Aufnahme freiwilliger Angaben in Anhang und Lagebericht zurückzuführen. Aufgrund der Eindeutigkeit des Gewinnverwendungsvorschlags ist m.E. die Integration in einen anderen prüfungspflichtigen Abschnitt des Druckberichts durchaus zulässig.

Die Plazierung des *Bestätigungsvermerks* ist von größerer Bedeutung, da nicht jeder Leser dessen Geltungsbereich einzuschätzen vermag. Von den untersuchten Unternehmen veröffentlichten 63 den Bestätigungsvermerk nach Bilanz, GuV und Anhang. Bei den restlichen 11 Unternehmen zeigten sich zwei Abweichungstypen. Neun Unternehmen wählten die Reihenfolge Anhang, Bestätigungsvermerk, Bilanz und GuV, wobei fünf Gesellschaften zwischen Bestätigungsvermerk und Bilanz weitere, nicht zum Jahresabschluß gehörende Informationen aufnahmen.[98] Zwei Unternehmen plazierten den Bestätigungsvermerk zwischen GuV und Anhang.[99] Auffällig erscheint, daß einige Unternehmen den Bestätigungsvermerk optisch in den Anhang integrieren. Für den unkundigen Leser kann dabei der Eindruck entstehen, daß der Bestätigungsvermerk einen Teil des Anhangs darstellt.[100]

---

96 28 Unternehmen im Anhang, neun Unternehmen im Lagebericht. Vgl. Anhang: Tabelle 12, Seite 165.

97 Dies betrifft 11 Unternehmen. Vgl. Anhang: Tabelle 12, Seite 165.

98 Vgl. z.B. *Karstadt* (Geschäftsbericht 1989) S. 57 ff.; *Josef Riepl* (Geschäftsbericht 1989) S. 32 ff.; *Hutschenreuther* (Geschäftsbericht 1989) S. 34 ff.

99 Vgl. *Hoechst* (Geschäftsbericht 1989) S. 39 ff.; *Casella* (Geschäftsbericht 1989) S. 31 ff.

100 Am markantesten ist dies im Druckbericht der *Asea Brown Boveri AG*, in dem die einzelnen Anmerkungen zur Bilanz und zur GuV innerhalb des Anhangs durchnumeriert sind. Die Zählung reicht bis zur Position 24. Daran schließt sich unmittelbar, ohne bedeutende optische Trennung, der Gewinnverwendungsvorschlag unter der Nummer 25 sowie der Be-

b3) Freier Teil

Als freier Teil des Druckberichts sind alle Angaben zu verstehen, die nicht in einen Pflichtbestandteil aufgenommen wurden bzw. einem solchen nicht zugeordnet werden können. An welcher Stelle des Druckberichts sie erscheinen, ist dabei ohne Bedeutung. Daraus ergibt sich bereits, daß ein einziger, klar abgegrenzter freier Teil i.d.R. nicht existiert. Statt dessen setzt sich dieser regelmäßig aus zahlreichen einzelnen Elementen zusammen, die über den gesamten Druckbericht verteilt sind. Insbesondere zwischen dem Lagebericht und dem Jahresabschluß wird häufig ein umfangreicher werbender Abschnitt über das Unternehmen und seine Produkte eingestellt.[101] Auch Angaben, die nicht direkt mit dem Unternehmen und dessen derzeitiger wirtschaftlicher Situation zusammenhängen, werden an dieser Stelle aufgenommen.[102] Jedoch ist auch jede andere Position im Druckbericht für den Abdruck freier Teile denkbar. So präsentieren 44 Unternehmen in den untersuchten Druckberichten an erster Stelle ausgewählte Zahlen aus dem Jahresabschluß und Lagebericht.[103] Selbst zwischen den einzelnen Komponenten des Jahresabschlusses werden Elemente des freien Teils aufgenommen. Ein Unternehmen[104] wählt beispielsweise die in Abbildung 6 wiedergegebene Reihenfolge der Berichterstattung.

Dieses Beispiel eines relativ kurzen Druckberichts zeigt bereits, daß sich Aufbau und Gestaltung der Berichte weniger an der Zielsetzung einer klaren Berichterstattung als vielmehr an den werbenden Aufgaben orientieren. Das ergibt sich nicht nur durch die Aufnahme von Werbeplakaten über mehrere Seiten zwischen Anhang und den übrigen Teilen des Jahres- und Konzernabschlusses. Bereits die Anordnung der Pflichtbestandteile ist bemerkenswert. Die Bilanzen und Gewinn- und Verlustrechnungen werden ganz an den Schluß des Druckberichts gestellt. Selbst der Gewinnverwendungsvorschlag, der Bericht des Aufsichtsrats und insbesondere der Bestätigungsvermerk, der sich auch unmittelbar auf den Jahres-

---

stätigungsvermerk unter der Nummer 26 an. Vgl. *Asea Brown Boveri* (Geschäftsbericht 1989) S. 60 ff.

101 Vgl. z.B. *BASF* (Geschäftsjahr 1989) S. 7 ff.; *Horten* (Bericht 1989) S. 7 ff.

102 Ein Beispiel ist die "Bild-Dokumentation: 100 Jahre Kreuzfahrten" in *Hapag-Lloyd* (Geschäftsbericht 1989) nach Seite 28.

103 Dies erfolgt bei einigen Gesellschaften bereits auf der Umschlagseite des Druckberichts; vgl. u.a. *Deutsche Lufthansa* (Jahr 1989); *Didier* (Bericht 1989); *Siemens* (Geschäftsbericht 1989).

104 Vgl. *Dinkelacker* (Bericht 1988/89).

abschluß bezieht, werden vor den Rechenwerken plaziert. Deren Einrahmung durch die Werbeplakate bewirkt eine zusätzliche optische Abgrenzung von den anderen Pflichtbestandteilen. Dem mit geringerem Hintergrundwissen ausgestatteten Leser wird durch diese Gestaltung die eigentliche Bedeutung von Bilanz und GuV sicher nicht näher gebracht. Es wird dadurch eher noch der werbende Charakter des Druckberichts verstärkt.

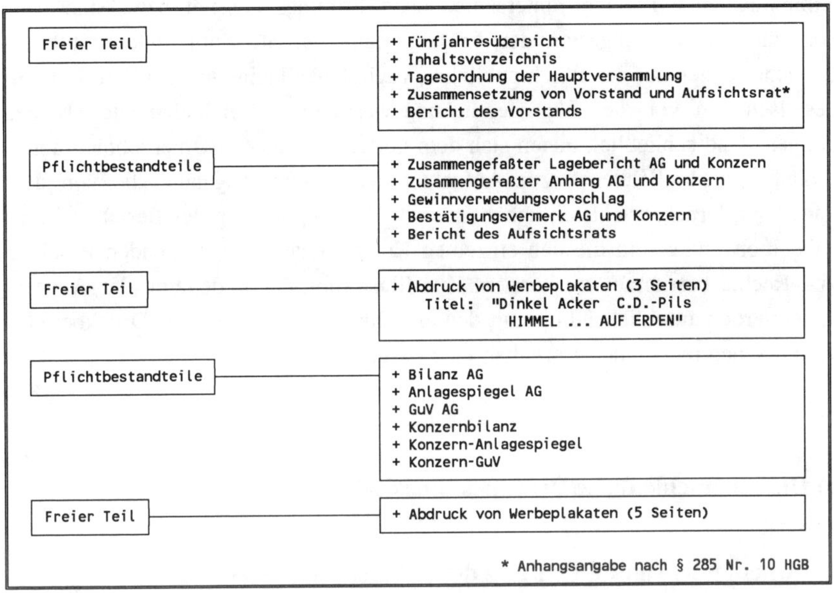

Abb. 6: Die Anordnung der handelsrechtlichen Komponenten am Beispiel des Druckberichts 1988/89 der Dinkelacker Brauerei AG

Ein weiteres Problemfeld deutet sich in diesem Beispiel bereits an, nämlich die oft fehlende klare Abgrenzung der einzelnen Berichtsteile. Im vorliegenden Druckbericht wurden die Angaben über Vorstand und Aufsichtsrat, die gemäß § 285 Nr. 10 HGB Pflichtangaben des Anhangs darstellen, als einzelner Berichtsteil im einleitenden freien Teil plaziert, ohne einen Querverweis im eigentlichen Anhang anzubringen. Um diese Problematik näher zu verdeutlichen, wird im folgenden zunächst auf die Bedeutung der Abgrenzung der einzelnen Komponenten eingegangen.

II. Die Abgrenzungsproblematik im Druckbericht

1. Die Bedeutung der Abgrenzung der einzelnen Komponenten

Die eindeutige Abgrenzung der einzelnen Elemente des Druckberichts ist unter verschiedenen Aspekten zu beachten. Zum einen unterliegen die einzelnen Komponenten z.T. einer unterschiedlichen Prüfungsintensität bzw. sind nach herrschender Meinung von der Prüfung ganz befreit. Zum anderen gibt es Erleichterungen bei der Pflichtpublizität, nach denen kleine und mittlere Kapitalgesellschaften von der Veröffentlichung bestimmter Pflichtelemente absehen können. Und schließlich bieten sich dem berichterstattenden Unternehmen unterschiedliche Möglichkeiten zur Aufnahme freiwilliger Angaben, die von dem jeweiligen Druckberichtsteil abhängig sind. Die Abgrenzung der Berichtsteile ist daher notwendig, um die den einzelnen Komponenten entsprechenden Pflichten und Rechte bestimmen zu können. Zur Illustration der Bedeutung der Abgrenzung werden anschließend die mit den einzelnen Bestandteilen des Druckberichts verbundenen rechtlichen Vorgaben kurz dargestellt.

a) Die unterschiedliche Prüfungsintensität

a1) Uneingeschränkte Prüfung des Jahresabschlusses

Die periodische Pflichtprüfung i.S.d. §§ 316 ff. HGB[105] erstreckt sich auf den gesamten Jahresabschluß und die zugrundeliegende Buchführung von Kapital-

---

105 Dieser Pflichtprüfung unterliegt der im Druckbericht veröffentlichte Jahresabschluß und Lagebericht sowie Konzernabschluß und -lagebericht. Auf sie bezieht sich auch der in den Druckbericht aufgenommene Bestätigungsvermerk. Weiterführende aperiodische und periodische Prüfungen, wie z.B. die nach § 53 HGrG durchzuführende Prüfung der Ordnungsmäßigkeit der Geschäftsführung von Unternehmen, an denen die öffentliche Hand mit Mehrheit beteiligt ist, werden an dieser Stelle nicht behandelt, da deren Ergebnisse i.d.R. keinen nennenswerten Niederschlag im Druckbericht finden. Zu den möglichen Prüfungen und deren Inhalt vgl. *Haller/Jung* (Pflichtprüfungen 1992) Sp. 1384 ff.; *Wenzler* (Pflichtprüfungen 1992) Sp. 1396 ff.; *Schedlbauer* (Prüfungen 1992) Sp. 1484 ff.

gesellschaften, die nicht kleine i.S.d. § 267 Abs. 1 HGB sind.[106] Bilanz, GuV und Anhang sind gemäß § 317 Abs. 1 Satz 1 und 2 HGB unter Einbeziehung der Buchführung[107] von einem externen Prüfer darauf zu untersuchen, ob die gesetzlichen Vorschriften sowie die ergänzenden Bestimmungen der Satzung oder des Gesellschaftsvertrags beachtet wurden.[108] Es soll beurteilt werden, "ob die Rechnungslegung des zu prüfenden Unternehmens unter Berücksichtigung der Rechnungslegungsgrundsätze und -vorschriften ein 'richtiges' Bild der Vermögens-, Finanz- und Ertragslage vermittelt."[109] Demnach unterliegen sämtliche Angaben dieser Komponenten einer Gesetz- und Rechtmäßigkeitsprüfung sowie einer umfassenden Ordnungsmäßigkeitsprüfung.[110] Maßstab für die Beurteilung sind insbesondere die handelsrechtlichen sowie die rechtsform- und branchenspezifischen Regelungen. Außerdem sind neben den gesellschaftsvertraglichen bzw. statutarischen Bestimmungen die nichtkodifizierten GoB und sonstige im Zusammenhang mit der Abschlußprüfung entwickelte Grundsätze zu beachten.[111] Wichtig ist, daß jede Angabe, die einem Bestandteil des Jahresabschlusses zugeordnet wird, diesem Prüfungsumfang unterliegt. Die Frage, ob es sich um eine gesetzlich geforderte Pflichtangabe oder eine freiwillige Information handelt, spielt dabei keine Rolle. Ausschlaggebend ist ausschließlich die Zuordnung zu dem entsprechenden Berichtsteil, hier dem Jahresabschluß.[112]

---

106 Vgl. *v. Wysocki* (Grundlagen 1988) S. 34 ff.; *Wiechers* (Gegenstand 1988) S. 797 ff.; *Forster* (Prüfung 1991) S. 443. Der Konzernabschluß und -lagebericht unterliegt unabhängig von der Unternehmensgröße der Prüfungspflicht nach § 316 Abs. 2 HGB.

107 In die Prüfung sind auch außerbuchhalterische Bereiche einzubeziehen, soweit sie eine Rückwirkung auf die Rechnungslegung beinhalten; vgl. *IDW* (WP-Handbuch 1992) P 4 ff.; *IDW* (FG 1/1988) Abschnitt C.I.

108 § 317 Abs. 1 Satz 1 und 2 HGB.

109 *v. Wysocki* (Grundlagen 1988) S. 34.

110 Vgl. *IDW* (FG 1/1988) Abschnitt B.I.; *IDW* (WP-Handbuch 1992) P 1 ff.

111 Zu den Quellen der Prüfungsordnungen vgl. *Loitlsberger* (Prüfungsordnungen 1992) Sp. 1513 ff.; *v. Wysocki* (Grundlagen 1988) S. 22 ff.; *IDW* (FG 1/1988) Abschnitt C.

112 Vgl. in entsprechender Anwendung auf den gesamten Jahresabschluß und den Lagebericht *IDW* (WP-Handbuch 1992) O 369; *Biener/Berneke* (Bilanzrichtlinien-Gesetz 1986) S. 247; *Schülen* (Aufstellung 1987) S. 225; *ADS* (Rechnungslegung 1987) § 284 HGB Tz. 37.

a2) Eingeschränkte Prüfung des Lageberichts

Den Prüfungsumfang hinsichtlich des Lageberichts regelt § 317 Abs. 1 Satz 3 HGB. Demnach ist zu untersuchen, ob der Lagebericht mit dem Jahresabschluß bzw. der Konzernlagebericht mit dem Konzernabschluß im Einklang steht und ob die sonstigen Angaben im Lagebericht und Konzernlagebericht nicht eine falsche Vorstellung von der Lage des Unternehmens bzw. des Konzerns erwecken. Hinsichtlich der Auslegung dieser Bestimmung erscheint es problematisch, daß es Widersprüche zum Wortlaut korrespondierender handelsrechtlicher Regelungen gibt. So enthält der Bestätigungsvermerk nach § 322 Abs. 1 HGB nur die Formulierung, daß der Lagebericht/Konzernlagebericht im Einklang mit dem Jahresabschluß/Konzernabschluß steht. Andererseits hat der Prüfer nach § 321 Abs. 1 HGB im Prüfungsbericht lediglich festzustellen, ob der Lagebericht den gesetzlichen Vorschriften entspricht. Trotz dieser Ungereimtheiten ist davon auszugehen, daß sich der Umfang der Lageberichtsprüfung aus § 317 HGB ergibt, da diese Vorschrift ausdrücklich Gegenstand und Umfang der Prüfung regelt.[113] Dementsprechend teilt sich die Lageberichtsprüfung in zwei Bereiche.

a21) Prüfung der Übereinstimmung mit dem Jahresabschluß

Der erste Prüfungsbereich betrifft die Forderung, daß der Lagebericht mit dem Jahresabschluß[114] *im Einklang stehen* soll, d.h. er soll dem i.S.d. true and fair view aufgestellten Jahresabschluß entsprechen, soweit die Angaben identisch sind.[115] Umstritten ist dabei, auf welche Angaben sich diese Forderung im einzelnen bezieht. *Baetge/Fischer* versuchen das Problem eher formal zu lösen. Demnach sind unter diesen Prüfungsbereich alle Angaben des Lageberichts zu subsumieren, die ein direktes Pendant im Jahresabschluß besitzen. Dies sind die Angaben nach § 289 Abs. 1 HGB über den Geschäftsverlauf und die Lage der

---

113 Vgl. *Clemm/Reittinger* (Lagebericht 1992) Sp. 1188; *Krawitz* (Lagebericht 1990) S. 14 ff.; *IDW* (FG 1/1988) Abschnitt C.I.; a.A.; *Baetge/Fischer/Paskert* (Lagebericht 1989) S. 53 f.; *Grewe* (Kommentierung 1986) § 317 HGB Rz. 9.

114 Die nachfolgenden Ausführungen beziehen sich analog auf den Konzernabschluß bzw. Konzernlagebericht.

115 Vgl. *Lätsch* (Lagebericht 1987) Rz. 46 f.; *Clemm/Reittinger* (Lagebericht 1992) Sp. 1188; *Sieben* (Fragen 1987) S. 597.

Gesellschaft. Die Einzelangaben nach § 289 Abs. 2 Nr. 1 bis 3 HGB sowie alle freiwilligen Angaben fallen dagegen nicht darunter, da sie sich inhaltlich und zeitlich vom Jahresabschluß unterscheiden. Diese Teile sind ausschließlich unter dem Gesichtspunkt der korrekten Lagedarstellung, der den zweiten Prüfungsbereich darstellt, zu beurteilen.[116]

Der Ansatz erscheint auf den ersten Blick durchaus schlüssig, ist jedoch zu formal ausgerichtet. Eine allgemeingültige Zuteilung zu den Prüfungsbereichen anhand der beiden Absätze des § 289 HGB ist m.E. nicht möglich. Statt dessen hat sich die Prüfung im jeweiligen Einzelfall an den Angaben des Lageberichts zu orientieren.[117] Werden etwa Zahlenangaben aus dem Jahresabschluß übernommen, so sind diese auf Übereinstimmung zu prüfen, unabhängig davon, ob sie sich innerhalb der Angaben nach § 289 Abs. 1 HGB oder einer Darstellung nach § 289 Abs. 2 HGB befinden. Die Argumentation zur voraussichtlichen Entwicklung des Unternehmens kann schließlich auch mit Zahlen aus der vergangenen Periode untermauert werden, die Eingang in den Jahresabschluß gefunden haben. Nach der von *Baetge/Fischer* vertretenen Auffassung wäre in diesem Fall jedoch eine Einklangsprüfung nicht durchzuführen, da es sich um eine Lageberichtsangabe i.S.d. § 289 Abs. 2 HGB handelt.

Die Notwendigkeit der Zuordnung zu dem jeweiligen Prüfungsbereich nach dem Einzelfall betrifft ebenso die freiwilligen Angaben, die auf den Daten des Jahresabschlusses basieren und regelmäßig in allen Komponenten des Lageberichts zu finden sind. Schließlich fallen unter die Einklangsprüfung alle Lageberichtsangaben zur Vermögens-, Finanz- und Ertragslage des Unternehmens, soweit sie sich auf das abgelaufene Geschäftsjahr beziehen, da der Jahresabschluß nach § 264 Abs. 2 HGB dem Gebot des true and fair view unterliegt. Insofern impliziert die Prüfung des Einklangs von Jahresabschluß und Lagebericht mittelbar die Prüfung der Generalnorm. "Nicht der Jahresabschluß sondern das Gebot des true and fair view ist eigentlicher Beurteilungsmaßstab für die Prüfung des Lageberichts."[118] Dadurch wird gewährleistet, daß der Lagebericht ergänzende Informationen i.S.d. true and fair view enthalten kann, die in den Jahresabschluß

---

116 Vgl. *Baetge/Fischer* (Kommentierung 1990) § 317 HGB Rn. 14 ff. m.w.N.

117 So auch *Sieben* (Fragen 1987) S. 597; *Krawitz* (Prüfung 1988) S. 229; *Budde/Kofahl* (Kommentierung 1990) § 317 HGB Anm. 16.

118 *Reittinger* (Lagebericht 1986) Rn 60. Vgl. auch *Budde/Kofahl* (Kommentierung 1990) § 317 HGB Anm. 16.

wegen dessen Bindung an bestimmte Konventionen nicht aufgenommen werden dürfen. Dieser stellt eine stichtagsbezogene Vergangenheitsrechnung dar, die aufgrund des engen gesetzlichen Korsetts in der Lagedarstellung beschränkt ist.[119] Gerade das Zurechtrücken eines u.U. unzutreffenden Eindrucks des Jahresabschlusses durch Angaben, die über dessen gesetzlich geforderten Mindestinhalt hinausgehen, ist eine wichtige Zielsetzung des Lageberichts.[120] Die Informationen im Lagebericht, die die Vermögens-, Finanz- und Ertragslage des Unternehmens erläutern, sind, soweit sie sich auf die vergangene Periode beziehen, demnach ebenfalls einer Prüfung bezüglich des Einklangs mit dem Jahresabschluß zu unterziehen.

a22) Prüfung des Gesamteindrucks

Nach § 317 Abs. 1 Satz 3 HGB sind die sonstigen Angaben des Lageberichts daraufhin zu prüfen, ob sie nicht eine falsche Vorstellung von der Lage des Unternehmens erwecken. Dazu gehören alle Ausführungen, die nicht unter die Einklangsprüfung fallen. Ob es sich dabei um Angaben gemäß § 289 Abs. 1 HGB bzw. § 289 Abs. 2 HGB oder um zusätzliche freiwillige Informationen handelt, spielt grundsätzlich keine Rolle. Der Schwerpunkt dieser Prüfung liegt jedoch regelmäßig auf dem Prognosebericht und dem Nachtragsbericht, also auf Angaben, die vom Bilanzstichtag aus gesehen in der Zukunft liegen. Aus der negativen Formulierung des § 317 Abs. 1 Satz 3 HGB[121] ergibt sich, daß diese Teile des Lageberichts im wesentlichen nur hinsichtlich ihres *Gesamteindrucks* zu prüfen sind. Auf die Prüfung jeder einzelnen Angabe kann dabei i.d.R. verzichtet werden. Demnach ist die Lageberichtsprüfung, wie bereits unter dem Aktiengesetz 1965, im Vergleich zur Jahresabschlußprüfung nur in eingeschränktem Umfang notwendig.[122]

---

119 Vgl. *v. Wysocki* (Aussagefähigkeit 1990) S. 267; *Coenenberg* (Jahresabschluß 1991) S. 377.

120 *Sahner/Kammers* (Lagebericht 1984) S. 2314; *Baetge/Fischer/Paskert* (Lagebericht 1989) S. 7 ff.; *Reittinger* (Lagebericht 1986) Rn. 60; *Kloock* (Bilanzrechnung 1990) S. 107.

121 "... nicht eine falsche Vorstellung ... erwecken."

122 Vgl. *Selchert* (Jahresabschlußprüfung 1988) S. 595; *Clemm/Reittinger* (Lagebericht 1992) Sp. 1187 f.; *Budde/Kofahl* (Kommentierung 1990) § 317 HGB Anm. 15 ff.; *Müller* (Prüfung 1986) Rz. 3; *Marks* (Entwicklungstendenzen 1989) S. 125.

Die Problematik der Gesamteindrucksprüfung des Lageberichts basiert auf dessen Charakter. Er ist im wesentlichen frei gestaltbar und bietet der Geschäftsleitung die Möglichkeit, die Lage des Unternehmens aus ihrer Sicht, also subjektiv darzustellen. Insofern sind allgemeine Berichtsgrundsätze nur schwer zu bestimmen.[123] Außerdem sieht das Handelsrecht den Lagebericht als rein adressatenorientiertes Informationsinstrument an, was aus der Formulierung des § 317 Abs. 1 Satz 3 HGB zu entnehmen ist. Die Regelung spricht davon, daß er keine falsche *Vorstellung* erwecken soll. Damit wird als Maßstab für die Beurteilung der Lageberichtsangaben der Eindruck beim Leser herangezogen.[124] Im Jahresabschluß bildet statt dessen das durch die einschlägigen gesetzlichen Bestimmungen und den damit verbundenen sonstigen Regelungen[125] vorgegebene Normensystem einen eher objektiven Maßstab. Da es jedoch einen *typischen Leser* des Lageberichts nicht geben wird, können mit diesen Vorgaben auch keine allgemeinen Berichtsgrundsätze aufgestellt werden. Aus den Überlegungen über die Aufgaben der einzelnen Komponenten sowie den Untersuchungen hinsichtlich des formalen Aufbaus der Druckberichte läßt sich jedoch erkennen, daß die Gruppe der weniger vorgebildeten Interessenten den bedeutendsten Adressatenkreis des Lageberichts darstellt. Inhalt, Art und Umfang der Lageberichtsangaben sollten sich daher an dieser Gruppe orientieren.[126]

Die zweite Frage, die sich bezüglich einer Gesamteindrucksprüfung stellt, ist die der praktischen Durchführbarkeit. Ein Gesamteindruck als direkter Prüfungsgegenstand ist nicht faßbar. "Eine sinnvolle Prüfung des Lageberichts kann wohl nur durch die *Untersuchung gravierender Einzelangaben/-aussagen* erfolgen, denn es ist davon auszugehen, daß der Gesamteindruck durch wesentliche Einzelangaben zur wirtschaftlichen Lage der Unternehmung bestimmt wird."[127] Dabei können grundsätzlich drei Arten von Angaben unterschieden werden:[128]

---

123 Vgl. *Krawitz* (Prüfung 1988) S. 229; *Reittinger* (Lagebericht 1986) Rn. 68 sowie 77 ff.; *Grewe* (Kommentierung 1986) § 317 HGB Rz. 49.

124 Vgl. *v. Wysocki* (Aussagefähigkeit 1990) S. 267 ff.

125 Z.B. die nicht kodifizierten GoB sowie die GoA.

126 Vgl. *IDW* (WP-Handbuch 1992) F 649; *Reittinger* (Lagebericht 1986) Rn. 95.

127 *Clemm/Reittinger* (Lagebericht 1992) Sp. 1190.

128 Zu den drei Typen und den damit verbundenen Prüfungsvorgaben vgl. *v. Wysocki* (Aussagefähigkeit 1990) S. 270 f. Zur Prüfung der Lageberichtsangaben im einzelnen vgl. *Krawitz* (Prüfung 1988) S. 225 ff.; *Reittinger* (Prüfung 1983) S. 62 ff.; *Müller* (Prüfung 1986) Rz. 1 ff.

Aussagen über Zustände oder die Vergangenheit betreffende Verläufe bilden den ersten Typus. Diese Angaben können eindeutig auf ihre Richtigkeit hin geprüft werden, da sie Tatsachen wiedergeben.
Die zweite Gruppe bilden die Beurteilungsaussagen. Sie stellen subjektive Meinungen der Gesellschaftsorgane dar und können daher nicht auf ihre absolute Richtigkeit, sondern nur auf Plausibilität beurteilt werden.
Zur dritten Kategorie gehören schließlich die Prognoseaussagen, die aus Prämissen logisch abgeleitet werden sollten. Bei ihnen hat der Prüfer die zugrundeliegenden Annahmen auf Plausibilität und die Tatsachen, auf denen die Prognose beruht, auf Richtigkeit zu prüfen. Sind diese Komponenten im Lagebericht verständlich enthalten, kann die Glaubwürdigkeit der Prognose i.d.R. vom Leser selbst beurteilt werden.[129]

Im Rahmen der Gesamteindrucksprüfung hat der Prüfer die Ergebnisse der Prüfung der einzelnen Lageberichtsteile[130] zu einem Gesamturteil zusammenzufügen. Dabei ist die Frage zu berücksichtigen, ob die Einzelaussagen für den Leser verständlich sind und übersichtlich in den Lagebericht aufgenommen wurden. Außerdem ist zu beurteilen, ob die Lage des Unternehmens vollständig dargestellt wurde, d.h. alle wesentlichen positiven und negativen Aspekte entsprechend ihrer Bedeutung berücksichtigt worden sind.[131] Gerade der letzte Aspekt wird regelmäßig schwer zu beurteilen sein, da die Möglichkeit zur umfangreichen Aufnahme freiwilliger Angaben die Geschäftsleitung in die Lage versetzt, bestimmte Aussagen nach ihren Interessen zu betonen.[132]

Aufgrund der relativ freien Berichterstattungsmöglichkeiten im Lagebericht, die außerdem eine subjektive Wertung zulassen bzw. implizit fordern, sowie der eingeschränkten Prüfungspflicht ist davon auszugehen, daß der Prüfer nur bei schweren Verstößen zu dem Ergebnis kommen kann, daß der Lagebericht ein verzerrtes Bild der Lage des Unternehmens gibt. Eine einseitig subjektive

---

129 Vgl. *v. Wysocki* (Lagebericht 1990) S. 270 f.

130 Darunter fallen auch diejenigen Ausführungen im Lagebericht, die über die gesetzlich explizit geforderten Mindestangaben hinausgehen. Gemäß § 289 HGB können nämlich im Lagebericht zusätzliche Angaben aufgenommen werden. Vgl. dazu Abschnitt B.I.1.b2), Seite 17, sowie Abschnitt B.II.1.c2), Seite 45 f.

131 Zur Interpretation des Grundsatzes der Vollständigkeit als notwendige Voraussetzung für eine korrekte Gesamtbeurteilung der wirtschaftlichen Lage vgl. *Clemm/Ellrott* (Kommentierung 1990) § 289 HGB Anm. 7; *ADS* (Rechnungslegung 1987) § 289 HGB Tz. 44.

132 Vgl. *v. Wysocki* (Aussagefähigkeit 1990) S. 271.

Berichterstattung wird dafür regelmäßig nicht ausreichen. Vielmehr ist ein solches Urteil nur vertretbar, wenn die Grundtendenz des Lageberichts die tatsächlichen Verhältnisse konterkariert.[133]

a3) Fehlende explizite Prüfungspflicht für den freien Teil

Im Gesetz findet sich keine direkte Verpflichtung, den freien Teil des Druckberichts zu prüfen. § 317 HGB, der Gegenstand und Umfang der Jahresabschlußprüfung regelt, spricht nur von der Prüfung der Buchführung, des Jahresabschlusses und des Lageberichts sowie des Konzernabschlusses und des Konzernlageberichts. Dabei ist unbestritten, daß die freiwilligen Angaben, gleichgültig welcher Art sie sind und welchen Charakter sie besitzen, unter die Prüfungspflicht des Teils fallen, dem sie zugeordnet werden.[134] Die freiwilligen Angaben, die eigene, nicht den Pflichtbestandteilen zugeordnete Abschnitte bilden, sind dagegen nicht erwähnt. Insofern kann von einer den freien Teil betreffenden expliziten Prüfungspflicht nicht ausgegangen werden. Dieser Standpunkt wird auch in der Literatur einhellig vertreten, soweit der freie Teil klar von den prüfungspflichtigen Komponenten des Druckberichts abgegrenzt ist.[135] Allerdings wird dabei z.T. auch das Problem angesprochen, daß der freie Teil, auch wenn er deutlich von den Pflichtbestandteilen abgegrenzt ist, nicht die zutreffende Lagedarstellung durch die übrigen Komponenten des Druckberichts verfälschen darf.[136] Eine derartige Verpflichtung ist jedoch nur sinnvoll, wenn sie überprüft und ein Verstoß in letzter Konsequenz mit Sanktionen belegt

---

133 Vgl. *Selchert* (Jahresabschlußprüfung 1988) S. 595; *IDW* (WP-Handbuch 1992) O 398 ff.; *Clemm/Reittinger* (Lagebericht 1992) Sp. 1193 f.

134 Vgl. in entsprechender Anwendung auf den gesamten Jahresabschluß und den Lagebericht; *IDW* (WP-Handbuch 1992) O 369; *Biener/Berneke* (Bilanzrichtlinien-Gesetz 1986) S. 247; *Schülen* (Aufstellung 1987) S. 225; *ADS* (Rechnungslegung 1987) § 284 HGB Tz. 37.

135 Vgl. u.a. *Biener/Berneke* (Bilanzrichtlinien-Gesetz 1986) S. 247; *Müller* (Einführung 1986) Rz. 7; *Clemm/Ellrott* (Kommentierung 1990) § 289 HGB Anm. 5. In diesem Sinn wohl auch *ADS* (Rechnungslegung 1987) § 289 HGB Tz. 16 und 40; *v. Wysocki* (Aussagefähigkeit 1990) S. 268; *IDW* (WP-Handbuch 1992) F 436 ff.

136 Vgl. *v. Wysocki* (Aussagefähigkeit 1990) S. 268; *Clemm/Reittinger* (Lagebericht 1992) Sp. 1182; *ADS* (Rechnungslegung 1987) § 289 HGB Tz. 97.

wird.[137] Daher impliziert die Forderung nach einer widerspruchsfreien Berichterstattung, daß der Druckbericht auf eine solche Diskrepanz hin untersucht werden müßte und damit auch der freie Teil einer gewissen Prüfungspflicht unterliegen würde. Ob eine solche Prüfungspflicht gegeben ist und aus welchen rechtlichen Grundlagen sie sich ggf. ableitet, wird daher später noch zu untersuchen sein.[138]

Abbildung 7 faßt den in § 317 HGB hinsichtlich der einzelnen Druckberichtskomponenten explizit geregelten Prüfungsumfang zusammen.

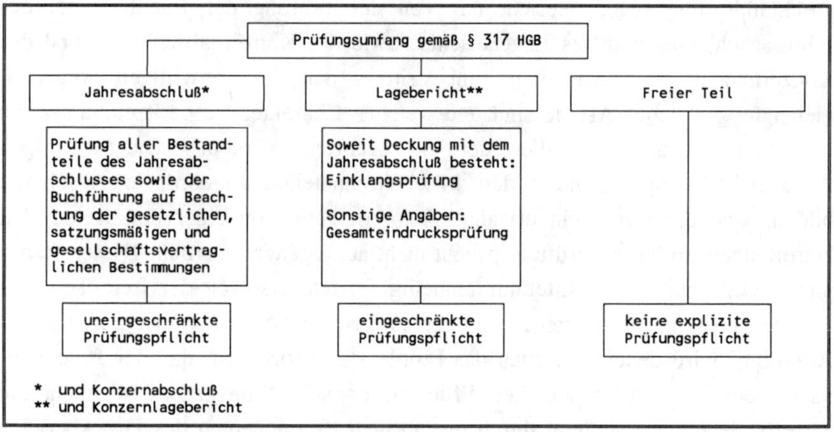

Abb. 7: Umfang der handelsrechtlichen Prüfungspflicht i.S.d. § 317 HGB

137 Vgl. zur Notwendigkeit der Androhung von Sanktionen zur Durchsetzung der Publizitätspflichten *Apelt* (Publizität 1991) S. 22 f.; *Biener* (Interessenkonflikte 1983) S. 26; *Schneider* (Gliederungswahlrechte 1980) S. 87.

138 Vgl. Abschnitt B.III., Seite 88 ff.

b) Die unterschiedlichen Offenlegungspflichten

Die Abgrenzung der einzelnen Komponenten des Druckberichts spielt auch hinsichtlich der in §§ 325 ff. HGB geregelten Offenlegungspflicht eine bedeutende Rolle. Je nach Größe der Kapitalgesellschaft unterliegen die einzelnen Bestandteile einer unterschiedlichen Register- und Bundesanzeigerpublizität.[139] Werden publizitätspflichtige und von der Offenlegung befreite Komponenten nicht eindeutig getrennt, so gilt die jeweilige Offenlegungspflicht für den gesamten Bereich.[140]

b1) Offenlegung der Pflichtbestandteile

b11) Offenlegungspflichten großer Kapitalgesellschaften

Große Kapitalgesellschaften i.S.v. § 267 Abs. 2 HGB haben nach § 325 Abs. 1 HGB alle in dieser Arbeit als Pflichtbestandteile des Druckberichts bezeichneten Unterlagen zum Handelsregister des Sitzes der Gesellschaft einzureichen.[141] Zusätzlich sind, soweit nicht bereits aus dem Jahresabschluß ersichtlich, das Jahresergebnis und der Gewinnverwendungsbeschluß einzureichen. § 325 Abs. 2 HGB bestimmt ferner, daß alle Unterlagen, die zum Handelsregister einzureichen sind, zuvor im Bundesanzeiger bekanntgemacht werden müssen. Von dieser Pflicht ist nur die Anteilsliste,[142] die einen Bestandteil des Anhangs darstellt, ausgenommen.[143]

---

139 Zur Problematik der Durchsetzung und den Möglichkeiten der Umgehung der Publizitätspflichten vgl. *Frey* (Bilanz-Publizität 1988) S. 1785 ff.; *Hagenau/Hauser* (Publizität 1989) S. 180 ff.; *Meilicke* (Gestaltungen 1986) S. 2445 ff.; *Schildbach/Beermann/Feldhoff* (Lagebericht 1990) S. 2297 f.

140 Vgl. *Sarx* (Kommentierung 1990) § 322 HGB Rz. 23; *Clemm/Ellrott* (Kommentierung 1990) § 284 HGB Anm. 80; *IDW* (WP-Handbuch 1992) F 641; *ADS* (Rechnungslegung 1987) § 289 HGB Tz. 40.

141 Gemäß § 325 Abs. 3 HGB fallen darunter stets auch der Konzernabschluß und Konzernlagebericht. Dies gilt für alle Kapitalgesellschaften, unabhängig von ihrer Größe. Vgl. *Gross/Schruff/v. Wysocki* (Konzernabschluß 1987) S. 387 ff.

142 Dies betrifft gemäß § 325 Abs. 3 Satz 2 HGB auch die Konzern-Anteilsliste.

143 Zur Register- und Bundesanzeigerpublizität großer Kapitalgesellschaften vgl. die Übersicht bei *Gross/Schruff* (Jahresabschluß 1986) S. 337. Vgl. auch *Goerdeler* (Publizität 1992) S. 240 ff.; *Kropff* (Publizität 1993) Sp. 1670 f.; *Biener* (Publizität 1989) S. 221 ff.

b12) Offenlegungspflichten mittelgroßer Kapitalgesellschaften

Mittelgroße Kapitalgesellschaften i.S.v. § 267 Abs. 2 HGB unterliegen nach § 325 Abs. 1 HGB grundsätzlich der gleichen Registerpublizität wie große Kapitalgesellschaften. Allerdings ermöglichen §§ 276 und 327 HGB die Einreichung gesetzlich vorgegebener, verkürzter Fassungen von Bilanz, GuV und Anhang. Die Pflichtbestandteile des Druckberichts von mittelgroßen Kapitalgesellschaften unterliegen außerdem nicht der Bundesanzeigerpublizität. Nach § 325 Abs. 1 Satz 2 HGB ist nur ein Hinweis auf die zum Handelsregister eingereichten Unterlagen im Bundesanzeiger bekanntzumachen.[144]

b13) Offenlegungspflichten kleiner Kapitalgesellschaften

Die genaue Abgrenzung der Pflichtbestandteile des Druckberichts spielt bei kleinen Kapitalgesellschaften die größte Rolle. Dies hat seinen Grund in der durch § 326 HGB stark eingeschränkten Registerpublizität. Kleine Kapitalgesellschaften haben nur eine Kurzform ihrer Bilanz, einen verkürzten Anhang, den Gewinnverwendungsvorschlag sowie, falls aus dem eingereichten Jahresabschluß nicht ersichtlich, das Jahresergebnis und den Gewinnverwendungsbeschluß zum Handelsregister einzureichen. Außerdem ist nach § 325 Abs. 1 Satz 2 HGB ein Hinweis auf die zum Handelsregister eingereichten Unterlagen im Bundesanzeiger bekanntzumachen. Somit unterliegen eine Reihe von Angaben der Bilanz und des Anhangs nach §§ 266, 288 und 326 HGB nicht der Offenlegung. Ebenso gilt dies nach § 326 Satz 1 HGB für die GuV, den Lagebericht sowie den Bericht des Aufsichtsrats.[145]

---

144 Zur Register- und Bundesanzeigerpublizität mittelgroßer Kapitalgesellschaften vgl. die Übersicht bei *Gross/Schruff* (Jahresabschluß 1986) S. 340. Vgl. auch *Kropff* (Publizität 1993) Sp. 1670 f.; *Ott* (Offenlegung 1992) Rz. 20 ff.; *Stolberg* (Offenlegung 1986) Rz. 7 ff.

145 Zu den Publizitätspflichten kleiner Kapitalgesellschaften vgl. *Ott* (Offenlegung 1992) Rz. 18 f. und 33; *Sarx/Spremann* (Kommentierung 1990) § 326 HGB Anm. 1 ff.; *Schulze-Osterloh* (Jahresabschluß 1986) S. 566 f.

b2) Offenlegungspflichten für freiwillige Angaben

Ähnlich wie bei der Frage der Prüfungspflicht ist auch hinsichtlich der Offenlegungspflicht für freiwillige Angaben danach zu unterscheiden, an welcher Stelle sie sich im Druckbericht befinden. Werden *Pflichtbestandteile* mit freiwilligen Angaben ergänzt, so unterliegen diese der dem Pflichtbestandteil entsprechenden Publizitätspflicht. Eine nachträgliche, erst bei der Offenlegung durchgeführte Trennung erscheint nicht möglich, der gesamte Abschnitt fällt unter die (größenabhängige) Offenlegungspflicht.[146] Werden dagegen die freiwilligen Angaben im von den offenzulegenden Pflichtbestandteilen des Druckberichts abgetrennten, *freien Teil* aufgenommen, so unterliegen sie keinen gesetzlichen Regelungen hinsichtlich der Publizität. Der freie Teil des Druckberichts muß also, unabhängig von der Größe der Kapitalgesellschaft, weder zum Handelsregister eingereicht noch im Bundesanzeiger veröffentlicht werden.[147] Es kommt jedoch vor, daß Unternehmen den gesamten Druckbericht, einschließlich des freien Teils, im Bundesanzeiger publizieren.[148]

c) Die unterschiedlichen Möglichkeiten der Aufnahme freiwilliger Angaben

Die Abgrenzung der einzelnen Komponenten des Druckberichts ist insbesondere hinsichtlich der Möglichkeit zur Aufnahme freiwilliger Angaben von Bedeutung. Grundsätzlich können im gesamten Druckbericht freiwillige Angaben eingestellt werden, allerdings ist dies nicht in jedem Teil uneingeschränkt möglich. Im folgenden sollen die Grenzen der Erweiterungen der einzelnen Druckberichtsteile mit freiwilligen Angaben skizziert werden, wobei sich die Ausführungen auf die von der Unternehmensleitung erstellten Berichtsteile mit Ausnahme des Gewinnverwendungsvorschlags beschränken. Es wird also auf den Jahresabschluß, den

---

146 Vgl. *Sarx* (Kommentierung 1990) § 322 HGB Anm. 23; *Clemm/Ellrott* (Kommentierung 1990) § 284 HGB Anm. 80; *IDW* (WP-Handbuch 1992) F 641; *ADS* (Rechnungslegung 1987) § 289 HGB Tz. 40.

147 Vgl. *ADS* (Rechnungslegung 1987) § 289 HGB Tz. 16 f.; *Clemm/Ellrott* (Kommentierung 1990) § 289 HGB Anm. 5 jeweils m.w.N.

148 Vgl. *AEG* (Geschäftsbericht 1989), vollständig veröffentlicht im Bundesanzeiger 1990, S. 5669 ff.

Lagebericht sowie den freien Teil des Druckberichts eingegangen. Der Gewinnverwendungsvorschlag bietet aufgrund seiner klaren inhaltlichen Abgrenzung kaum die Möglichkeit zusätzlicher Angaben. Die beiden anderen Pflichtbestandteile, der Bericht des Aufsichtsrats sowie der Bestätigungsvermerk, werden nicht von der Unternehmensleitung verfaßt und in der Praxis nur sehr selten und geringfügig um freiwillige Angaben erweitert.[149] Der durch § 322 HGB vorgegebene Wortlaut des Bestätigungsvermerks könnte zwar zu einem differenzierteren und für den weniger vorgebildeten Interessenten u.U. verständlicheren Bestätigungsbericht ausgebaut werden.[150] Da jedoch von diesem Wahlrecht in der Praxis nur sehr selten Gebrauch gemacht wird,[151] soll nicht näher auf die unterschiedlichen Gestaltungsmöglichkeiten eines Bestätigungsberichts eingegangen werden.[152]

c1) Die Beschränkungen im Jahresabschluß

In *Bilanz und GuV* besteht nach § 265 Abs. 5 HGB die Möglichkeit, über die durch §§ 266 und 275 HGB vorgegebenen Gliederungsschemata hinaus zusätzliche Angaben in Form einer tieferen Untergliederung aufzunehmen oder zusätzliche Posten hinzuzufügen. Diese freiwillige Erweiterung darf jedoch nicht die Klarheit und Übersichtlichkeit der Bilanz beeinträchtigen. Dementsprechend muß es sich um aussagefähige neue Positionen handeln, die nicht durch bereits bestehende abgedeckt sind. Auch die Aufnahme unwesentlicher Posten widerspricht den obigen Grundsätzen.[153]

---

149 Zum Inhalt des Gewinnverwendungsvorschlags sowie des standardisierten Aufsichtsratsberichts vgl. Abschnitt B.I.1.b3), Seite 17 ff.

150 Vgl. *IDW/WPK* (Stellungnahme 1985) S. 547; *v. Wysocki* (Grundlagen 1988) S. 302 f.

151 Alle der im Rahmen der empirischen Erhebung untersuchten Druckberichte enthielten den Bestätigungsvermerk in der vom Gesetz vorgegebenen Kernfassung. Vgl. Anhang: Tabelle 5, Seite 163.

152 Zum mögliche Aufbau und Inhalt eines Bestätigungsberichts vgl. *Bolsenkötter* (Bestätigungsvermerk 1992) Sp. 214; *Raff/Brandl* (Prüfungsbericht 1988) Rn. 119 ff.; *Marks* (Entwicklungstendenzen 1989) S. 167 ff.; *IDW* (WP-Handbuch 1992) O 372 ff.

153 Vgl. *Coenenberg* (Gliederungsentscheidungen 1986) S. 1581; *Weber* (Kommentierung 1990) § 265 HGB Rn. 42 ff.; *Budde/Geißler* (Kommentierung 1990) § 265 HGB Anm. 14 ff.; *ADS* (Rechnungslegung 1987) § 265 HGB Tz. 63 ff. und 67 f. sowie § 266 HGB Tz. 3.

Der gesetzlich geregelte Inhalt des *Anhangs* stellt nur einen Mindestinhalt dar.[154] Die Möglichkeiten zur Aufnahme freiwilliger Angaben[155] sind dabei weiter gefaßt als bei den beiden anderen Bestandteilen des Jahresabschlusses. Zwar unterliegen die in den Anhang zusätzlich aufgenommenen Informationen den gleichen Einschränkungen, nämlich den Grundsätzen der Wesentlichkeit, Klarheit und Übersichtlichkeit, darüberhinaus muß ein sachlicher Zusammenhang mit dem Jahresabschluß bestehen.[156] Jedoch ergibt sich bereits aus dem Charakter des Anhangs als eigenständiger, die Rechenwerke ergänzender und klarstellender Berichtsteil die Möglichkeit zur umfassenderen zusätzlichen Berichterstattung. Oft wird erst durch den Anhang die Darstellung eines den tatsächlichen Verhältnissen entsprechenden Bildes der Vermögens-, Finanz- und Ertragslage erreicht.[157] Die dafür in Frage kommenden Angaben sind vielfältig. Die Möglichkeiten reichen von Kapitalflußrechnungen über Angaben zur Arbeitnehmerschaft bis hin zu Aussagen bezüglich der internationalen Vergleichbarkeit des Jahresabschlusses.[158] Die Aufnahme dieser Angaben hat jedoch unter Beachtung der o.a. Grenzen zu erfolgen.

c2) Grenzen der freiwilligen Berichterstattung im Lagebericht

Der in § 289 HGB geregelte Inhalt des Lageberichts stellt nur den Mindestinhalt dar. Im Gegensatz zum Anhang wird bereits durch die Formulierung des Ge-

---

154 Vgl. *Kupsch* (Anhang 1988) Rn. 21; *Selchert* (Anhang 1987) S. 18 und S. 94 ff.; *Pfleger* (Anhang 1989) Tz. 12 ff.; *Baumbach/Duden/Hopt* (Handelsgesetzbuch 1987) § 284 HGB Tz. 3; *ADS* (Rechnungslegung 1987) § 284 HGB Tz. 31.

155 Als freiwillige Angaben werden hier nur die zusätzlich zu den gesetzlichen Mindestangaben des Jahresabschlusses aufgenommenen Informationen angesehen. Darunter fallen nicht die Daten, die wahlweise im Anhang statt in der Bilanz bzw. GuV gemacht werden können (sog. Wahlpflichtangaben).

156 Vgl. *Biener/Berneke* (Bilanzrichtlinien-Gesetz 1986) S. 247; *Selchert/Karsten* (Inhalt 1985) S. 1890; *ADS* (Rechnungslegung 1987) § 284 HGB Tz. 31.

157 Vgl. *Niehus* (Anhang 1989) S. 184 ff.; *Lange* (Publizitätspflicht 1991) S. 369 ff.; *Moxter* (Sinn 1987) S. 371 ff.; *IDW* (WP-Handbuch 1992) O 411 f.

158 Zu den möglichen Angaben vgl. *Clemm/Ellrott* (Kommentierung 1990) § 284 HGB Anm. 80; *IDW* (WP-Handbuch 1992) O 436 ff.; *ADS* (Rechnungslegung 1987) § 284 HGB Tz. 31 ff. Zu den einzelnen Erweiterungen vgl. u.a. *v. Wysocki* (Gestaltungsformen 1983) S. 274 ff.; *Dellmann* (Kapitalflußrechnung 1987) S. 471 ff.; *v. Wysocki* (Kapitalflußrechnung 1976) S. 14 ff.; *Niehus* (Angaben 1988) S. 99 ff.

setzes deutlich, daß zusätzliche Angaben nicht nur zulässig, sondern u.U. für die korrekte Lagedarstellung sogar notwendig sind. In § 289 Abs. 1 HGB heißt es nämlich, daß *zumindest* der Geschäftsverlauf und die Lage der Gesellschaft so darzustellen sind, daß ein den tatsächlichen Verhältnissen entsprechendes Bild vermittelt wird.[159] Als freiwillige Lageberichtsangaben sind somit die Informationen denkbar, die auch freiwillig in den Anhang aufgenommen werden könnten.[160] Zusätzlich besteht jedoch aufgrund der Aufgabenstellung des Lageberichts für die Unternehmen die Möglichkeit, die freiwilligen Angaben zur informativen Selbstdarstellung zu nutzen. Die Informationen können demnach subjektiv gefärbt sein.[161] Daher ist es nicht verwunderlich, daß die Unternehmen von der Möglichkeit der Aufnahme freiwilliger Angaben regelmäßig umfangreichen Gebrauch machen. Zwar unterliegt die freiwillige Berichterstattung im Lagebericht grundsätzlich den gleichen Grenzen wie die Angaben im Anhang, nämlich den Grundsätzen der Klarheit und Übersichtlichkeit sowie der Wesentlichkeit.[162] Aufgrund des Charakters des Lageberichts als subjektiver, z.T. prognostizierender Bericht sind allerdings die Grenzen der Berichterstattung im Lagebericht im Vergleich zu der im Anhang weiter gezogen. Sie werden durch die klare Erkennbarkeit der Pflichtangaben gebildet. Diese dürfen nicht verwässert werden bzw. in umfangreichen zusätzlichen Informationen untergehen.[163]

---

159 Vgl. *Stobbe* (Lagebericht 1988) S. 303; *Lück* (Kommentierung 1990) § 289 HGB Rn. 10 ff.; *Jung* (Kommentierung 1989) § 289 HGB Rdn. 13 ff.; *ADS* (Rechnungslegung 1987) § 289 HGB Tz. 92 ff.; *GEFIU* (Probleme 1987) S. 56; *Baumann* (Geschäftsbericht 1987) S. 102.

160 Vgl. *Clemm/Ellrott* (Kommentierung 1990) § 284 HGB Anm. 81; *ADS* (Rechnungslegung 1987) § 289 HGB Tz. 14 f.

161 Vgl. *Krawitz* (Prüfung 1988) S. 229; *Reittinger* (Lagebericht 1986) Rn. 68 sowie 77 ff.; *Grewe* (Kommentierung 1986) § 317 HGB Rz. 49.

162 Vgl. *Baetge/Fischer/Paskert* (Lagebericht 1989) S. 16 ff.; *Reittinger* (Lagebericht 1986) Rn. 7 ff.; *Moxter* (Fundamentalgrundsätze 1976) S. 87 ff.

163 Vgl. *Reittinger* (Lagebericht 1986) Rn. 57; *Kropff* (Lagebericht 1980) S. 517 ff.; *Clemm/Ellrott* (Kommentierung 1990) § 289 HGB Anm. 47.

c3) Grundsätzlich unbeschränkte Berichterstattung im freien Teil

Im freien Teil wird es den Unternehmen ermöglicht, ohne explizite gesetzliche Einschränkungen freiwillige Angaben in den Druckbericht aufzunehmen. Sie unterliegen weder den Grundsätzen der Klarheit und Übersichtlichkeit noch müssen sie einen direkten Zusammenhang mit dem Jahresabschluß und Lagebericht aufweisen. Ihr Spektrum ist daher beinahe unbegrenzt. Es reicht von Mehrjahresübersichten über die Darstellung von Leistungen zum Umweltschutz durch das Unternehmen bis hin zu reiner Werbung.[164] Aufgrund der fehlenden gesetzlichen Regelungen wird in der Literatur durchgängig die Meinung vertreten, daß der freie Teil weder publizitäts- noch prüfungspflichtig ist.[165] Der freie Teil unterliegt daher grundsätzlich keinen Einschränkungen hinsichtlich der inhaltlichen und formalen Gestaltung sowie keinen expliziten Prüfungs- und Offenlegungspflichten. In der Literatur wird jedoch betont, daß der freie Teil nicht im Widerspruch zu den Angaben der Pflichtbestandteile stehen darf.[166] Dieses Kriterium bildet demnach die einzige Einschränkung für außerhalb der Pflichtbestandteile stehende Angaben im Druckbericht.

Festzuhalten ist, daß der freie Teil des Druckberichts keiner expliziten gesetzlichen Prüfungspflicht und damit grundsätzlich keinen Einschränkungen unterliegt. Offen bleibt jedoch, wie die Verpflichtung zur widerspruchsfreien Berichterstattung im Druckbericht rechtlich verankert ist bzw. welche Folgen ein Verstoß nach sich zieht.[167] Im Zweifel ist sie nur sinnvoll, wenn eine Zuwiderhandlung mit Sanktionen belegt werden kann. Ob und ggf. welche Rechtsgrundlagen dafür gegeben sind bzw. ob dadurch der freie Teil mittelbar unter die Prüfungspflicht fällt, wird daher in Abschnitt B.III.[168] diskutiert.

---

164 Vgl. z.B. die Mehrjahresübersicht in *Henkel* (Geschäftsbericht 1990) Umschlag-Innenseite, die Ausführungen zum Umweltschutz in *Schering* (Geschäftsbericht 1990) S. 14 f. sowie bezüglich der Public Relations den Abschnitt "Puma: Neue Produktideen" in *Puma* (Geschäftsbericht 1989) nach Seite 25.

165 Vgl. u.a. *Biener/Berneke* (Bilanzrichtlinien-Gesetz 1986) S. 247; *Müller* (Einführung 1986) Rz. 7; *Clemm/Ellrott* (Kommentierung 1990) § 284 HGB Anm. 82 sowie § 289 HGB Anm. 5; *ADS* (Rechnungslegung 1987) § 284 HGB Tz. 36 sowie § 289 HGB Tz. 16 und 40; *v. Wysocki* (Aussagefähigkeit 1990) S. 268; *IDW* (WP-Handbuch 1992) F 436 ff.

166 Vgl. *v. Wysocki* (Aussagefähigkeit 1990) S. 268; *Clemm/Reittinger* (Lagebericht 1992) Sp. 1182; *ADS* (Rechnungslegung 1987) § 289 HGB Tz. 97.

167 Vgl. *v. Wysocki* (Aussagefähigkeit 1990) S. 268.

168 Vgl. Seite 88 ff.

Abschließend werden die Möglichkeiten zur Aufnahme freiwilliger Angaben im Druckbericht in der Abbildung 8 nochmals zusammenfassend dargestellt.

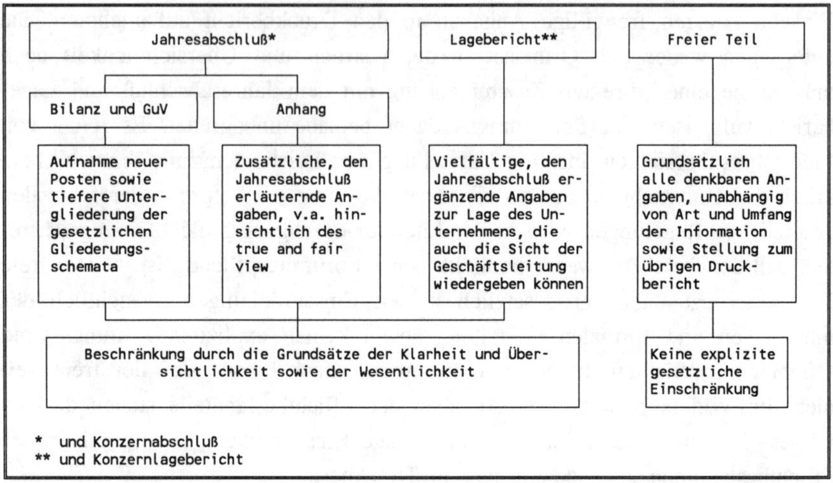

Abb. 8: Möglichkeiten zur Aufnahme freiwilliger Angaben in den Druckbericht

d) Zwischenergebnis

Die vorstehenden Ausführungen haben gezeigt, daß die Abgrenzung der einzelnen Komponenten des Druckberichts hinsichtlich verschiedenster Fragestellungen von Bedeutung ist. Die unterschiedliche Prüfungsintensität der einzelnen Berichtsbestandteile dürfte dabei das größte Gewicht sowohl für das Unternehmen als auch für den Prüfer besitzen. Aus der Sicht der Gesellschaft sind jedoch auch die differenzierten Möglichkeiten der Aufnahme freiwilliger Angaben interessant, da damit ein gewisser Spielraum für die Gestaltung des Druckberichts besteht. Das Unternehmen kann über Art, Umfang und Ort der freiwilligen Berichterstattung unter dem Gesichtspunkt der Prüfungspflicht wählen. Die unterschiedliche Publizitätspflicht spielt in diesem Zusammenhang eine geringere Rolle, da die Erleichterungen an die Größe des Unternehmens anknüpfen und die hier behandelte Berichterstattung mittels Druckberichten regelmäßig die Pflichtpublizität übertrifft.

2. Einzelfragen zur Abgrenzung der Druckberichtskomponenten

Bisher wurde der Aufbau des Druckberichts, der Inhalt der einzelnen Komponenten sowie die Bedeutung der Abgrenzung der einzelnen Berichtsteile behandelt. Dabei wurde unterstellt, daß die einzelnen Komponenten klar voneinander abgegrenzt sind. Die Gestaltung der Druckberichte zeigt jedoch häufig ein anderes Bild. Die Berichtsteile gehen oft fließend ineinander über, der freie Teil des Druckberichts ist regelmäßig kein alleinstehender Abschnitt, sondern setzt sich aus zahlreichen Einzelangaben zusammen, die zwischen den Pflichtbestandteilen plaziert werden. Daher sollen die Möglichkeiten der Abgrenzung der einzelnen Berichtsteile behandelt sowie auf die Folgen einer fehlenden oder falschen Abgrenzung eingegangen werden. Die Ausführungen beziehen sich dabei schwerpunktmäßig auf die Abgrenzung von Anhang und Lagebericht einerseits sowie von Lagebericht und freiem Teil des Druckberichts andererseits, da hier die inhaltlichen Grenzen am schwersten zu ziehen sind.

a) Die Abgrenzung durch das berichterstattende Unternehmen als Ausgangspunkt

Einerseits besteht für das den Druckbericht erstellende Unternehmen die Möglichkeit, in alle Berichtsteile freiwillige Angaben aufzunehmen. Andererseits knüpft das Gesetz an die einzelnen Komponenten unterschiedliche Rechtsfolgen,[169] ohne einen bestimmten formalen Aufbau des Druckberichts vorzuschreiben.[170] Insofern kann es nur im Aufgabenbereich des Berichterstellers liegen, die einzelnen Komponenten des Druckberichts klar voneinander abzugrenzen, denn er allein entscheidet über die Gestaltung des Berichts. Dessen Strukturierung stellt wiederum eine *Verpflichtung* für das berichterstattende Unternehmen dar, da die einzelnen Komponenten unterschiedlichen Rechtsfolgen unterliegen. Eine deutliche Bestimmung des Umfangs der einzelnen Komponenten ist außerdem notwendig, um die für die Pflichtbestandteile zu beachtende Klarheit und Übersichtlichkeit der Berichterstattung zu gewährleisten und Miß-

---

169 Vgl. Abschnitt B.II.1., Seite 32 ff.

170 Vgl. Abschnitt B.I.2.a), Seite 23 f.

verständnisse beim Leser hinsichtlich der Reichweite des Bestätigungsvermerks zu vermeiden.[171]

b) Möglichkeiten der Abgrenzung

Im folgenden Abschnitt werden die Möglichkeiten für die notwendige Abgrenzung behandelt, die dem Berichtersteller zur Verfügung stehen. Es ist zu klären, ob sich die Aufteilung bereits aufgrund des Inhalts der einzelnen Angaben - quasi automatisch - ergibt oder ob die Abgrenzung auf einer formalen Ebene zu erfolgen hat. Bei der zweiten Alternative muß der Berichtersteller im Druckbericht bewußt klarstellen, welche Informationen er welchem Teil zurechnet.

b1) Inhaltliche Abgrenzung

Von einer inhaltlichen Abgrenzung der Angaben des Druckberichts kann gesprochen werden, wenn sich die Zuordnung der einzelnen Information zu einem Berichtsteil zwingend durch deren Inhalt ergibt. Die Abgrenzung basiert dabei auf der Angabe selbst, die formale Stellung im Druckbericht spielt keine Rolle.

Eine derartige inhaltliche Abgrenzung ist nur unter zwei alternativen Konstellationen denkbar. Zum einen wäre sie möglich, wenn der Inhalt jedes einzelnen Druckberichtsteils abschließend und allgemeingültig geregelt wäre und somit sich die einzelnen Angaben auf dieser Basis eindeutig zuordnen ließen. Die tatsächliche Situation spiegelt jedoch ein gänzlich anderes Bild wider. Die gesetzlichen Vorgaben umfassen i.d.R. nur den Mindestumfang der einzelnen Druckberichtskomponenten, die durch das berichtende Unternehmen in unterschiedlicher Form erweitert werden können. Der Inhalt des freien Teils ist zudem nicht explizit geregelt.[172] Daher ist die vollständige Abgrenzung der einzelnen Druckberichts-

---

171 Vgl. *ADS* (Rechnungslegung 1987) § 284 HGB Tz. 37 sowie § 289 HGB Tz. 40; *Reittinger* (Lagebericht 1986) Rn. 22; *Clemm/Ellrott* (Kommentierung 1990) § 289 HGB Anm. 5 und 47.

172 Vgl. Abschnitt B.II.1.c), Seite 43 ff.

komponenten aufgrund eines gesetzlich exakt vorgegebenen Inhalts nicht möglich, da derartige abschließende "Inhaltsangaben" nicht existieren.

Die zweite Möglichkeit besteht in einer zwingenden inhaltlichen Abgrenzung aufgrund des Charakters einer im Druckbericht enthaltenen Information. Demnach müßten die Angaben in den verschiedenen Berichtsteilen derart unterschiedlich sein, daß sich die Zuordnung der einzelnen Angabe zu einem Berichtsteil aus derem charakteristischen Inhalt zwingend ergibt. Dies trifft zwar auf einige Angaben der Pflichtbestandteile zu, so z.B. hinsichtlich typischer Pflichtangaben in Bilanz und GuV sowie des Bestätigungsvermerks. Aufgrund des Ergänzungs- und Korrekturcharakters des Anhangs zur Bilanz und GuV ist jedoch eine "automatische" Zuordnung aller Angaben zu den einzelnen Berichtsteilen nicht möglich. Eine solche Zuordnung wird außerdem durch die Möglichkeit zur Aufnahme freiwilliger Angaben in den Druckbericht zunichte gemacht. Die in Frage kommenden Angaben lassen sich häufig verschiedenen Berichtsbereichen zurechnen. So kann beispielsweise eine Kapitalflußrechnung sowohl in den Anhang zur Erläuterung der Finanzlage aufgenommen werden, als auch im Lagebericht der Darstellung der Lage des Unternehmens dienen.[173]

In der Berichtspraxis zeigt sich allerdings, daß die Unternehmen zumindest zu einem gewissen Grad von einer inhaltlichen Abgrenzung ausgehen. Vergleicht man die im Druckbericht veröffentlichten Pflichtbestandteile mit den entsprechenden im Bundesanzeiger publizierten Abschnitten, stößt man auf inhaltliche Abweichungen.[174] Wird unterstellt, daß die im Bundesanzeiger veröffentlichte Fassung den abgegrenzten, prüfungspflichtigen Berichtsteil wiedergibt, so zeigt sich, daß die entsprechenden Passagen im Druckbericht durch zusätzliche Angaben ergänzt werden. Dies trifft v.a. auf den Lagebericht zu, der z.B. durch Angaben über Mitarbeiter u.ä. erweitert wird.[175] Die Unternehmen gehen anscheinend davon aus, daß diese Ergänzungen inhaltlich nicht dem Lagebericht

---

173 Vgl. *ADS* (Rechnungslegung 1987) § 284 HGB Tz. 34 sowie § 289 HGB Tz. 15; *IDW* (WP-Handbuch 1992) F 438; *Forster* (Verbesserung 1980) S. 57 ff.; *Baetge/Fischer/Paskert* (Lagebericht 1989) S. 49; *Schneider* (Nebenrechnungen 1985) S. 45 ff.; *Bruns* (Anhang 1990) S. 58.

174 Vgl. *Meisinger/Wenzler* (Diskrepanzen 1992) S. 445 ff.

175 Vgl. z.B. *Löwenbräu* (Geschäftsbericht 1988/89) S. 13. Dort wird der Lagebericht im Ver-gleich zur Fassung im Bundesanzeiger um Angaben über verstorbene Mitarbeiter und Dienstjubiläen erweitert. Zusätzliche Angaben bezüglich der Organisationsstruktur des Unternehmens enthält der Lagebericht in *Hegener + Glaser* (Geschäftsbericht 1989) S. 8.

zuzurechnen sind, obwohl sie unter dieser Überschrift veröffentlicht werden. Eine derartige Vorgehensweise ist bedenklich, da innerhalb des Lageberichts Angaben ausgewiesen werden, die offensichtlich nicht geprüft wurden. Bei Aussagen, die leicht als zusätzliche Angaben erkannt werden können, wie z.B. die Nennung verstorbener Mitarbeiter, mag diese Vorgehensweise noch unproblematisch sein. Zweifelhaft ist jedoch, wo die inhaltliche Grenze zu ziehen ist. Es zeigt sich nämlich, daß sich der Lagebericht im Bundesanzeiger von dem entsprechenden Teil des Druckberichts nicht nur in unwichtigen Angaben unterscheidet.[176] Da es unmöglich erscheint, für diese Vorgehensweise klare inhaltliche Grenzen abzustecken, ist ein derartiges Berichtsgebaren m.E. unzulässig.

Als Ergebnis bleibt festzuhalten, daß eine Abgrenzung der Druckberichtskomponenten, die allein auf dem Inhalt der einzelnen Angaben basiert, nicht möglich ist. Vielmehr ist das berichtende Unternehmen verpflichtet, sämtliche Bestandteile des Berichts formal abzugrenzen. Erst auf diese Weise wird es dem Leser ermöglicht, die Reichweite und den Inhalt der jeweiligen Berichterstattung einzuschätzen.

b2) Formale Abgrenzung

Für eine formale Abgrenzung der Komponenten des Druckberichts gibt es zahlreiche gestalterische und drucktechnische Möglichkeiten. Grundsätzlich lassen sich dabei zwei Zielsetzungen unterscheiden. Einerseits die Abgrenzung der Berichtsteile in Form von eindeutigen Blöcken. Andererseits ist es auch denkbar, einzelne Angaben in einem fortlaufenden Text den entsprechenden Berichtsteilen zuzuordnen.

b21) Eindeutige Blockbildung

Die erste Möglichkeit zur formalen Abgrenzung besteht in einer eindeutigen Blockbildung. Sämtliche Bestandteile des Druckberichts enthalten demnach ausschließlich Angaben, die den entsprechenden Berichtsteilen zuzurechnen sind.

176 Vgl. *Meisinger/Wenzler* (Diskrepanzen 1992) S. 447 ff.

Um die notwendige Klarheit und Übersichtlichkeit der Berichterstattung zu erreichen, sind die einzelnen Komponenten unmißverständlich zu bezeichnen. Eine Kennzeichnung der Berichtsteile kann z.B. durch *Überschriften*,[177] wie "Anhang", "Lagebericht" usw., erfolgen. Sinnvollerweise sollten diese Maßnahmen mit einem entsprechenden *Inhaltsverzeichnis* am Beginn des Druckberichts ergänzt werden, um dem Leser einen raschen Überblick über den Aufbau des Druckberichts zu ermöglichen.[178] Außerdem empfiehlt es sich insbesondere bei umfangreichen Berichtsteilen, die Überschrift nicht nur zu Beginn des Abschnitts, sondern auf jeder Seite der entsprechenden Ausführungen aufzunehmen.[179] Eine weitere Möglichkeit zur Kennzeichnung besteht in der Verwendung *unterschiedlicher Papierarten oder -farben* für die einzelnen Berichtsteile.[180] Die *Volkswagen AG* veröffentlichte beispielsweise den gesamten Konzernabschluß 1991 auf optisch abweichendem Recyclingpapier am Ende des Druckberichts, während die übrigen Berichtsteile auf Hochglanzpapier gedruckt wurden.[181] Eine noch deutlichere Abgrenzung wird erreicht, wenn bestimmte Komponenten, z.B. die Bestandteile des Jahresabschlusses, dem Druckbericht als *gesonderte Beilage* angefügt werden.[182] Diese Vorgehensweise bietet dem Leser außerdem die Möglichkeit, die beigefügten Berichtsteile parallel zu den übrigen Erläuterungen zu lesen. Dies kann u.U. die Übersichtlichkeit der Berichterstattung erhöhen, da ein Vor- und Zurückblättern innerhalb eines geschlossenen Druckberichts entfällt. Bei den beiden zuletzt genannten Abgrenzungsmethoden - der Verwendung unterschiedlichen Papiers bzw. der gesonderten Beilage - werden die einzelnen Komponenten deutlich abgehoben. Um jedoch deren Inhalt und Reichweite für den Leser klar erkennbar zu machen, wird man auf eine eindeutige Kennzeichnung nicht verzichten können. Zumindest zu Beginn des jeweiligen Abschnitts ist

---

177 Vgl. *Reuter* (Publizität 1987) S. 436; *Forster* (Anhang 1982) S. 1632.

178 Von den 74 in die empirische Untersuchung einbezogenen Druckberichten enthielten 13 kein Inhaltsverzeichnis. Vgl. Anhang: Tabelle 6, Seite 163.

179 Durchgängige Überschriften sind z.B. enthalten in *VEBA* (Geschäftsbericht 1990); *Thyssen* (Bericht 1989). Ein Gegenbeispiel findet sich in *Wacker-Chemie* (Geschäftsjahr 1991). In diesem Druckbericht befinden sich die einzelnen Überschriften nur am Beginn des entsprechenden Abschnitts.

180 Vgl. *Müller* (Kommentierung 1990) § 328 HGB Rn. 5; *Sarx* (Kommentierung 1990) § 328 HGB Anm. 16; *Forster* (Anhang 1982) S. 1632.

181 Vgl. *Volkswagen* (Geschäftsbericht 1991) S. 59 ff.

182 Dieses Verfahren wird z.B. von der *VEGLA GmbH* angewandt, die den Jahresabschluß gesondert dem Druckbericht beifügt; vgl. *VEGLA* (Geschäftsbericht 1991). Vgl. auch *Müller* (Kommentierung 1990) § 328 HGB Rn. 5.

dementsprechend eine den einzelnen Berichtsteil klar identifizierende Überschrift aufzunehmen.

Wird eine derartige Blockbildung konsequent durchgeführt, kommt es sowohl innerhalb der Pflichtbestandteile des Druckberichts als auch zwischen den Pflichtbestandteilen und dem freien Teil zu einer klaren Trennung, die insbesondere hinsichtlich des Umfangs der Prüfungs- und Offenlegungspflicht notwendig ist. Grundsätzlich ermöglicht eine solche Abgrenzung dem weniger sachkundigen Leser, die Reichweite des Bestätigungsvermerks besser abzuschätzen. Ob die eindeutige Blockbildung dazu jedoch allein ausreicht, ist zumindest fraglich. Dies trifft insbesondere auf die Veröffentlichung des Jahresabschlusses in einer getrennten Beilage zu, da in diese der Bestätigungsvermerk aufgenommen werden muß.[183] Der Lagebericht, der ebenfalls durch den Bestätigungsvermerk abgedeckt wird, ist statt dessen im eigentlichen Druckbericht enthalten. Dadurch besteht die unmittelbare Verbindung zwischen dem Bestätigungsvermerk und sämtlichen Komponenten, auf die er sich bezieht, nicht mehr in jedem Fall.[184]

Eine derart klare Trennung mit Hilfe der Blockbildung, so sinnvoll sie grundsätzlich ist, führt jedoch nicht zwangsläufig zu einer Steigerung der Übersichtlichkeit. Insbesondere durch die Abgrenzung von Lagebericht und freiem Teil des Druckberichts wird sich die Wiederholung einiger Angaben nicht immer vermeiden lassen. Außerdem besteht die Gefahr, daß ein sehr umfangreicher freier Teil die Berichterstattung in den Pflichtbestandteilen des Druckberichts beim interessierten aber weniger fachkundigen Leser in den Hintergrund drängt. Dies ist insbesondere dann problematisch, wenn man davon ausgeht, daß der freie Teil in keiner Weise zu prüfen ist und damit Aussagen jeglicher Art offen steht, die auch den Angaben der geprüften Pflichtbestandteile widersprechen könnten.[185]

Als Ergebnis bleibt dennoch festzuhalten, daß die Blockbildung eine notwendige Voraussetzung für die Klarheit und Übersichtlichkeit der Berichterstattung darstellt. Sie wird jedoch nicht immer die notwendige Eindeutigkeit der Berichter-

---

183 Der Bestätigungsvermerk ist auf dem Jahresabschluß anzubringen oder fest mit ihm zu verbinden; vgl. *IDW* (FG 3/1988) Abschnitt B.; *Biener/Berneke* (Bilanzrichtlinien-Gesetz 1986) S. 247; *Clemm/Ellrott* (Kommentierung 1990) § 284 HGB Anm. 27.

184 Zur Problematik der Anordnung der Druckberichtskomponenten im einzelnen vgl. Abschnitt B.II.2.c3), Seite 75 ff.

185 Vgl. *Müller* (Darstellungsformen 1986) Rz. 19. Zur Problematik der widersprüchlichen Berichterstattung im freien Teil vgl. Abschnitt B.III., Seite 88 ff.

stattung schaffen. Vielmehr sind dabei noch andere Faktoren wie z.B. der gesamte Umfang der Berichterstattung sowie die Anordnung der einzelnen Komponenten zu beachten.

b22) Explizite Kennzeichnung einzelner Angaben

Alle bisher behandelten Abgrenzungsmaßnahmen haben grundsätzlich das Ziel, die einzelnen Komponenten als in sich geschlossene Abschnitte abzubilden. Demgegenüber ist es jedoch auch denkbar, bestimmte Angaben eines fortlaufenden Textes *einzeln zu kennzeichnen*, um damit darauf hinzuweisen, daß diese Information z.B. dem freien Teil des Druckberichts zuzuordnen ist. Im folgenden ist daher zu diskutieren, ob eine derartige Abgrenzung zulässig ist.

b221) Anwendung auf den gesamten Druckbericht

Bei konsequenter Kennzeichnung sämtlicher Angaben[186] kommt es in der Abfolge der Berichterstattung zu einer vollständigen Vermischung der einzelnen Komponenten. Die Abgrenzung erfolgt innerhalb des fortlaufenden Textes durch Kennzeichnung der einzelnen Angaben, z.B. durch Fußnoten.[187] Der Vorteil einer derartigen Berichterstattung besteht in der Möglichkeit, die einzelnen Sachverhalte aus den verschiedensten Perspektiven zusammenhängend und abschließend behandeln zu können. Das Unternehmen kann z.B. bestimmte Jahresabschlußangaben im Anhang darstellen, gleichzeitig deren Auswirkungen auf die (subjektive) Situation der Gesellschaft im Rahmen der Darstellungsmöglichkeiten des Lageberichts erörtern und schließlich die Angaben in eine werbliche Selbstdarstellung integrieren, die dem freien Teil des Druckberichts zuzuordnen ist. Eine dermaßen weitgehende Vermischung der Druckberichtskomponenten, insbesondere aller Textteile, wird jedoch kaum zulässig sein. Es ist schwer vorstell-

---

186 Da der Aufbau von Bilanz und GuV durch die Gliederungsvorschriften des HGB in den Grundzügen weitestgehend vorgegeben ist, würde die Abgrenzung anhand der einzelnen Kennzeichnung vornehmlich die Angaben außerhalb dieser Rechenwerke betreffen.

187 Denkbar wären u.a. auch eine farbliche Abhebung von den übrigen Angaben, Fett-, Kursivdruck u.ä. Vgl. *Forster* (Anhang 1982) S. 1633.

bar, daß ein durchgängiger Bericht den Grundsätzen der Klarheit und Übersichtlichkeit entspricht, wenn er mit zahlreichen Fußnoten durchsetzt ist, die sämtliche Einzelangaben den jeweiligen Komponenten des Druckberichts zuordnen. Es besteht vielmehr die Gefahr, daß der Leser die Strukturierung der Einzelangaben trotz der Kennzeichnung kaum noch nachvollziehen kann. Die Möglichkeit einer korrekten Einschätzung hinsichtlich Inhalt und Reichweite der einzelnen Berichtsteile besteht für den interessierten aber nicht einschlägig vorgebildeten Leser nicht mehr. Statt dessen überwiegt der Gesamteindruck des geschlossenen Berichts, bei dem regelmäßig der werbende Charakter im Vordergrund steht. Insofern ist m.E. eine geschlossene Berichterstattung in der oben beschriebenen Form nicht zulässig.

b222) Kennzeichnung der Angaben des freien Teils

Eine eingeschränkte Form dieses Abgrenzungsverfahrens ist die Kennzeichnung einzelner Angaben des freien Teils innerhalb der Pflichtbestandteile des Druckberichts.[188] Insbesondere im Anhang und Lagebericht besteht grundsätzlich die Möglichkeit der Kennzeichnung einzelner Angaben, um diese dem freien Teil des Druckberichts zuzuordnen. Voraussetzung für eine solche Vorgehensweise ist, daß die Komponenten des Druckberichts, in denen eine Ausgliederung von Angaben des freien Teils durchgeführt werden soll, klar abgegrenzt sind, z.B. durch die Aufnahme von Überschriften.[189] Erst in einem zweiten Schritt erfolgt dann innerhalb der Pflichtbestandteile die Zuordnung von Angaben zum freien Teil. Dabei ist es möglich, daß es zusätzlich zu den einzeln gekennzeichneten Angaben einen geschlossenen freien Teil gibt, der durch die im übrigen Bericht verstreuten Einzelangaben ergänzt wird. Prüfungs- und offenlegungspflichtig sind dann grundsätzlich nur die nicht hervorgehobenen Elemente der Pflichtbe-

---

188 Es sind theoretisch auch andere Konstellationen denkbar, etwa die Kennzeichnung einzelner Angaben des Lageberichts innerhalb des abgegrenzten Anhangs. Diese Fälle entbehren jedoch nicht nur jeglicher praktischer Relevanz sondern widersprechen elementar den Grundsätzen der Klarheit und Übersichtlichkeit. Sie sind daher von vornherein analog zur Kennzeichnung sämtlicher Angaben des Druckberichts abzulehnen und werden deshalb hier nicht weiter diskutiert.

189 Zu den verschiedenen Möglichkeiten einer eindeutigen Blockbildung vgl. Abschnitt B.II.2.b21), Seite 52 ff.

standteile.[190] Diese Gestaltung der Druckberichtskomponenten bietet den Vorteil einer abgeschlossenen Behandlung von Sachzusammenhängen. Außerdem können die bei strenger Trennung der Berichtskomponenten unvermeidbaren Wiederholungen bestimmter Angaben vermieden werden.[191]

Die Gefahr einer derartigen Vermischung der Pflichtbestandteile und des freien Teils liegt jedoch auch bei dieser Abgrenzungsmethode darin, daß für den weniger vorgebildeten Leser der Gesamteindruck des in sich geschlossenen Druckberichts überwiegt und er die Grenzen und den Umfang der einzelnen Komponenten nicht erkennt, was insbesondere für die Beurteilung der Reichweite des Bestätigungsvermerks von Bedeutung ist. Sieht man die Abgrenzung des freien Teils durch Hervorhebung der entsprechenden, in den einzelnen Berichtsteilen verstreuten Angaben als zulässig an, bilden allein die in den Pflichtbestandteilen zu beachtenden Grundsätze der Klarheit und Übersichtlichkeit die Grenze für die freiwillige Berichterstattung.[192] Dementsprechend kann der Berichtersteller in die Pflichtbestandteile einzeln gekennzeichnete, dem freien Teil zugeordnete Angaben aufnehmen, solange die o.a. Grundsätze nicht verletzt werden. Wann jedoch die Grenze überschritten ist, wird nur im Einzelfall beurteilt werden können. Darüber hinausgehende Angaben können ggf. in einen zusätzlichen, räumlich abgegrenzten freien Teil eingestellt werden. Durch die Aufteilung des freien Teils auf ein geschlossenes Element einerseits und auf innerhalb der Pflichtbestandteile ausgewiesene, gekennzeichnete Einzelangaben andererseits, wird allerdings die Gefahr der Fehlbeurteilung des Umfangs der Pflichtbestandteile durch den weniger vorgebildeten Interessenten vergrößert. Die Existenz eines räumlich abgegrenzten freien Teils führt mit großer Wahrscheinlichkeit dazu, daß der Leser die übrigen freien Einzelangaben trotz der Kennzeichnung unwillkürlich demjenigen Pflichtbestandteil zurechnet, in den sie integriert sind.

In diesem Zusammenhang stellt sich nun die Frage, ob eine inhaltliche Trennung der Angaben anhand einer Kennzeichnung und damit die Aufteilung in prüfungspflichtige und prüfungsfreie Aussagen überhaupt möglich ist. Wird dies abgelehnt, ist in letzter Konsequenz auch die Abgrenzung in Form der Kennzeich-

---

190 Vgl. *Forster* (Anhang 1982) S. 1633; *Müller* (Darstellungsformen 1986) Rz. 23.

191 Vgl. *Müller* (Darstellungsformen 1986) Rz. 26.

192 Zur Einschränkung der Möglichkeit zur Aufnahme freiwilliger Angaben durch die Grundsätze der Klarheit und Übersichtlichkeit vgl. Abschnitt B.II.1.c), Seite 43 ff.

nung einzelner Angaben des freien Teils innerhalb der Pflichtbestandteile unzulässig. Zu beurteilen ist, ob die Aussagen der dem freien Teil zugeordneten Einzelangaben den Aussagegehalt der mit ihnen räumlich verbundenen Pflichtangaben beeinflussen.[193] Färbt die in den Pflichtbestandteil eingebundene Einzelangabe des freien Teils auf die Angabe dieses Berichtsteils ab, modifiziert sie also in einschränkender oder erweiternder Hinsicht den Informationsgehalt der Pflichtangabe, wird die formal dem freien Teil zugeordnete Aussage Bestandteil der Pflichtangabe und fällt damit direkt unter die Prüfungs- und Offenlegungspflichten desjenigen Pflichtteils, in den sie integriert ist. Dadurch wird die formale Abgrenzung durch die inhaltliche Zuordnung aufgehoben. Die vom berichterstattenden Unternehmen gewählte formale Zuordnung ist in diesem Fall nicht zulässig.

Es ist demnach zu klären, wann eine dem freien Teil zugeordnete Aussage den Pflichtbestandteil inhaltlich beeinflußt. Dies trifft auf alle Angaben zu, die eine neue, den jeweiligen Pflichtteil sachlich ergänzende Aussage beinhalten. Es muß davon ausgegangen werden, daß jede zusätzliche Information das Bild des Unternehmens im Jahresabschluß oder Lagebericht mit prägt. Die innerhalb des Pflichtteils vorgenommene Zuordnung einzelner Angaben zum freien Teil verringert diese Ausstrahlung auf den Gesamteindruck nicht. Insofern unterliegen m.E. alle in einen Pflichtbestandteil des Druckberichts aufgenommenen Angaben der für die Mindestangaben geltenden Prüfungs- und Offenlegungspflicht. Die Qualifizierung als freiwillige, zusätzliche Angaben des Pflichtbestandteils einerseits oder als dem freien Teil des Druckberichts zuzuordnende Einzelangaben andererseits kann dabei nicht entscheidend sein. Andernfalls würden dem berichterstattenden Unternehmen zu große Freiräume gewährt. Nur durch die Kennzeichnung als Information des freien Teils könnte eine den entsprechenden Berichtsteil inhaltlich ergänzende Angabe aus der Prüfungspflicht herausgenommen werden, obwohl sie Auswirkungen auf die Darstellung der Unternehmenssituation hat.

Bisher wurde von Einzelangaben ausgegangen, die den Abschnitt des Druckberichts, in dem sie ausgewiesen werden, sachlich erweitern. Es gibt jedoch auch Angaben, die keine ergänzende, sachliche Information enthalten. Dies ist der Fall, wenn es sich um die bloße Wiederholung von Informationen handelt oder die Aussage rein werbenden Charakter besitzt. Derartige Angaben dürfen m.E.

---

193 Vgl. *Müller* (Darstellungsformen 1986) Rz. 27.

auch dann nicht in die Pflichtbestandteile des Druckberichts aufgenommen werden, wenn sie durch eine Hervorhebung dem freien Teil zugeordnet sind. Sowohl durch die Wiederholung bestimmter Informationen als auch durch Werbung werden nämlich die Grundsätze der Klarheit und Übersichtlichkeit der Pflichtberichterstattung verletzt.[194] Einen Grenzfall stellen Graphiken, Tabellen u.ä. dar, die i.d.R. die bereits im Berichtsteil verbal enthaltenen Informationen wiedergeben. Die graphische Gestaltung bzw. Komprimierung der Daten kann es dem Leser ermöglichen, einen rascheren Überblick über sachliche und zeitliche Zusammenhänge zu gewinnen, als dies bei einer rein verbalen Gestaltung möglich wäre. Insofern enthält auch diese, auf einer Wiederholung der Daten basierende Darstellung neue informative Aspekte, was die Möglichkeit der Aufnahme in den Pflichtbestandteil eröffnet.

Es bleibt festzuhalten, daß werbliche Aussagen sowie Angaben, die nur die bereits in dem entsprechenden Pflichtbestandteil enthaltenen Informationen wiederholen, nicht in die Pflichtbestandteile des Druckberichts aufgenommen werden können. Dies gilt auch für den Fall der Kennzeichnung dieser Ausführungen als Angaben des freien Teils. Außerdem ist es nicht möglich, einzelne inhaltlich bedeutende Angaben des Pflichtbestandteils durch Hervorhebung dem freien Teil zuzuordnen und damit der Prüfungs- und Publizitätspflicht zu entziehen. Folgt man diesem Ergebnis konsequent, ist die Kennzeichnung einzelner Angaben innerhalb der gesetzlich vorgeschriebenen Komponenten des Druckberichts insgesamt nicht zulässig. Einerseits sind Angaben, die keine neuen, sachlichen Informationen enthalten von vornherein innerhalb der Pflichtbestandteile nicht aufnahmefähig. Andererseits unterliegen die der Zielsetzung des entsprechenden Berichtsteils gerecht werdenden Angaben stets der jeweiligen Prüfungs- bzw. Publizitätspflicht, da sie eine essentielle Erweiterung darstellen.

194 Vgl. *Castan* (Rechnungslegung 1990) S. 318 ff.; *Baetge/Fey/Fey* (Kommentierung 1990) § 243 HGB Rn. 67 ff.; *Reittinger* (Lagebericht 1986) Rn. 20; *Kropff* (Kommentierung 1973) § 160 AktG Anm. 14; *Baetge/Commandeur* (Kommentierung 1990) § 264 HGB Rn. 4.

b23) Untergliederung abgegrenzter Berichtsteile

Die oben dargestellten formalen Abgrenzungsmöglichkeiten stellen Extrempositionen dar: Einerseits die eindeutige Blockbildung, andererseits die Zuordnung einzelner Angaben durch deren Hervorhebung aus dem übrigen Berichtsteil. Denkbar ist jedoch auch eine Kombination beider Methoden. Zunächst werden einzelne Komplexe durch Überschriften u.ä. räumlich abgegrenzt. Diese Berichtsteile umfassen jedoch nicht alle Pflichtbestandteile und den freien Teil einzeln, sondern sind z.T. weiter gefaßt. Die mehrere Komponenten beinhaltenden Komplexe werden dann entsprechend untergliedert. Die Kennzeichnung der einzelnen Unterabschnitte erfolgt dabei durch eine erneute Blockbildung, z.B. mit Hilfe von Überschriften, farblichen Abgrenzungen usw. Der Unterschied zu der in Abschnitt B.II.2.b21)[195] beschriebenen Blockbildung besteht darin, daß die Bestandteile des Druckberichts nicht von vornherein einzeln abgegrenzt, sondern einige Komponenten zu einem größeren Berichtsteil zusammengefaßt werden, der dann entsprechend untergliedert wird. Diese Vorgehensweise wird von zahlreichen Unternehmen im Zusammenhang mit der Lagedarstellung des Unternehmens verwendet. Die Druckberichte enthalten ein umfangreiches Kapitel über die Unternehmenssituation, in den neben zahlreichen Angaben des freien Teils auch der Lagebericht als eigener abgegrenzter Abschnitt integriert ist. Der Gesamtabschnitt wird häufig als *Bericht des Vorstands* bezeichnet.[196] Eine gleichmäßige Anordnung der einzelnen Teile dieses Abschnitts ist dabei nicht zu beobachten. Der Lagebericht ist zu Beginn und am Ende des Gesamtabschnitts zu finden oder wird von Angaben des freien Teils eingerahmt.[197]

Zulässig erscheint diese Art der Abgrenzung nur, wenn die einzelnen Teile innerhalb des mehrere Komponenten umfassenden Abschnitts deutlich voneinander abgegrenzt sind. Handelt es sich demnach wie in den obigen Beispielen um eine Zusammenfassung von Angaben des freien Teils mit dem Lagebericht, muß

---

195 Vgl. Seite 52 ff.

196 Vgl. *Fandré* (Anhang 1989) E 77 ff. Beispiele finden sich u.a. bei *VEBA* (Geschäftsbericht 1991) S. 11 ff.; *Leifheit* (Geschäftsbericht 1989) S. 5 ff.; *Deutsche Varta* (Geschäftsbericht 1989) S. 6 ff.

197 Vgl. zur Aufnahme am Beginn des Abschnitts z.B. *VDO* (Geschäftsbericht 1989) S. 4 ff. Am Ende dieses Berichtsteils wird der Lagebericht u.a. ausgewiesen in *KPMG Deutsche Treuhand-Gesellschaft* (Geschäftsbericht 1991) S. 30 ff. Von Angaben des freien Teils eingerahmt wird der Lagebericht z.B. in *IKB Deutsche Industriekreditbank* (Geschäftsbericht 1990/91) S. 31 ff.

letzterer deutlich abgesetzt sein, z.B. mit Hilfe einer durchgängigen Überschrift. Die Vermischung bei gleichzeitiger Kennzeichnung der Einzelangaben[198] ist daher auch bei diesem Verfahren der Abgrenzung unzulässig. Werden dagegen die einzelnen Komponenten innerhalb des umfassenderen Komplexes eindeutig voneinander abgegrenzt, kommt es nicht zu einer Verletzung der Grundsätze der Klarheit und Übersichtlichkeit. Die Prüfungs- und Publizitätspflicht bleibt grundsätzlich[199] auf die entsprechenden Pflichtbestandteile beschränkt.

In der nachfolgenden Abbildung 9 werden die theoretisch denkbaren Verfahren zur Abgrenzung der Druckberichtskomponenten einander gegenübergestellt. Die Frage der Zulässigkeit bezieht sich dabei ausschließlich auf die Erfüllung der in diesem Abschnitt behandelten Forderung nach einer eindeutigen, die Grundsätze der Klarheit und Übersichtlichkeit berücksichtigenden Abgrenzung.

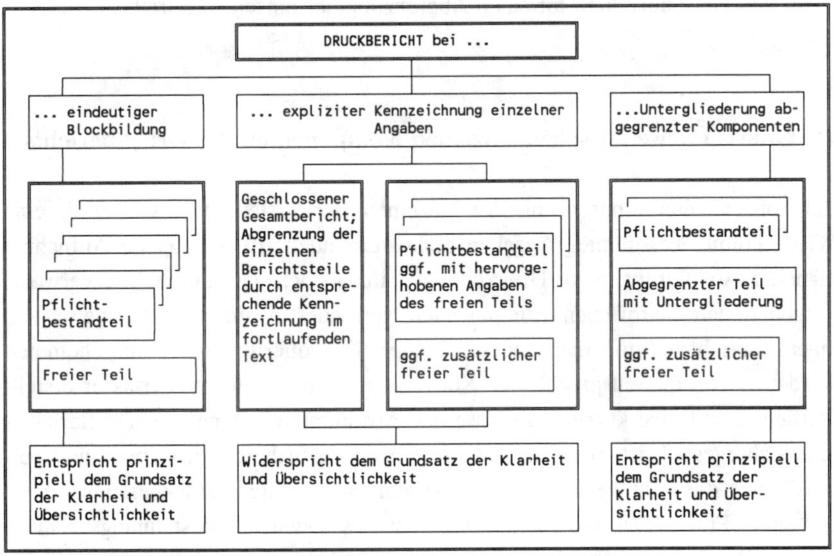

Abb. 9: Möglichkeiten zur Abgrenzung der Druckberichtskomponenten

198 Vgl. Abschnitt B.II.2.b22), Seite 55 ff.

199 Offen bleibt dabei, ob noch über die Abgrenzung hinausgehende Fragen, wie z.B. die Anordnung der einzelnen Druckberichtskomponenten, zu berücksichtigen sind. Auf diese Problematik wird in Abschnitt B.II.2.c3), Seite 75 ff., eingegangen.

c) Die Bedeutung von Interdependenzen der Berichtsteile für die Abgrenzung

In den bisherigen Ausführungen wurde die Frage der inhaltlichen und formalen Abgrenzung der Druckberichtskomponenten in bezug auf den einzelnen Berichtsteil diskutiert. Interdependenzen der Komponenten wurden dabei im wesentlichen außer acht gelassen, um die Abgrenzungsmöglichkeiten isoliert betrachten und analysieren zu können. Ein wesentlicher Faktor bei der Beurteilung der Angaben des Druckberichts ist jedoch dessen Gesamteindruck, der u.a. von der Anordnung und Verzahnung der einzelnen Berichtsteile geprägt wird. Daher sollen im folgenden Fragen diskutiert werden, die im Spannungsfeld zwischen der Abgrenzung der Elemente des Druckberichts einerseits sowie deren Verknüpfungen und Wechselwirkungen andererseits auftauchen. Ausgegangen wird dabei von einer korrekten formalen Abgrenzung der einzelnen Berichtsteile.

c1) Querverweise zwischen einzelnen Komponenten des Druckberichts

Bei konsequenter Abgrenzung der einzelnen Berichtsteile läßt sich u.U. eine Wiederholung bestimmter Angaben nicht vermeiden. Eine doppelte Aufnahme mancher Ausführungen im Druckbericht kann jedoch ggf. durch Querverweise zwischen den betroffenen Komponenten verhindert werden.[200] Verweise von einem Berichtsteil in einen anderen sollten sinnvollerweise nur aufgenommen werden, wenn die entsprechenden Komponenten vom gleichen Verfasser erstellt wurden, damit eine korrekte gegenseitige Abstimmung der betroffenen Berichtsteile sichergestellt ist. Insofern kommen für die Aufnahme von Verweisen regelmäßig nur die vom berichtenden Unternehmen erstellten Druckberichtskomponenten in Frage. Der Bericht des Aufsichtsrats sowie der Bestätigungsvermerk eignen sich dafür aufgrund ihres Charakters und der zugrundeliegenden gesetzlichen Vorgaben nicht. Daher wird in den nachfolgenden Ausführungen von Querverweisen ausgegangen, die den Jahresabschluß, den Lagebericht sowie den freien Teil des Druckberichts betreffen.

---

200 Vgl. *IDW* (WP-Handbuch 1992) F 423; *BAV* (Gestaltung 1989) S. 172. Eine doppelte Berichterstattung in zwei Pflichtbestandteilen ist grundsätzlich nicht notwendig; vgl. *Müller* (Einführung 1986) Rz. 33; *ADS* (Rechnungslegung 1987) § 289 HGB Tz. 15.

c11) Auswirkungen auf die Prüfungs- und Publizitätspflicht

Die Bezugnahme von einem Berichtsteil auf einen anderen hat zwar den Vorteil, daß bestimmte Angaben nicht wiederholt werden müssen, es stellt sich jedoch die Frage, welche Folgen diese Vorgehensweise hinsichtlich der Prüfungs- und Publizitätspflicht nach sich zieht. Zu beurteilen ist demnach, ob ein Querverweis entweder zu einer umfangreicheren Prüfung und Offenlegung verpflichtet oder ob durch einen solchen Verweis evtl. die Prüfungs- und Offenlegungspflicht gemindert, ggf. sogar umgangen werden kann.

Die Querverweise lassen sich nach ihrer Richtung in drei Kategorien unterteilen. Die erste Gruppe bilden die Verweise zwischen zwei Pflichtbestandteilen. Die zweite Kategorie stellen Querverweise dar, die von Pflichtbestandteilen ausgehend auf den freien Teil des Druckberichts Bezug nehmen. Die eigentliche Information wird demnach in den freien Teil aufgenommen. Der dritte Komplex umfaßt schließlich die Verweise aus dem freien Teil in Richtung der Pflichtbestandteile, die dann die eigentliche Aussage enthalten.

c111) Querverweise zwischen Pflichtbestandteilen

Bei der ersten Kategorie der Querverweise wird von einem Pflichtbestandteil auf einen anderen Bezug genommen. In Frage kommen dabei v.a. der Jahresabschluß und der Lagebericht.[201] Da die beiden Teile unterschiedlichen Prüfungs- und Offenlegungspflichten unterliegen, ist bei derartigen Verweisen nochmals eine Unterscheidung in drei Fälle zu treffen. Die erste Konstellation, bei der es zu einem Querverweis zwischen zwei Abschnitten kommt, die gleichermaßen prüfungs- bzw. offenlegungspflichtig sind, ist unproblematisch. Wird z.B. in der Bilanz auf den Anhang verwiesen, so unterliegt die Angabe im Anhang der gleichen uneingeschränkten Prüfungspflicht wie sie für diese Information gelten würde, wenn sie in die Bilanz direkt aufgenommen worden wäre. Auswirkungen auf die Prüfungspflichten ergeben sich dadurch nicht. Entsprechendes gilt für die Publizitätspflicht, wenn unterstellt wird, daß keine gesetzlichen Offenlegungserleichterungen vorliegen.

---

201 Vgl. *BAV* (Gestaltung 1989) S. 172.

Von Bedeutung sind dagegen die beiden anderen Fälle. Dabei ist zu unterscheiden, ob der Verweis von einem uneingeschränkt prüfungspflichtigen Teil in einen eingeschränkt prüfungspflichtigen Abschnitt gerichtet ist oder umgekehrt.[202] Ist die erstgenannte Konstellation gegeben, wird also von einem uneingeschränkt in einen eingeschränkt prüfungspflichtigen Teil verwiesen, ist die eigentliche Information in dem Berichtsabschnitt enthalten, der einer geringeren Prüfungsintensität unterliegt. Dies ist z.B. der Fall, wenn die eigentliche Angabe in den Lagebericht aufgenommen und im Rahmen der Ausführungen im Anhang darauf verwiesen wird. Die entsprechende Angabe ist beiden Berichtsteilen zuzuordnen. Aus diesem Grund hat sie auch die gesetzlichen Anforderungen hinsichtlich der Prüfungspflicht zu erfüllen, denen beide Pflichtbestandteile unterworfen sind. Daher wird durch den Verweis die Prüfungspflicht, der die Angabe im eingeschränkt prüfungspflichtigen Abschnitt unterliegt, erweitert. Die Information ist ebenso prüfungspflichtig wie der Pflichtbestandteil, aus dem heraus auf die Angabe verwiesen wird. In der oben dargestellten Konstellation wird die Angabe also unbeschränkt prüfungspflichtig, obwohl sie sich im Lagebericht befindet. Dementsprechend ist davon auszugehen, daß Angaben, die aufgrund eines Querverweises zwei verschiedenen Pflichtbestandteilen zuzuordnen sind, immer der strengeren Prüfungspflicht unterliegen.[203] Im folgenden wird dies als *Pflicht zur Prüfung nach der strengeren Norm*[204] bezeichnet. Diese Regelung ist notwendig, da ansonsten dem Berichtersteller hinsichtlich der Prüfungspflicht beliebige Manipulationsmöglichkeiten zur Verfügung stünden. Allein durch die Aufnahme von Querverweisen bei gleichzeitiger Plazierung entsprechender Angaben in Abschnitten mit geringerer Prüfungsintensität könnte die Verpflichtung zur intensiven Prüfung der Angaben im Jahresabschluß umgangen werden. Um

202 Entsprechend dazu ist hinsichtlich der Publizitätspflicht zu differenzieren, ob der Verweis von einem uneingeschränkt offenlegungspflichtigen Berichtsteil in einen beschränkt offenlegungspflichtigen bzw. von der Offenlegung befreiten Abschnitt gerichtet ist oder umgekehrt.
Soweit nachfolgend nicht explizit auf die Publizitätspflicht eingegangen wird, gelten die Ausführungen zur Prüfungspflicht analog für die Frage der Offenlegung.

203 Vgl. in entsprechender Anwendung der Prüfungspflicht freiwilliger Angaben in den Pflichtbestandteilen auf die Querverweise *IDW* (WP-Handbuch 1992) O 369; *Biener/Berneke* (Bilanzrichtlinien-Gesetz 1986) S. 247; *Schülen* (Aufstellung 1987) S. 225; *ADS* (Rechnungslegung 1987) § 284 HGB Tz. 37.
Hinsichtlich der Publizität ist entsprechend davon auszugehen, daß die jeweils strengeren Offenlegungspflichten anzuwenden sind.

204 Im Zusammenhang mit der Publizitätspflicht soll dies entsprechend als *Pflicht zur umfangreicheren Publizität* bezeichnet werden.

diese Vorgehensweise von vornherein auszuschließen, gilt stets die strengere Prüfungspflicht.

Den entgegengesetzten Fall stellt der Verweis von einem Abschnitt mit eingeschränkter Prüfungspflicht auf einen Pflichtbestandteil mit uneingeschränkter Prüfungspflicht dar. Hier unterliegt die Information, auf die verwiesen wird, bereits der umfangreicheren Prüfung. Auch in dieser Situation gilt die Pflicht zur Prüfung nach der strengeren Norm. Da jedoch die betroffene Angabe bereits der uneingeschränkten Prüfungspflicht unterworfen und damit die entsprechende Forderung nach der strengeren Prüfungsnorm erfüllt ist, hat dies keine praktischen Auswirkungen.

Die Erweiterung der Prüfungspflicht erstreckt sich grundsätzlich nur auf die Aussage, auf die verwiesen wird. Falls jedoch die Angabe in engem Zusammenhang mit anderen Informationen steht, die die Aussagekraft der Angabe, auf die verwiesen wird, direkt beeinflussen, sind auch diese Informationen in die erweiterte Prüfung einzubeziehen. Das gleiche gilt bei einem Querverweis auf eine einzelne Angabe innerhalb eines abgeschlossenen Berichtsbestandteils. Wird z.B. vom Anhang auf einzelne Zahlen einer im Lagebericht enthaltenen Kapitalflußrechnung verwiesen, so wird der Prüfer gezwungen sein, die Ableitung dieser Zahlen und somit die gesamte Kapitalflußrechnung einer Prüfung zu unterziehen. Diese hat dabei den gesetzlichen Anforderungen zur Prüfung des Anhangs zu entsprechen. Die Entscheidung über den Umfang der der Prüfungserweiterung unterliegenden Information ist demnach in jedem Einzelfall neu zu treffen. Dabei ist davon auszugehen, daß grundsätzlich nur die durch den Querverweis angesprochene Information unter die Prüfungspflicht fällt. Allerdings ist der Kontext, in dem die entsprechende Information steht, in die Entscheidungsfindung mit einzubeziehen. Das gilt für alle Querverweise, unabhängig davon, aus welchem Abschnitt und in welchen Teil des Druckberichts verwiesen wird.

c112) Verweis von einem Pflichtbestandteil in den freien Teil

Die Verweise von einem Pflichtbestandteil, der der Prüfung unterliegt, in den nicht prüfungspflichtigen freien Teil des Druckberichts bilden den zweiten großen Komplex von Querverweisen. Die zu betrachtende Information wird demnach in den freien Teil integriert, während in den Pflichtteil, in Frage kommen dabei v.a. Anhang und Lagebericht, nur ein Verweis auf diese Angabe aufgenommen wird. Dabei handelt es sich um eine ähnliche Konstellation wie im Fall des Verweises von einem uneingeschränkt auf einen eingeschränkt prüfungspflichtigen Berichtsteil. Aufgrund des Querverweises wird die entsprechende Angabe Bestandteil beider Komponenten des Druckberichts und hat damit die für diese Teile geltenden gesetzlichen Vorgaben zu erfüllen. Die Information, auf die im Pflichtbestandteil Bezug genommen wird, fällt nach dem Grundsatz der Prüfung nach der strengeren Norm ebenfalls unter die Prüfungspflicht. Die Intensität der Prüfung richtet sich nach den gesetzlichen Anforderungen, denen der den Verweis enthaltende Teil des Druckberichts unterliegt. Wurde aus dem Jahresabschluß auf den freien Teil Bezug genommen, ist die entsprechende Angabe des freien Teils uneingeschränkt prüfungspflichtig. Erfolgt dagegen der Verweis aus dem Lagebericht heraus, unterliegt die Information der eingeschränkten Prüfungspflicht.

c113) Verweis vom freien Teil in einen Pflichtbestandteil

Die dritte Fallgruppe betrifft schließlich Querverweise, die aus dem freien Teil heraus in einen Pflichtbestandteil gerichtet sind. Die eigentliche Angabe ist dementsprechend im uneingeschränkt bzw. eingeschränkt prüfungspflichtigen Pflichtbestandteil enthalten. Der Verweis befindet sich im freien Teil des Druckberichts, der nicht prüfungspflichtig ist. Auch bei dieser Konstellation ist die Angabe beiden Berichtsteilen zuzuordnen und unterliegt daher der Pflicht zur Prüfung nach der strengeren Norm. Da jedoch die eigentliche Information bereits in dem der strengeren Prüfung unterliegenden Druckberichtsteil enthalten ist und damit entsprechend geprüft wird, zieht ein derartiger Verweis keine praktischen Folgen hinsichtlich der Prüfungspflicht nach sich.

Nachfolgend gibt Abbildung 10 die Typisierung der möglichen Querverweise innerhalb der vom geschäftsführenden Organ erstellten Bestandteile des Druckberichts wieder und faßt die Auswirkungen auf die Prüfungspflicht zusammen. Die Angaben zur Prüfungspflicht gelten dabei für die Frage der Publizitätspflicht analog.

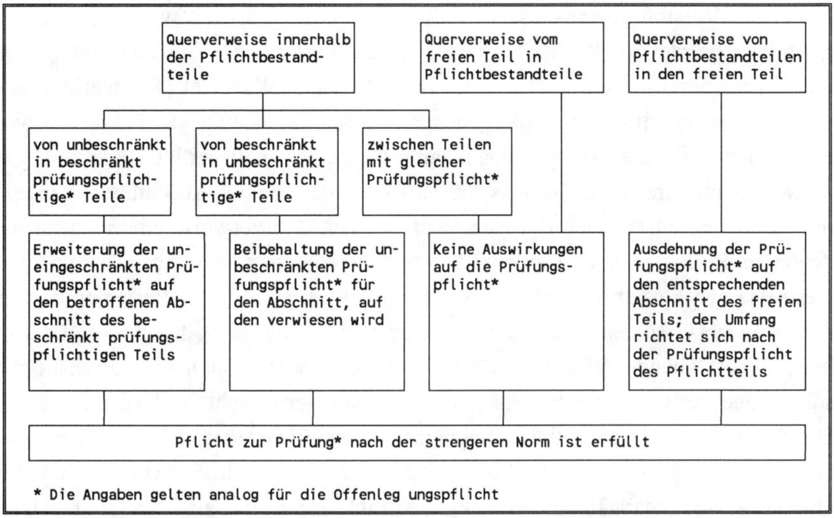

Abb. 10: Typisierung der Querverweise innerhalb des Druckberichts und deren Auswirkung auf die Prüfungs- und Offenlegungspflicht

c12) Auswirkungen auf die Klarheit und Übersichtlichkeit der Berichterstattung

Neben der Frage nach dem Umfang der Prüfungs- und Publizitätspflicht stellt sich bei Aufnahme von Querverweisen in Komponenten des Druckberichts das Problem der Klarheit und Übersichtlichkeit der Berichterstattung. Durch die Aufnahme von Querverweisen kann zwar die Wiederholung von Angaben eingedämmt werden, allerdings darf dies nicht dazu führen, daß die betroffenen Prüfungsteile unübersichtlich werden.[205] Dies betrifft insbesondere die der Prüfung unterliegenden Pflichtbestandteile des Druckberichts. Wird der Leser aufgrund zahlreicher Querverweise gezwungen, sich die Angaben eines Berichtsteils durch Vor- und Zurückblättern zusammenzusuchen, ist die notwendige Klarheit und Übersichtlichkeit der Berichterstattung nicht mehr gegeben.

205 Zum Grundsatz der Klarheit und Übersichtlichkeit vgl. *Leffson* (Grundsätze 1987) S. 169 ff. und 207 ff.; *Budde/Karig* (Kommentierung 1990) § 243 HGB Anm. 51 ff.; *Baetge/Apelt* (Bedeutung 1992) Rn. 63 ff.; *Ballwieser* (Grundsätze 1987) S. 9 ff.

Wann ein Verstoß gegen diese Grundsätze vorliegt, läßt sich wiederum nur im Einzelfall beurteilen.[206] Ein wichtiges Kriterium ist dabei die Anordnung der einzelnen Komponenten innerhalb des Druckberichts. Wurde ein Sachverhalt, auf den verwiesen wird, im vorhergehenden Abschnitt ausführlich dargestellt, so erfüllt dies eher die Anforderungen hinsichtlich der notwendigen Klarheit, als Verweise auf Angaben, die in späteren, weiter entfernten Abschnitten erscheinen. Daneben dürfte auch die Häufigkeit solcher Querverweise eine nicht unbedeutende Rolle spielen. Tendenziell kann angenommen werden, daß einzelne Verweise der Forderung nach einer klaren und übersichtlichen Berichterstattung durchaus entsprechen, u.U. sogar entgegenkommen, da dadurch den Druckbericht aufblähende Wiederholungen verhindert werden können. Je häufiger solche Querverweise dagegen erscheinen, um so eher besteht die Gefahr, daß der Druckbericht nicht mehr durchgängig gelesen werden kann und die Übersichtlichkeit darunter leidet. Von besonderer Bedeutung ist m.E. jedoch, daß die Querverweise, unabhängig von ihrer Anzahl, eindeutig gestaltet sind. Dazu gehört, daß sowohl der Querverweis als auch die entsprechende Information unter der analogen Bezeichnung erscheinen. Außerdem wird es notwendig sein, in den Querverweis die genaue Fundstelle der eigentlichen Angabe aufzunehmen. Dies kann z.B. durch die Erwähnung des entsprechenden Berichtsteils sowie der Seitenzahl des Druckberichts erfolgen. Je klarer und eindeutiger die Verweise gehalten sind, um so eher erfüllen sie die Anforderungen an die Klarheit und Übersichtlichkeit der Berichterstattung.

c2) Von den Vorgaben des Unternehmens abweichende Zuordnung einzelner Angaben durch den Prüfer oder das Kontrollorgan

Die bisherigen Überlegungen zur Abgrenzung der einzelnen Druckberichtskomponenten haben die Forderung nach einer eindeutigen formalen Abgrenzung zum Ergebnis. Eine rein inhaltliche Abgrenzung erscheint aufgrund des gesetzlich nicht abschließend definierten Inhalts der einzelnen Berichtsteile nicht möglich.[207] Es stellt sich jedoch die Frage, ob eine klare formale Abgrenzung stets ausreicht. Denkbar ist, daß zwar die einzelnen Druckberichtskomponenten

---

206 Vgl. *Bieg* (Buchführungspflichten 1986) Rz. 70 ff.; *Schmidt* (Grundsätze 1991) Rz. 27 ff.

207 Vgl. Abschnitt B.II.2.b1), Seite 50 ff.

formal streng voneinander abgegrenzt, einzelne Angaben inhaltlich jedoch einem anderen Berichtsteil zuzuordnen sind. Die formale Zuordnung ist in diesen Fällen unkorrekt und muß mit den entsprechenden Folgen hinsichtlich der Prüfungs- und Offenlegungspflicht korrigiert werden. Eine derartige Korrektur wird i.d.R. vom Abschlußprüfer initiiert sein, falls er mit der Abgrenzung der ihm vorgelegten Berichtsteile hinsichtlich bestimmter Einzelangaben nicht einverstanden ist. Denkbar ist jedoch auch, daß der Aufsichtsrat im Rahmen seiner Prüfung des Jahresabschlusses und Lageberichts nach §§ 170, 171 AktG derartige Einwendungen erhebt.

c21) Zuordnung von Elementen des Mindestinhalts

Relativ unproblematisch erscheint zunächst die Korrektur der formalen Zuordnung, falls Elemente des Mindestinhalts aus bestimmten Teilen des Druckberichts in andere Komponenten eingestellt werden. Befinden sich beispielsweise die Angaben über Forschung und Entwicklung nicht im Lagebericht sondern im freien Teil und fehlt im Lagebericht ein entsprechender Querverweis, ist dieser Berichtsteil trotzdem dem Lagebericht zuzuordnen und entsprechend prüfungs- und publizitätspflichtig.[208] Dabei handelt es sich nicht um eine doppelte Zugehörigkeit einer bestimmten Information zu zwei Berichtsteilen. Aufgrund des fehlenden Querverweises ist vielmehr davon auszugehen, daß die formale Zuordnung fehlerhaft ist und inhaltlich korrigiert werden muß. Die Angabe ist dementsprechend ausschließlich Bestandteil des Teils, zu dessen Mindestinhalt sie zählt. Auf den ersten Blick scheint die abweichende Zuordnung bei derartigen Pflichtangaben unproblematisch zu sein. Allerdings sind nicht alle Pflichtangaben eindeutig definiert. Zwar sind nach den gesetzlichen Regelungen zahlreiche genau umschriebene Informationen in den Jahresabschluß und den Lagebericht aufzunehmen, jedoch ist insbesondere der Mindestinhalt von Anhang und Lagebericht nicht abschließend geregelt. Aufgrund der Generalnorm des true and fair view nach § 264 Abs. 2 HGB für den Jahresabschluß sowie der Forderung, daß der Lagebericht gemäß § 289 Abs. 1 HGB ein den tatsächlichen Verhältnissen entsprechendes Bild der Lage des Unternehmens zu vermitteln hat, sind auch die aufgrund dieser Normen notwendigen Ausführungen unter die Pflichtangaben zu

---

208 Vgl. *Budde/Kofahl* (Kommentierung 1990) § 317 HGB Anm. 19.

subsumieren. Alle Informationen, die zur Erfüllung des gesetzlichen Mindestumfangs der Berichterstattung notwendig sind, stellen demnach Pflichtangaben dar. Dabei spielt es keine Rolle, ob die Angaben gesetzlich detailliert gefordert oder zur Erfüllung der Generalnorm notwendig sind.[209]

Bezüglich der Zuordnung ergeben sich daher zwei Problemkreise. Zunächst ist zu fragen, ob es schädlich ist, die Pflichtangaben eines bestimmten Abschnitts in einen anderen Druckberichtsteil einzustellen, der der gleichen oder einer stärkeren Prüfungs- bzw. Offenlegungspflicht unterliegt. Beispielsweise könnten Angaben zur Lage des Unternehmens in den Anhang aufgenommen werden, während im Lagebericht darauf verzichtet wird. Hinsichtlich der Prüfungs- und Offenlegungspflichten erscheint eine Umgliederung der betreffenden Informationen nicht notwendig, da die mit diesen Pflichten verbundene Intention des Gesetzgebers, die Prüfung und Veröffentlichung der Unterlagen, erfüllt ist. Es bleibt jedoch das Problem der Zuordnung. Grundsätzlich sollten die Berichtsteile derartig aufeinander abgestimmt sein, daß sie sich ergänzen, nicht jedoch ersetzen.[210] Insofern ist es grundsätzlich notwendig, daß jeder Abschnitt den gesetzlich vorgegebenen Mindestinhalt erreicht. Der einzelne Berichtsteil sollte für sich betrachtet alle notwendigen Angaben enthalten. Die Aufnahme von Pflichtangaben z.B. des Lageberichts in den Anhang widerspricht daher zwar nicht den gesetzlichen Prüfungs- und Offenlegungspflichten, dennoch entspricht ein solches Vorgehen nicht dem Grundsatz der Klarheit und Übersichtlichkeit der Berichterstattung. Die Information ist als Lageberichtsangabe zu qualifizieren und sollte von vornherein in den Lagebericht aufgenommen werden. Eine Alternative dazu stellt die Aufnahme eines Querverweises auf den Anhang an der entsprechenden Stelle des Lageberichts dar. Diese Möglichkeit ist zu bevorzugen, wenn die Angaben im Anhang (z.B. über Forschungs- und Entwicklungsaufwendungen) dem true and fair view dienen. Die zusätzliche Aufnahme in den Lagebericht und damit eine doppelte Berichterstattung ist nicht notwendig,[211] es

---

209 Vgl. *Richter* (Anhang 1992) Sp. 27; *Lange* (Generalnorm 1992) Sp. 612 ff.; *Selchert* (Jahresabschlußprüfung 1988) S. 577 ff.

210 Vgl. in bezug auf den Lagebericht *GEFIU* (Probleme 1987) S. 61; *ADS* (Rechnungslegung 1987) § 289 HGB Tz. 15. Dies läßt sich auch auf die übrigen Druckberichtskomponenten übertragen. Eine Ausnahme bildet nur der freie Teil, der zwar die übrigen Berichtsteile ergänzen kann, nicht jedoch umgekehrt. Hinsichtlich des Anhangs vgl. *IDW* (WP-Handbuch 1992) F 423.

211 Vgl. *ADS* (Rechnungslegung 1987) § 289 HGB Tz. 15.

ist jedoch zur Klarstellung ein Verweis in den Lagebericht aufzunehmen.[212] Dies gilt v.a. für die gängige Praxis, im Druckbericht den Lagebericht vor dem Jahresabschluß auszuweisen.[213]

Eine weitere Problematik ergibt sich, wenn an der gesetzlich vorgesehenen Stelle im Druckbericht nur minimale Pflichtangaben aufgenommen werden, die dann durch zusätzliche Angaben in einem anderen Berichtsteil ergänzt werden. Unterstellt seien dabei formal klar abgegrenzte Berichtsteile sowie fehlende Querverweise. Es stellt sich die Frage, ob in diesem Fall eine von der formalen Abgrenzung abweichende Zuordnung der ergänzenden Angaben zur Pflichtangabe notwendig ist. Dies ist besonders dann von Bedeutung, wenn die zusätzlichen Informationen in einen Abschnitt aufgenommen werden, der einer geringeren oder keiner Prüfungs- und Offenlegungspflicht unterliegt. Kommt es bei dieser Konstellation zu einer von der formalen Abgrenzung abweichenden Zuordnung, so erweitern sich entsprechend der zugrundeliegenden Pflichtangabe die Anforderungen an die Prüfung und Publizität. Die Problematik der abweichenden Zuordnung wird in diesen Fälle nur selten eindeutig zu lösen sein. Nur falls es sich um gesetzlich definierte und abgegrenzte Angaben handelt, ist die Umgliederung nach inhaltlichen Gesichtspunkten vorgegeben. Dies wäre z.B. der Fall, wenn der Jahresabschluß einer Kapitalgesellschaft die nach § 268 Abs. 2 HGB geforderten detaillierten Angaben zur Entwicklung des Anlagevermögens nur unvollständig enthält, während im Zusammenhang mit der Darstellung der Situation des Unternehmens eine ausführliche Berichterstattung darüber im Lagebericht erscheint. Derartig klare Abweichungen von detailliert geforderten Pflichtangaben dürften jedoch nur sehr selten vorkommen. Weitaus häufiger wird dagegen zu klären sein, ob die ergänzenden Angaben notwendig sind, um zusammen mit den kurzen Pflichtangaben ein den tatsächlichen Verhältnissen entsprechendes Bild wiederzugeben. Ist die korrekte Darstellung bereits durch die minimalen Pflichtangaben gewährleistet, sind die zusätzlichen Informationen entsprechend ihrer formalen Abgrenzung zu behandeln, eine Umgruppierung ist nicht notwendig. Reichen dagegen die kurzen Angaben nicht dazu aus, so werden die zusätzlichen Informationen zu Pflichtangaben umqualifiziert und zur Erfüllung der gesetzlichen Vorgaben den entsprechenden Berichtsteilen zugeordnet. Die Abgrenzung wird im Einzelfall schwierig sein und im Ermessen des

212 Vgl. *BAV* (Gestaltung 1989) S. 172.

213 Alle 74 der in die empirische Untersuchung einbezogenen Druckberichte enthielten einen derartigen Grundaufbau. Vgl. Anhang: Tabelle 7, Seite 163.

Abschlußprüfers liegen. So kann es notwendig sein, eine im freien Teil enthaltene Kapitalflußrechnung dem Anhang zuzuordnen, um die Finanzlage des Unternehmens korrekt darzustellen.[214]

Darüberhinaus sollte der Prüfer aufgrund der notwendigen Klarheit und Übersichtlichkeit der Berichterstattung darauf drängen, daß die betroffenen Angaben von vornherein auch formal in den zutreffenden Berichtsteil eingestellt oder zumindest entsprechende Querverweise aufgenommen werden. Nur so kommt der Umfang der Prüfungs- und Offenlegungspflicht eindeutig zum Ausdruck.

c22) Formale Zuordnung von über den Mindestinhalt hinausgehenden Angaben

Als Angaben, die über den Mindestinhalt hinausgehen, sind alle Informationen zu verstehen, die einerseits vom berichtenden Unternehmen freiwillig in die einzelnen Komponenten des Druckberichts aufgenommen und andererseits nicht zu Pflichtbestandteilen umqualifiziert und anderen Berichtsteilen zugeordnet werden. Sie werden im folgenden als *freiwillige Angaben* bezeichnet.

Erreicht die von der Gesellschaft abgegrenzte Berichterstattung sowie die ggf. aufgrund inhaltlicher Vorgaben vorzunehmende abweichende Zuordnung bestimmter Angaben den gesetzlich geforderten Mindestumfang der Berichtskomponenten, besteht keine rechtliche Grundlage, die vom Unternehmen gewählte formale Abgrenzung in Frage zu stellen. Die Behandlung der verbleibenden, sog. freiwilligen Angaben hat entsprechend der vom berichterstattenden Unternehmen gewählten Abgrenzung zu erfolgen. Entspricht beispielsweise die knappe Darstellung im Anhang bereits dem true and fair view, so darf der Prüfer eine ggf. im freien Teil des Druckberichts enthaltene Kapitalflußrechnung nicht deshalb dem prüfungspflichtigen Anhang zuordnen, weil sie in diesem Teil "sinnvoller" wäre. Vielmehr ist der formalen Abgrenzung durch das bericht-

---

214 Vgl. *IDW* (WP-Handbuch 1992) F 440; *ADS* (Rechnungslegung 1987) § 289 HGB Tz. 18. Zur Darstellung der Finanzlage mit Hilfe einer Kapitalflußrechnung vgl. *IDW* (HFA 1/1978 i.d.F. 1990) Abschnitt I.; *Schmidt* (Gestaltungsmöglichkeiten 1990) S. 91 ff.; *Holzer/Jung* (Beitrag 1990) S. 281 ff.; *IDW* (WP-Handbuch 1992) F 438.

erstattende Unternehmen Vorrang zu gewähren.[215] Ist der Berichtsteil, in den die freiwilligen Angaben aufgenommen wurden, prüfungs- bzw. offenlegungspflichtig, sind die freiwilligen Angaben ebenfalls diesen Anforderungen unterworfen.[216] Wird demnach im obigen Beispiel die Kapitalflußrechnung im Lagebericht ausgewiesen, gelten für sie die den Lagebericht betreffenden Prüfungs- und Offenlegungspflichten.

Eine Ausnahme von der Beachtung der formalen Abgrenzung stellt der Verstoß gegen den Grundsatz der Klarheit und Übersichtlichkeit der Berichterstattung dar. Wird dieser Grundsatz durch umfangreiche freiwillige Angaben verletzt, hat der Prüfer darauf zu drängen, daß die entsprechenden Ausführungen aus dem prüfungspflichtigen Berichtsteil herausgenommen und dem freien Teil zugeordnet werden.[217]

Nach den beiden letzten Abschnitten kann zusammenfassend festgestellt werden, daß eine rein formale Abgrenzung nicht immer ausreicht. Der Abschlußprüfer hat zu untersuchen, ob abweichend von der vom berichterstattenden Unternehmen vorgenommenen Abgrenzung bestimmte Angaben als Pflichtangaben anderen Druckberichtskomponenten zuzuordnen sind. Dabei kann es einerseits zu einer Umqualifizierung von Pflichtangaben eines Berichtsteils zu solchen eines anderen Pflichtbestandteils kommen. Andererseits kann sich die Umqualifizierung auch auf freiwillige Informationen erstrecken, die dann zu Pflichtangaben mit den entsprechenden Auswirkungen hinsichtlich der Prüfungs- und Offenlegungspflichten werden. Diese, auf dem Inhalt der Berichterstattung basierende abweichende Zuordnung einzelner Angaben hat ihre Grenze im gesetzlich vorgegebenen Mindestinhalt. Ist dieser erreicht, dürfen keine weiteren Angaben abweichend zugeordnet werden, auch wenn dies im Vergleich zu der von der Gesellschaft vorgenommenen formalen Abgrenzung inhaltlich sinnvoller erscheint.

---

215 So auch *ADS*, die eine Zuordnung zum prüfungspflichtigen Teil nach dem Kriterium der *sinnvollen Berichterstattung* nur bei nicht eindeutiger Abgrenzung fordern; vgl. *ADS* (Rechnungslegung 1987) § 289 HGB Tz. 18.

216 Vgl. *Selchert* (Jahresabschlußprüfung 1988) S. 562; *Schülen* (Aufstellung 1987) S. 225; *IDW* (WP-Handbuch 1992) F 440, 413.

217 Vgl. *Reittinger* (Lagebericht 1986) Rn. 17 ff.; *Kropff* (Lagebericht 1980) S. 527; *Clemm/Ellrott* (Kommentierung 1990) § 289 HGB Anm. 14. Diese sich auf den Lagebericht beziehenden Quellen lassen sich analog auf den Jahresabschluß übertragen.

c23) Zur Problematik der abweichenden Zuordnung von Angaben aus dem freien Teil

Bei den bisherigen Ausführungen über die abweichende Zuordnung einzelner Angaben des Druckberichts wurde davon ausgegangen, daß der gesamte Druckbericht - einschließlich des freien Teils - dem Prüfer vorliegt. Dies ist die notwendige Voraussetzung, um im freien Teil enthaltene Angaben in die ggf. erforderliche inhaltliche Umqualifizierung einzubeziehen. Insofern ist für die abweichende Zuordnung, wie sie auch von den einschlägigen Kommentierungen gefordert wird,[218] die Prüfung des gesamten Druckberichts notwendig. Problematisch ist dies jedoch, wenn man mit der h.M. davon ausgeht, daß der freie Teil keiner Prüfungspflicht unterliegt.[219] Hier deutet sich erneut ein Widerspruch zwischen der von der Literatur vertretenen fehlenden Prüfungspflicht für den freien Teil einerseits und der von den gleichen Quellen geforderten Abstimmung des gesamten Druckberichts[220] andererseits an: Warum sollte das berichterstattende Unternehmen den freien Teil vorlegen, wenn er nicht der Prüfungspflicht unterliegt? Und warum sollte der Prüfer den freien Teil des Druckberichts auf Übereinstimmung mit den Pflichtbestandteilen untersuchen, wenn dies nicht zu seinem Prüfungsauftrag gehört?

Wird demnach der freie Teil in die Prüfung nicht einbezogen, kann es auch nicht zu einer abweichenden Abgrenzung einzelner Elemente kommen. Denkbar wäre jedoch, daß der freie Teil grundsätzlich keiner Prüfungspflicht unterliegt, dies sich jedoch ändert, wenn die vom Unternehmen vorgelegten Pflichtbestandteile des Druckberichts den jeweils gesetzlich geforderten Mindestumfang nicht erreichen. In diesem Fall könnte der freie Teil unter die Prüfungspflicht fallen, um zu kontrollieren, ob nicht darin aufgenommene freiwillige Angaben zu Pflichtangaben bestimmter anderer Komponenten des Druckberichts umzuqualifizieren

---

218 Vgl. beispielhaft *Budde/Kofahl* (Kommentierung 1990) § 317 HGB Anm. 19; *ADS* (Rechnungslegung 1987) § 289 HGB Tz. 16 ff.

219 Vgl. u.a. *Biener/Berneke* (Bilanzrichtlinien-Gesetz 1986) S. 247; *v. Wysocki* (Aussagefähigkeit 1990) S. 268; *Müller* (Einführung 1986) Rz. 7; *Clemm/Ellrott* (Kommentierung 1990) § 289 HGB Anm. 5; *ADS* (Rechnungslegung 1987) § 289 HGB Tz. 16 und 40; *IDW* (WP-Handbuch 1992) F 436 ff.

220 Für die Forderung nach einer widerspruchsfreien Berichterstattung im gesamten Druckbericht vgl. u.a. *v. Wysocki* (Aussagefähigkeit 1990) S. 268; *Clemm/Reittinger* (Lagebericht 1992) Sp. 1182; *ADS* (Rechnungslegung 1987) § 289 HGB Tz. 97; *Budde/Kofahl* (Kommentierung 1990) § 317 HGB Anm. 19.

sind. Dieser Frage soll im Abschnitt III. nachgegangen werden, der die Ausweitung der Prüfungspflicht auf den freien Teil im größeren Rahmen geschlossen behandelt.[221]

c3) Die Anordnung der Druckberichtskomponenten im Rahmen einer konsequenten Abgrenzung

Der Aufbau des Druckberichts unterliegt keiner expliziten gesetzlichen Regelung. Daher ist nach herrschender Meinung die Anordnung der einzelnen Druckberichtskomponenten grundsätzlich den berichtenden Unternehmen freigestellt.[222] Dennoch ist in diesem Zusammenhang zu untersuchen, ob durch die Anordnung der einzelnen Teile die gesetzlich geforderte Klarheit und Übersichtlichkeit der Berichterstattung unterstützt bzw. erst erreicht wird. Dies gilt insbesondere im Hinblick auf die Abgrenzung des freien Teils und als Folge davon für den Geltungsbereich des Bestätigungsvermerks. Unter diesen beiden Aspekten soll nachfolgend ein Schema für die Anordnung der einzelnen Komponenten entwickelt werden, das der Forderung nach einer klaren Abgrenzung der einzelnen Druckberichtselemente entspricht.

c31) Die Anordnung als Grundlage für eine unmißverständliche Abgrenzung des freien Teils

Neben einer formal und inhaltlich korrekten Abgrenzung der einzelnen Druckberichtskomponenten kann auch die exakte Anordnung der Pflichtbestandteile einerseits und des freien Teils andererseits die Klarheit und Übersichtlichkeit des

---

221 Zur Ausweitung der Prüfungspflicht aufgrund fehlender Mindestangaben vgl. Abschnitt B.III.1.a12), Seite 92 ff.

222 Vgl. *Müller* (Darstellungsformen 1986) Rz. 17 ff.; *Clemm/Ellrott* (Kommentierung 1990) § 289 HGB Anm. 5; *ADS* (Rechnungslegung 1987) § 289 HGB Tz. 40. Allerdings bestehen einige Einschränkungen. So ist z.B. der Anhang mit der Bilanz und GuV sichtbar zu verbinden, um die Zugehörigkeit zum Jahresabschluß zu verdeutlichen. Vgl. *IDW* (WP-Handbuch 1992) F 413; *Biener/Berneke* (Bilanzrichtlinien-Gesetz 1986) S. 247; *Clemm/Ellrott* (Kommentierung 1990) § 284 HGB Anm. 27. Vgl. auch Abschnitt B.I.2., Seite 24 f.

Druckberichts stark erhöhen. Ein derartiger Aufbau bildet die Basis für eine unmißverständliche Abgrenzung. Bei konsequenter Durchführung sind sämtliche Angaben, die das berichtende Unternehmen der Prüfungs- und Publizitätspflicht entziehen will, zusammenzufassen und in einem einzigen Block, dem freien Teil, darzustellen. Dies geschieht sinnvollerweise am Ende des Druckberichts, da die freiwilligen Ausführungen die Pflichtbestandteile ergänzen und nicht deren Aussagen vorwegnehmen sollten. Analog sind die Pflichtbestandteile voranzustellen, ebenfalls geblockt. Unter der Voraussetzung, daß die einzelnen Berichtsteile formal und inhaltlich exakt abgegrenzt werden, kommt es damit auch im Aufbau zu einer klaren Zweiteilung des Druckberichts. Dem Leser wird von vornherein der die Pflichtpublizität übersteigende Teil deutlich gemacht.[223]

So wünschenswert diese klare Differenzierung zwischen Pflichtbestandteilen und freiem Teil des Druckberichts ist, so gering sind die Chancen der Verwirklichung. Keiner der im Rahmen der empirischen Studie untersuchten Druckberichte wies eine derart klare Abgrenzung auf. Statt dessen besteht der freie Teil regelmäßig aus mehreren Abschnitten, die über den gesamten Druckbericht verteilt sind. Das Spektrum reicht dabei von kurzen Übersichten, wie z.B. einer Mehrjahresübersicht, die häufig als Einleitung oder Abschluß des Druckberichts Verwendung findet,[224] bis hin zu ausführlichen Abschnitten über eine abgeschlossene Thematik.[225] Die Aufteilung des freien Teils verfolgt das Ziel, den Druckbericht insbesondere für den weniger vorgebildeten Interessenten ansprechender zu gestalten. Der Klarheit und Übersichtlichkeit der Berichterstattung dient diese Vorgehensweise dabei m.E. nicht, vielmehr wird die Grenze zwischen Pflichtpublizität und freiwilliger Berichterstattung weiter verwischt. Dies gilt insbesondere für Fälle, in denen Pflichtbestandteile durch Werbung unterbrochen werden, die Aussagen enthält, die die wirtschaftlichen Verhältnisse

---

223 Bezüglich der Forderung nach einer klaren Abgrenzung der freiwilligen Publizität vgl. u.a. *Fandré* (Anhang 1989) E 77 ff.; *Müller* (Kommentierung 1990) § 328 HGB Rn. 5 ff.; *ADS* (Rechnungslegung 1987) § 328 HGB Tz. 30 m.w.N. Allerdings wird nur die deutliche Absetzung der Angaben des freien Teils, nicht jedoch deren Zusammenfassung zu einem Abschnitt gefordert.

224 Vgl. beispielhaft für den Ausweis am Beginn des Druckberichts *Beiersdorf* (Bericht 1989) Umschlag-Innenseite; *Knorr-Bremse* (Geschäftsbericht 1989) Umschlag-Innenseite. Beispiele für die Plazierung am Ende des Berichts sind u.a. *Siemens* (Geschäftsbericht 1990) Umschlag-Innenseite; *Stinnes* (Jahre 1989) Umschlag-Innenseite.

225 Vgl. z.B. den "Sonderbericht: Umweltschutz" in *Volkswagen* (Bericht 1989) S. 49 ff. sowie den Berichtsteil "Audi Sponsoring" in *Audi* (Bericht 1989) S. 50 ff. Vgl. auch den Abschnitt "Farben und Färben" in *Wella* (Geschäftsbericht 1989) S. 4 ff.

des Unternehmens nicht im geringsten tangieren.[226] Der eindeutigen Strukturierung des Druckberichts ist diese Vorgehensweise sicherlich nicht dienlich.

Um die notwendige Klarheit der Berichterstattung zu erreichen, ist daher der freie Teil geblockt von den Pflichtbestandteilen abzugrenzen. Es ist dabei denkbar, daß es dem berichterstattenden Unternehmen nicht genügt, bestimmte Angaben des freien Teils, die bisher gesondert an verschiedenen Stellen des Druckberichts plaziert wurden, geschlossen im freien Teil zusammenzufassen. Statt dessen legt das Unternehmen u.U. Wert darauf, sie an bestimmten Stellen innerhalb der Pflichtbestandteile zu zeigen. In diesem Fall können die Angaben in die Pflichtbestandteile integriert und an der gleichen Position wie bislang veröffentlicht werden, allerdings entsprechend prüfungs- und offenlegungspflichtig. Beispielsweise spricht m.E. nichts gegen die Aufnahme der bisher häufig zu Beginn des Druckberichts veröffentlichten Mehrjahresübersicht in den Lagebericht. Dieser kann wiederum, einschließlich der Mehrjahresübersicht, den ersten Berichtsteil bilden. Im Unterschied zur bisherigen Praxis unterliegt dann jedoch der gesamte Komplex den dem Lagebericht entsprechenden Prüfungs- und Offenlegungspflichten.

c32) Verdeutlichung des Geltungsbereichs des Bestätigungsvermerks

Die Anordnung der einzelnen Komponenten des Druckberichts ist nicht nur für die Abgrenzung des freien Teils an sich von Bedeutung, zusätzlich kann dadurch der Geltungsbereich des Bestätigungsvermerks eindeutig klargestellt oder auch verschleiert werden.[227] Dies gilt insbesondere im Hinblick auf den geringer vorgebildeten Interessenten.

Die Reichweite des Bestätigungsvermerks erstreckt sich auf die nach §§ 316, 317 HGB explizit prüfungspflichtigen Bestandteile des Druckberichts. Demnach stellt er das Gesamturteil über den Jahresabschluß und den Lagebericht sowie über die

---

226 Vgl. z.B. den Abdruck von Werbeplakaten zwischen den Pflichtbestandteilen in *Dinkelacker* (Bericht 1988/89) S. 19 ff. Ähnlichen Charakter besitzt die Darstellung der Sommerkollektion in *Hugo Boss* (Geschäftsbericht 1989) nach Seite 32.

227 Den nachfolgenden Ausführungen liegt hinsichtlich der Prüfungspflicht und des Prüfungsumfangs nach §§ 316, 317 HGB die herrschende Meinung zugrunde, wonach der freie Teil des Druckberichts nicht prüfungspflichtig ist.

zugrundeliegende Buchführung dar.[228] Der Prüfer trifft damit die Aussage, ob nach seiner Einschätzung die im Bestätigungsvermerk angeführten Berichtskomponenten und damit auch implizit die Buchführung den handelsrechtlichen Anforderungen sowie ggf. den rechtsform- und branchenspezifischen Regelungen entsprechen.[229]

Wichtig ist, daß sich die Kernfassung des Bestätigungsvermerks nach § 322 Abs. 1 HGB auf den Jahresabschluß und den Lagebericht ausdrücklich bezieht. Es stellt sich damit die Frage, ob es zur Verdeutlichung der Tragweite des Bestätigungsvermerks notwendig ist, eine bestimmte Anordnung der Druckberichtskomponenten einzuhalten. Diese Fragestellung geht über die im vorangegangenen Punkt diskutierten Überlegungen hinaus, da es sich hier nicht nur um die Blockbildung der Pflichtbestandteile des Druckberichts einerseits und des freien Teils andererseits handelt, sondern daneben die genaue Reihenfolge der Pflichtbestandteile zur Diskussion steht.

Das Gesetz kennt explizit keine vorgegebene Anordnung der prüfungspflichtigen Druckberichtskomponenten.[230] Dies gilt für die Elemente des Jahresabschlusses jedoch nur eingeschränkt. Da Bilanz, GuV und Anhang nach § 264 Abs. 1 HGB eine Einheit bilden, sind sie auch räumlich miteinander zu verbinden.[231] Der Anhang erläutert und ergänzt die eigentlichen Rechenwerke, daher erscheint es sinnvoll, ihn nach Bilanz und GuV einzustellen. Die Notwendigkeit der Zusammenfassung der Jahresabschlußbestandteile wird durch die Pflicht zur Unterzeichnung des Jahresabschlusses durch die gesetzlichen Vertreter unter Angabe von Ort und Datum[232] noch unterstrichen. Dadurch wird nicht nur der Zeitpunkt

---

228 Ggf. auch über den Konzernabschluß und Konzernlagebericht. Die nachfolgenden Ausführungen beziehen sich auf die Bestandteile der Konzernrechnungslegung entsprechend.

229 Zu Einzelheiten hinsichtlich der rechtlichen Tragweite des Bestätigungsvermerks vgl. u.a. *Bolsenkötter* (Bestätigungsvermerk 1992) Sp. 210 ff.; *IDW* (FG 3/1988) Abschnitt C.I.; *Gross* (Überlegungen 1985) S. 272 ff.; *Nahlik* (Bestätigungsvermerk 1985) S. 666 ff.; *Sarx* (Kommentierung 1990) § 322 HGB Anm. 6 ff.; *Leffson* (Wirtschaftsprüfung 1988) S. 349 ff.; *Breycha/Schäfer* (Kommentierung 1990) § 322 HGB Rn. 3 ff.

230 Vgl. *Kupsch* (Anhang 1988) Rn. 59 ff.; *Müller* (Darstellungsformen 1986) Rz. 17 ff.; *Clemm/Ellrott* (Kommentierung 1990) § 289 HGB Anm. 5; *ADS* (Rechnungslegung 1987) § 289 HGB Tz. 40. Vgl. auch Abschnitt B.I.2., Seite 23 ff.

231 Vgl. *IDW* (WP-Handbuch 1992) F 413; *Erle* (Unterzeichnung 1987) S. 644; *Ellerich* (Kommentierung 1990) § 245 HGB Rn. 6; *Biener/Berneke* (Bilanzrichtlinien-Gesetz 1986) S. 247; *Clemm/Ellrott* (Kommentierung 1990) § 284 HGB Anm. 27.

232 Vgl. § 245 HGB.

der Aufstellung verdeutlicht, es kommt auch zu einer räumlichen Abgrenzung des Jahresabschlusses.[233] Eine derartige Strukturierung wird jedoch nicht erreicht, wenn die drei Elemente des Jahresabschlusses durch andere Bestandteile des Druckberichts voneinander getrennt werden. Dabei spielt es keine Rolle, ob die Aufsplitterung durch andere Pflichtbestandteile, wie z.B. den Bericht des Aufsichtsrats, oder Angaben des freien Teils erfolgt. Als Ergebnis bleibt festzuhalten, daß die Komponenten des Jahresabschlusses ungetrennt aneinanderzureihen und die abschließenden Unterschriften am Ende des letzten Abschnitts aufzunehmen sind.[234] Die Reihenfolge der einzelnen Abschnitte ist zwar nicht gesetzlich vorgeschrieben, es empfiehlt sich jedoch, den von der Geschäftsleitung unterzeichneten Anhang nach Bilanz und GuV aufzunehmen. Auf jeden Fall ist m.E. der gesamte Jahresabschluß, also auch der Anhang, vor dem Bestätigungsvermerk darzustellen, um die Tragweite des Testats zu verdeutlichen. Der Komplex des Jahresabschlusses bildet dann eine homogene Einheit, die durch den Bestätigungsvermerk abgeschlossen wird.

Der Lagebericht unterliegt ebenfalls keinen expliziten gesetzlichen Regelungen hinsichtlich seiner räumlichen Stellung im Druckbericht.[235] Der beliebige Ausweis des Lageberichts ist m.E. dennoch nicht zulässig. Im Ermessen des berichterstattenden Unternehmens steht nur, den Lagebericht vor oder nach dem Jahresabschluß aufzunehmen. Da nämlich der Bestätigungsvermerk ausdrücklich auch den Lagebericht testiert, ist es notwendig, den Jahresabschluß und den Lagebericht zusammen mit dem Bestätigungsvermerk ohne Unterbrechung durch einen anderen Abschnitt des Druckberichts zu veröffentlichen. Dies gilt sowohl für Pflichtbestandteile als auch für Angaben des freien Teils. Die vom Abschlußprüfer zu testierenden Komponenten des Druckberichts sind demnach geschlossen auszuweisen.[236] Nur so ist es möglich, auch dem geringer vorgebildeten Leser die Reichweite des Testats formal zu verdeutlichen.

---

233 Vgl. *Erle* (Unterzeichnung 1987) S. 644; *Ellerich* (Kommentierung 1990) § 245 HGB Rn. 6; *Budde/Kunz* (Kommentierung 1990) § 245 HGB Anm. 1; *Maluck/Göbel* (Unterzeichnung 1978) S. 625.

234 Vgl. *Ellerich* (Kommentierung 1990) § 245 HGB Rn. 6; *ADS* (Rechnungslegung 1987) § 245 HGB Tz. 6 f.; *BAV* (Gestaltung 1989) S. 172 f.

235 Vgl. Abschnitt B.I.2., Seite 23 ff.

236 Die herrschende Meinung teilt diese Auffassung nicht, sie fordert nur die genaue Abgrenzung des Lageberichts. Hinsichtlich der Plazierung innerhalb des Druckberichts werden dagegen keine Einschränkungen gesehen. Vgl. beispielhaft *Reittinger* (Lagebericht 1986)

Fraglich ist, ob der Bestätigungsvermerk immer am Ende der von ihm tangierten Berichtsteile aufgenommen werden muß. *Adler/Düring/Schmaltz* vertreten die Auffassung, daß es nicht notwendig ist, "... auch den Lagebericht **vor dem** die Rechenschaft abschließenden **Bestätigungsvermerk** darzustellen."[237] Dem ist nicht zuzustimmen. Der Bestätigungsvermerk als abschließender, das Gesamturteil beinhaltender Bestandteil ist statt dessen nach denjenigen Berichtsteilen aufzunehmen, die durch ihn ausdrücklich abgedeckt werden. Es kommt demnach nur ein Ausweis im direkten Anschluß an den Jahresabschluß und Lagebericht in Betracht.[238]

Nach den bisherigen Ausführungen kristallisieren sich zwei grundlegende Forderungen an die formale Berichterstattung heraus: Einerseits der Grundsatz der klaren Abgrenzung der Pflichtbestandteile vom freien Teil und andererseits die zur Verdeutlichung der Reichweite des Bestätigungsvermerks notwendige Zusammenfassung derjenigen Abschnitte, die der handelsrechtlichen Pflichtprüfung unterliegen. Wird dies konsequent verfolgt, ergibt sich die in Abbildung 11 dargestellte Reihenfolge der Druckberichtskomponenten.

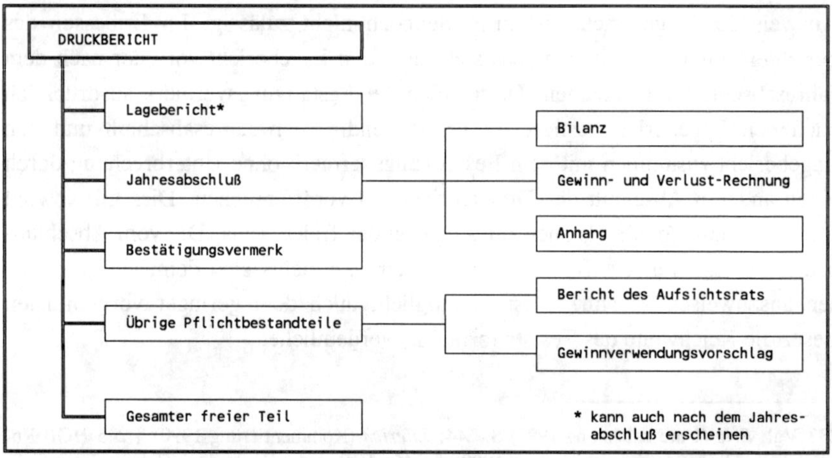

Abb. 11: Die Anordnung der Druckberichtskomponenten bei konsequenter Abgrenzung

---

Rn. 22; *ADS* (Rechnungslegung 1987) § 289 HGB Tz. 15 ff. und 40; *Müller* (Darstellungsformen 1986) Rz. 6 ff.

237 *ADS* (Rechnungslegung 1987) § 289 HGB Tz. 40.

238 So auch *Biener/Berneke* (Bilanzrichtlinien-Gesetz 1986) S. 276.

Der Lagebericht wird dabei als erster Druckberichtsbestandteil genannt, da sich Ausführungen zur Lage des Unternehmens als Einleitung des Berichts durchaus eignen. Diese Darstellungsform dürfte dem Interessenten, der über ein geringeres Hintergrundwissen verfügt, entgegenkommen, und der Zielsetzung des berichterstattenden Unternehmens am ehesten entsprechen. Es ist jedoch auch möglich, den Lagebericht nach dem Jahresabschluß aufzunehmen und damit die zeitliche Dimension der einzelnen Berichtsbestandteile zu betonen. Zunächst kommt es dann zum Ausweis des Jahresabschlusses als überwiegend vergangenheitsbezogene Berichterstattung, anschließend ermöglichen die zukunftsbezogenen Abschnitte des Lageberichts einen Ausblick in die Folgeperioden. In jedem Fall gewährleistet die strikte Aneinanderreihung von Jahresabschluß und Lagebericht, daß auch der weniger vorgebildete Interessent den Umfang der Pflichtpublizität sowie den Geltungsbereich des Bestätigungsvermerks abschätzen kann, wenn vor dem Testat nur die geprüften Elemente erscheinen. Da der Aufsichtsrat auf das Ergebnis der Prüfung des Jahresabschlusses durch den Abschlußprüfer einzugehen hat,[239] bietet es sich an, den Bericht des Aufsichtsrats nach dem Bestätigungsvermerk aufzunehmen.[240] Nachfolgend werden die Ergebnisse der empirischen Studie dieser konsequenten Abgrenzung gegenübergestellt und die dabei auftretenden Abweichungstypen sowie deren Folgen skizziert.

c4) Mißachtung der konsequenten Abgrenzung durch die Anordnung in der Berichtspraxis

Die im vorangegangenen Abschnitt abgeleitete Struktur des Druckberichts spiegelt sich in der Berichtspraxis nicht wider. Wie bereits dargestellt, existiert keine einheitliche Gliederung der Publikationen.[241] Im Hinblick auf die Anordnung der einzelnen Jahresabschlußkomponenten sowie des Lageberichts sind zwar gewisse Grundstrukturen erkennbar, dies trifft jedoch für die anderen Pflichtbestandteile des Jahresabschlusses nicht zu. Der Bericht des Aufsichtsrats beispielsweise wird in nahezu der Hälfte der untersuchten Druckberichte vor dem

---

239 Vgl. zum Inhalt des Berichts des Aufsichtsrats Abschnitt B.I.1.b31), Seite 17 f.

240 Vgl. *BAV* (Gestaltung 1989) S. 173.

241 Vgl. im einzelnen Abschnitt B.I.2.b), Seite 25 ff.

Jahresabschluß und Lagebericht ausgewiesen,[242] beinahe ebenso häufig erscheint er jedoch nach dem Block Jahresabschluß/Lagebericht.[243] Dabei bildet er sogar häufig den Abschluß des Druckberichts.[244] In den restlichen Fällen wird der Aufsichtsratsbericht zwischen Lagebericht und Jahresabschluß eingestellt.[245] Zieht man zusätzlich in Betracht, daß der freie Teil in keinem der untersuchten Berichte eine geschlossene Einheit bildet, sondern die Angaben des freien Teils regelmäßig über den gesamten Druckbericht verteilt erscheinen,[246] wird durch diese Anordnung eine klare Abgrenzung der Pflichtpublizität nicht gefördert. Bemerkenswert ist, daß bei allen Berichten eine Vermischung von Pflichtbestandteilen und einzelnen Elementen des freien Teils besteht.

Noch von größerer Bedeutung ist die Plazierung des Bestätigungsvermerks im Zusammenhang mit der Position der von ihm explizit abgedeckten Komponenten. Die Anordnung dieser Teile hat einen entscheidenden Einfluß auf die Einschätzung der Reichweite des Bestätigungsvermerks durch Leser, die über ein geringeres Hintergrundwissen verfügen. Erscheinen die vom Bestätigungsvermerk betroffenen Berichtsteile in einem Block am Beginn des Druckberichts mit dem Bestätigungsvermerk als Abschluß, kann ein falscher Eindruck von vornherein weitgehend vermieden werden. Alle Ausführungen, die vor dem Bestätigungsvermerk aufgenommen werden, sind durch das Testat abgedeckt, die restlichen Angaben stellen entweder Pflichtangaben dar, die nicht unter die Prüfungspflicht nach §§ 316 ff. HGB fallen,[247] oder sind dem freien Teil zuzurechnen. Die Untersuchung der Druckberichte führt dagegen zu dem Ergebnis, daß von einer derartig klaren Abgrenzung nicht gesprochen werden kann. Es existieren zahlreiche, von diesem Aufbau abweichende Druckberichtsvarianten, die sich grob in drei Ausprägungen typisieren lassen.

---

242 Dies trifft auf 33 der 74 untersuchten Druckberichte zu. Vgl. Anhang: Tabelle 10, Seite 165. Im einzelnen vgl. z.B. *Buderus* (Geschäftsbericht 1989) S. 5; *Linde* (Jahresbericht 1989) S. 11; *Steag* (Bericht 1989) S. 5.

243 Dieser Aufbau ist in 32 der 74 Druckberichte enthalten. Vgl. Anhang: Tabelle 10, Seite 165. Im einzelnen vgl. z.B. *Bayer* (Geschäftsbericht 1989) S. 65; *Horten* (Bericht 1989) S. 62; *HOCHTIEF* (Geschäftsbericht 1989) S. 47.

244 Vgl. beispielhaft *Kali und Salz* (Geschäftsbericht 1989) S. 31; *Badenwerk* (Bericht 1989) S. 78 f.; *Paulaner-Salvator-Thomasbräu* (Gechäftsbericht 1988/89) S. 74.

245 Vgl. u.a. *Rosenthal* (Geschäftsbericht 1989) S. 45; *Bilfinger + Berger* (Geschäftsbericht 1989) S. 48; *ANZAG* (Geschäftsbericht 1989) S. 13.

246 Vgl. dazu Abschnitt B.I.2.b3), Seite 30 ff.

247 Bericht des Aufsichtsrats, Gewinnverwendungsvorschlag.

Zum einen zeigt sich, daß zwar die überwiegende Zahl der Unternehmen den Jahresabschluß und Lagebericht vor dem Bestätigungsvermerk veröffentlichen,[248] ein nicht zu vernachlässigender Teil jedoch das Testat vor Bilanz und GuV ausweist.[249] Dabei erscheint der Bestätigungsvermerk am Ende des Anhangs, der wiederum im Druckbericht zentral plaziert ist, während die Zahlenwerke den Abschluß des Druckberichts bilden.[250] Die Reichweite des Bestätigungsvermerks wird durch diese Gestaltung in keiner Weise verdeutlicht, da die wichtigsten zu prüfenden Komponenten erst nach dem Testat erscheinen. Die nachfolgende Gliederungsvariante fällt ebenfalls in diese Art der Abweichungen von der oben geforderten strikten Anordnung der prüfungspflichtigen Teile. Bei ihr wird die Reihenfolge Bilanz, GuV, Bestätigungsvermerk und schließlich Anhang gewählt.[251] Hier erscheint die Abweichung nicht so schwerwiegend, da der Bestätigungsvermerk direkt nach den Zahlenwerken publiziert wird. Dennoch ist m.E. zu beachten, daß der Bestätigungsvermerk sich auf den gesamten Jahresabschluß bezieht und somit auch der Anhang vor dem Testat erscheinen sollte.

Den zweiten Abweichungstyp von einer klaren Anordnung der i.S.d. §§ 316 f. HGB prüfungspflichtigen Druckberichtskomponenten stellt die Aufnahme von nichtprüfungspflichtigen Bestandteilen in den Block Jahresabschluß/Lagebericht/Bestätigungsvermerk dar. Die große Mehrheit der untersuchten Druckberichte enthielt innerhalb dieses Blocks andere Pflichtbestandteile und/oder Elemente des freien Teils.[252] Die Aufnahme von Komponenten des freien Teils zwischen Lagebericht und Jahresabschluß vermag dabei nicht zu verwundern, angesichts der bereits oben beschriebenen, häufigen Praxis der Gesellschaften, den Lagebericht um freiwillige Angaben zu erweitern, die als solche explizit gekennzeichnet sind. Dieser Berichtsteil erscheint dann meist unter der Bezeichnung *Bericht des Vorstands*.[253] Auffällig dagegen ist, daß auch zwischen den einzelnen Komponenten

---

248 Das betrifft 63 der 74 untersuchten Druckberichte. Vgl. Anhang: Tabelle 11, Seite 165.

249 Neun der 74 untersuchten Unternehmen. Vgl. Anhang: Tabelle 11, Seite 165.

250 Vgl. u.a. *Hutschenreuther* (Geschäftsbericht 1989) S. 28 ff.; *Heilit + Woerner* (Bericht 1989) S. 35 ff. *Karstadt* (Geschäftsbericht 1989) S. 28 ff.

251 Zwei der 74 in die Untersuchung einbezogenen Unternehmen wählten diese Anordnung. Vgl. Anhang: Tabelle 11, Seite 165. Im einzelnen vgl. *Hoechst* (Geschäftsbericht 1989) S. 36 ff.; *Casella* (Geschäftsbericht 1989) S. 30 ff.

252 Insgesamt 52 der 74 untersuchten Druckberichte. Vgl. Anhang: Tabelle 11, Seite 165.

253 Vgl. *Philips Kommunikations Industrie* (Geschäftsbericht 1989) S. 6 f.; *Felten & Guilleaume* (Bericht 1989) S. 9 ff.; *Siemens* (Geschäftsbericht 1989) S. 5 ff. Vgl. auch Abschnitt B.II.2.b23), Seite 60 ff.

des Jahresabschlusses, die eine Einheit bilden sollten, fremde Elemente aufgenommen werden.[254] Dabei handelt es sich nicht nur um Pflichtbestandteile wie den Bericht des Aufsichtsrats,[255] sondern es werden auch Komponenten des freien Teils zwischen den Jahresabschlußelementen publiziert. Diese reichen von Berichten über Tochtergesellschaften[256] bis hin zum mehrseitigen Abdruck von Werbeplakaten.[257] Durch diese Gestaltung kann es zu keiner eindeutigen Blockbildung hinsichtlich der einzelnen Komponenten des Jahresabschlusses und des Bestätigungsvermerks kommen. Der nicht einschlägig vorgebildete Leser wird daher kaum die Reichweite des Testats korrekt beurteilen können. Daher sind derartige Einschübe zwischen die Jahresabschlußkomponenten zu unterlassen. Dies gilt m.E. nicht nur für Komponenten des freien Teils, sondern auch für Pflichtbestandteile wie den Bericht des Aufsichtsrats. Sie fallen nämlich ebensowenig unter die explizite handelsrechtliche Prüfungspflicht wie der freie Teil.

Die Tatsache, daß regelmäßig die prüfungspflichtigen Elemente nicht am Beginn des Druckberichts erscheinen, stellt den dritten Abweichungstypus von der im vorangegangen Gliederungspunkt[258] beschriebenen Notwendigkeit einer klaren Abgrenzung der prüfungspflichtigen Komponenten dar. Der Eindruck über die Tragweite des Bestätigungsvermerks wird nämlich auch dann verfälscht, wenn andere, nicht prüfungspflichtige Bestandteile des Druckberichts dem Jahresabschluß und Lagebericht vorangehen. Das gilt auch dann, wenn die prüfungspflichtigen Komponenten zusammen mit dem Bestätigungsvermerk eine Einheit bilden. Es besteht die Gefahr, daß für den weniger vorgebildeten Interessenten der Bestätigungsvermerk ein Gesamturteil bezüglich aller Angaben darstellt, die

---

254 Neun Druckberichte wurden so gestaltet. Vgl. Anhang: Tabelle 11, Seite 165.

255 Vgl. *Josef Riepl* (Geschäftsbericht 1989) S. 35; *Kaufhalle* (Bericht 1989) S. 30; *Hutschenreuther* (Geschäftsbericht 1989) S. 36; *Heilit + Woerner* (Bericht 1989) S. 44. Auch Pflichtbestandteile dürfen nicht in den Block der Jahresabschlußkomponenten integriert werden, da dadurch die notwendige räumliche Verbindung verloren geht. Vgl. hinsichtlich des Aufsichtsratsberichts *BAV* (Gestaltung 1989) S. 173. Zur Notwendigkeit des geschlossenen Ausweises der Jahresabschlußkomponenten vgl. u.a. *Erle* (Unterzeichnung 1987) S. 644; *Ellerich* (Kommentierung 1990) § 245 HGB Rn. 6; *Biener/Berneke* (Bilanzrichtlinien-Gesetz 1986) S. 247.

Eine Ausnahme von diesem Grundsatz stellt der Gewinnverwendungsvorschlag dar, der in den Anhang integriert werden kann, wenn er gesondert gekennzeichnet ist. Vgl. *ADS* (Rechnungslegung 1987) § 325 HGB Tz. 36. Dieser Fall liegt hier jedoch nicht vor.

256 Vgl. *Karstadt* (Geschäftsbericht 1989) S. 63 ff.

257 Vgl. *Dinkelacker* (Bericht 1988/89) S. 19 ff.

258 Vgl. Abschnitt B.II.2.c32), Seite 77 ff.

vor dem Testat ausgewiesen sind. Ein Indiz dafür, daß die berichtenden Unternehmen mit diesem Effekt durchaus rechnen ist m.E. die Tatsache, daß in der Mehrheit der untersuchten Druckberichte der Bestätigungsvermerk als letzter bzw. vorletzter Berichtsteil erscheint.[259] Die Gefahr der Fehleinschätzung ist dabei nicht zu bagatellisieren, da der Leser zunächst einen Gesamteindruck des Druckberichts gewinnt - einschließlich des oft umfangreichen, werbenden freien Teils - bevor abschließend der Bestätigungsvermerk erscheint. Es ist wahrscheinlich, daß der weniger bewanderte Interessent diesen Vermerk auf den gesamten Druckbericht bezieht. Daher sollte der Gesamtaufbau des Druckberichts entsprechend der in Abbildung 11 dargestellten Reihenfolge[260] ausgestaltet sein, um die korrekte Beurteilung der Reichweite des Testats bereits durch den Druckberichtsaufbau zu unterstützen.

d) Zwischenergebnis

Die bisher gewonnenen Erkenntnisse bezüglich der Abgrenzung der Druckberichtskomponenten lassen sich in zwei große Bereiche zusammenfassen. Zum einen in die Pflicht des Berichterstellers, die einzelnen Teile korrekt voneinander abzugrenzen, zum anderen in die Konsequenzen, die eine fehlende Abgrenzung nach sich zieht.

Das Handelsrecht kennt keine explizite Verpflichtung zur Abgrenzung der einzelnen Bestandteile des Druckberichts. Aufgrund der unterschiedlichen Anforderungen, die das Gesetz hinsichtlich Prüfung und Offenlegung der verschiedenen Berichtselemente stellt, ist gleichwohl eine klare Trennung der Druckberichtskomponenten notwendig. Diese Aufgabe fällt allein dem Berichtersteller zu, da ihm der Gesetzgeber für die Gestaltung des Druckberichts einen großen Spielraum gewährt, durch den der Bericht in weiten Teilen auf die Interessen des Unternehmens zugeschnitten werden kann.

Grundsätzlich bieten sich zwei Ansätze zur Strukturierung des Druckberichts an, zum einen die inhaltliche, zum anderen eine formale Abgrenzung der Berichtsteile. Aufgrund der sich z.T. ergänzenden und aufeinander aufbauenden Inhalte

259 In 43 der 74 untersuchten Berichte. Vgl. Anhang: Tabelle 11, Seite 165.

260 Vgl. Seite 80.

der einzelnen Komponenten des Druckberichts, kommt es partiell zu einer inhaltlichen Überschneidung. Dadurch wird im wesentlichen die rein inhaltliche Abgrenzung, die sich bereits aus der Information selbst ergeben würde, unmöglich gemacht. Der Berichtersteller hat vielmehr die einzelnen Berichtsbestandteile formal voneinander abzugrenzen. Dies kann z.B. durch Überschriften, unterschiedliche Papierfarben und -arten, abweichendes Layout u.ä. geschehen. Zu beachten ist, daß die notwendige Klarheit und Übersichtlichkeit der Berichterstattung nur erreicht werden kann, wenn die formale Abgrenzung in Form einer eindeutigen Blockbildung vollzogen wird. Die Zuordnung durch Kennzeichnung einzelner Angaben in einem fortlaufenden Text ist zwar theoretisch denkbar, führt jedoch nicht zur notwendigen Klarheit der Berichterstattung. Vielmehr sind Angaben, die einem bestimmten Berichtsteil zugeordnet werden sollen, geschlossen in einem Block darzustellen.

Die Abgrenzung der einzelnen Berichtsteile kann außerdem durch deren Anordnung nachhaltig unterstützt werden. Dies gilt insbesondere, wenn die i.S.d. §§ 316 ff. HGB prüfungspflichtigen Bestandteile - Jahresabschluß und Lagebericht - am Beginn des Druckberichts erscheinen, daran sich der Bestätigungsvermerk sowie die übrigen Pflichtbestandteile anschließen und schließlich der Druckbericht durch den geblockten freien Teil vervollständigt wird. Ein solcher Aufbau verdeutlicht nicht nur die Grenze zwischen der Pflichtberichterstattung einerseits und der freiwilligen Publizität andererseits, er unterstützt außerdem die korrekte Beurteilung der Reichweite des Bestätigungsvermerks. Gerade der zweite Aspekt ist für die Einschätzung des Druckberichts durch Interessenten mit geringerem Hintergrundwissen von großer Bedeutung. In der Berichtspraxis wird ein derart konsequenter Aufbau jedoch nicht praktiziert.

Grenzt der Berichterstatter die einzelnen Elemente des Druckberichts nicht ab oder ordnet er Angaben den falschen Berichtsteilen zu, greift die Pflicht zur Prüfung nach der strengeren Norm. Demnach unterliegt die nicht bzw. fehlerhaft zugeordnete Angabe immer der strengeren, der für die tangierten Berichtsteile geltenden Prüfungspflichten. Hinsichtlich der Offenlegungspflichten ist analog vorzugehen, dort gilt die Pflicht zur umfangreicheren Publizität. Diese Problematik taucht insbesondere bei Querverweisen zwischen Komponenten des Druckberichts auf, die unterschiedlichen Prüfungs- und Offenlegungspflichten unterliegen.

Bei der Beurteilung der Frage, ob eine falsche Zuordnung bestimmter Angaben vorliegt, sind inhaltliche Gesichtspunkte von entscheidender Bedeutung. Es ist inhaltlich zu prüfen, ob Angaben, die der Gesetzgeber bestimmten Berichtsteilen zugeordnet hat, auch unter diesem Abschnitt erscheinen. Werden sie in einem anderen Berichtsteil eingestellt, sind sie entsprechend umzuqualifizieren. Es zeigt sich demnach, daß eine eindeutige formale Zuordnung nicht in jedem Fall ausreicht. Sie bildet zwar die notwendige Voraussetzung für eine klare und übersichtliche Berichterstattung, ist jedoch anhand der inhaltlichen Vorgaben des Gesetzgebers - dem Mindestinhalt der einzelnen Pflichtbestandteile - zu überprüfen. Schwieriger wird diese Aufgabe durch den sich z.T. überschneidenden Inhalt einzelner Berichtsteile sowie die umfangreichen Möglichkeiten, freiwillige Angaben in den Druckbericht aufzunehmen. Erschwert wird die Entscheidung über eine korrekte Zuordnung außerdem durch die Bezugnahme auf den true and fair view, die im Bestätigungsvermerk zum Ausdruck kommt. Demnach ist zu testieren, ob der Jahresabschluß ein den tatsächlichen Verhältnissen entsprechendes Bild der Vermögens-, Finanz- und Ertragslage vermittelt.[261] Die Entscheidung darüber, ob dazu eine neue Abgrenzung einzelner Angaben vorzunehmen ist, die von der ursprünglichen Zuordnung des berichterstattenden Unternehmens abweicht, ist schwierig und nur nach Kenntnis des gesamten Druckberichts möglich. Im Zweifel ist die Abgrenzung des Berichterstellers maßgebend.

---

261 Vgl. § 322 Abs. 1 S. 3 HGB.

III. Zur Frage der Prüfungspflicht für den freien Teil

Bei den bisherigen Ausführungen wurde unterstellt, daß sich die handelsrechtliche Prüfungspflicht und der Prüfungsumfang gemäß §§ 316, 317 HGB grundsätzlich auf den Jahresabschluß und den Lagebericht beschränkt. Dies ist auch die einhellig in der Literatur vertretene Meinung. Danach ist der freie Teil nicht zu prüfen, soweit er klar von den prüfungspflichtigen Komponenten des Druckberichts abgegrenzt ist.[262] Andererseits gibt es Stimmen, die klarstellen, daß die im freien Teil erscheinenden Angaben das durch die Pflichtbestandteile gezeichnete korrekte Bild des Unternehmens nicht verfälschen dürfen, auch wenn sie eindeutig abgegrenzt sind. Es darf nicht zu einem Widerspruch zwischen den Pflichtangaben und dem freien Teil kommen.[263] Die Gestaltung der heutigen Druckberichte birgt jedoch genau diese Gefahr in sich. Durch die Möglichkeit der Aufnahme umfangreicher, werbender Darstellungen, die den Druckbericht u.U. dominieren, kann versucht werden, die ggf. in den Pflichtbestandteilen enthaltenen negativen Aussagen zur wirtschaftlichen Situation des Unternehmens zu überspielen. Die Gefahr, daß die Aussagen der Pflichtbestandteile durch diese Gestaltung konterkariert werden und es zu einer falschen Einschätzung der Unternehmenssituation kommt, ergibt sich insbesondere hinsichtlich der Interessenten, die über ein geringeres Hintergrundwissen verfügen. Sie werden sicherlich vom Eindruck, den der Druckbericht als Ganzes hinterläßt - also einschließlich der prüfungsfreien Abschnitte - weitaus mehr beeinflußt, als fachkundige Analysten. Für diese dürften weniger die aufwendig gestalteten Werbemaßnahmen interessant sein, sondern ganz bestimmte Bereiche der Zahlenwerke und die damit zusammenhängenden verbalen Erläuterungen der prüfungspflichtigen Abschnitte.

Daher stellt sich die Frage, ob der freie Teil, trotz fehlender expliziter gesetzlicher Vorgaben, in die Jahresabschlußprüfung nach §§ 316 ff. HGB einzubeziehen ist. Die Problematik gliedert sich dabei in zwei Fälle. Zum einen ist, wie

---

262 Vgl. u.a. *Biener/Berneke* (Bilanzrichtlinien-Gesetz 1986) S. 247; *Müller* (Einführung 1986) Rz. 7; *Clemm/Ellrott* (Kommentierung 1990) § 289 HGB Anm. 5; *ADS* (Rechnungslegung 1987) § 289 HGB Tz. 16 und 40.

263 Vgl. *v. Wysocki* (Aussagefähigkeit 1990) S. 268; *Clemm/Reittinger* (Lagebericht 1992) Sp. 1182; *Budde/Kofahl* (Kommentierung 1990) § 317 HGB Anm. 19; *ADS* (Rechnungslegung 1987) § 284 HGB Tz. 37 sowie § 289 HGB Tz. 16 und 97; *IDW* (WP-Handbuch 1992) F 436 ff.

in vorangegangen Abschnitten bereits angedeutet, zu untersuchen, ob aufgrund von Unkorrektheiten im Aufbau des Druckberichts bestimmte Angaben des freien Teils der Prüfung unterzogen werden müssen. Diese betrifft *einzelne Angaben*, z.B. infolge einer falschen Zuordnung.
Andererseits ist zu klären, ob der Druckbericht als ein Gesamtwerk anzusehen ist, bei dem jeder Abschnitt auf die anderen inhaltlich ausstrahlt. Diskutiert werden muß, ob es dann überhaupt möglich ist, die einzelnen Druckberichtskomponenten isoliert zu betrachten, insbesondere im Hinblick auf die Erfüllung der Generalnorm. Wird dies verneint, ist die Ausweitung der Prüfungspflicht auf den *gesamten freien Teil* zu untersuchen. Auch die in der Literatur geforderte Übereinstimmung zwischen den prüfungspflichtigen Elementen des Druckberichts und dem freien Teil enthält m.E. implizit die Aufforderung an den Prüfer, den gesamten Druckbericht - einschließlich des freien Teils - durchzusehen, da nur so ggf. existierende Abweichungen aufzudecken sind. Ob das bestehende Recht dies sanktioniert, ist ebenfalls zu diskutieren.

Ausgehend vom Wortlaut des Gesetzes wird im folgenden die von der herrschenden Meinung vertretene enge Auslegung der Prüfungspflicht und des Prüfungsumfangs dargestellt und deren Auswirkungen eingehend diskutiert. Im Anschluß daran wird untersucht, in welchen Fällen es zu einer Ausweitung der Prüfungspflicht auf einzelne Bestandteile des freien Teils kommt. Schließlich wird der Frage nachgegangen, ob bereits das geltende Recht im Rahmen einer weiten Auslegung die Prüfung des gesamten freien Teils beinhaltet und welche Konsequenzen sich für die Jahresabschlußprüfung daraus ergeben. Vorausgesetzt wird dabei, daß die einzelnen Druckberichtskomponenten formal eindeutig voneinander abgegrenzt sind.

1. Die auf der wörtlichen Auslegung der handelsrechtlichen Vorschriften basierende beschränkte Prüfungspflicht

Die handelsrechtliche Pflichtprüfung ist im HGB im dritten Unterabschnitt des dritten Buchs in §§ 316 bis 324 geregelt. Diese Bestimmungen bilden in der Literatur die Grundlage für die Beurteilung der gesetzlichen Prüfungspflicht und des Prüfungsumfangs. Die Auslegung durch die herrschende Meinung orientiert sich dabei eng am Wortlaut der Vorschriften.[264] Im folgenden soll daher untersucht werden, welche Bereiche die Prüfung nach den Formulierungen dieser Vorschriften zu erfassen hat und ob die entsprechende Argumentation der einschlägigen Kommentierung schlüssig ist. Dabei ist auch darauf einzugehen, welche Mißbrauchsmöglichkeiten sich durch eine eng gefaßte Prüfungspflicht ergeben.

a) Rechtsgrundlagen

a1) Die Regelungen der §§ 316, 317 HGB als Ausgangspunkt

a11) Enge, wörtliche Interpretation durch die herrschende Meinung

Die gesetzlichen Vorgaben zum Ausmaß der Jahresabschlußprüfung von Kapitalgesellschaften sind in §§ 316 f. HGB enthalten. Dabei regelt § 316 HGB hauptsächlich die Pflicht zur Prüfung und nennt nur die wesentlichen Prüfungsgegenstände, nämlich den Jahresabschluß und Lagebericht sowie den Konzernabschluß und Konzernlagebericht.[265] Die Einzelheiten bezüglich der Prüfungsgegenstände werden durch § 317 HGB geregelt. Demnach erstreckt sich die Prüfung auf den gesamten Jahresabschluß und ggf. Konzernabschluß, den Lagebericht und Konzernlagebericht sowie auf die jeweils zugrundeliegende Buchführung.[266] Außerdem ist die Prüfung ggf. aufgrund der Rechtsform des Unternehmens bzw. einer bestimmten Branchenzugehörigkeit auszuweiten.[267] Unabhängig von einer derartigen Erweiterung des Prüfungsgegenstandes ist es in der Kommentierung unstrittig, daß der freie Teil des Druckberichts nicht unter §§ 316 ff. HGB oder

---

264 Zur Gesetzesauslegung nach dem Wortsinn einer Vorschrift vgl. *Larenz* (Methodenlehre 1991) S. 320 ff.

265 Vgl. *Havermann* (Prüfung 1993) Sp. 1652 ff.; *Fussan* (Jahresabschluß 1986) S. 379 ff.; *Schmidt* (BeckStBH 1988) Abschn. B Rz. 19 ff.

266 Zum Gegenstand der Jahresabschlußprüfung vgl. *Forster* (Prüfung 1991) S. 443; *Glanegger/Niedner/Renkl/Ruß* (HGB 1990) § 317 HGB Tz. 2; *Wiechers* (Gegenstand 1988) S. 797 ff.; *ADS* (Rechnungslegung 1987) § 317 HGB Tz. 10; *Budde/Kofahl* (Kommentierung 1990) § 317 HGB Anm. 5 ff.

267 Vgl. die Übersichten bei *Wenzler* (Pflichtprüfungen 1992) Sp. 1396 ff.; *IDW* (WP-Handbuch 1992) D 2 ff. Vgl. auch *ADS* (Rechnungslegung 1987) § 317 HGB Tz. 24 ff.

entsprechende Regelungen in Spezialgesetzen fällt und damit ausdrücklich nicht prüfungspflichtig ist.[268] Diese *enge Auslegung* basiert strikt auf dem Wortlaut der entsprechenden Vorschriften. Inkonsequent erscheint es jedoch, wenn im gleichen Zusammenhang die Forderung aufgestellt wird, daß der nicht prüfungspflichtige freie Teil den Pflichtangaben des Druckberichts nicht widersprechen darf. Zwar ist der Forderung ohne Einschränkung zuzustimmen, da eine übereinstimmende Darstellung in den Pflichtbestandteilen einerseits und dem freien Teil andererseits zwingend notwendig ist, um eine klare und übersichtliche Berichterstattung zu gewährleisten. Dies gilt insbesondere hinsichtlich des Eindrucks, den ein Druckbericht bei einem weniger vorgebildeten Leser hinterläßt. Die Forderung nach Übereinstimmung der Berichtsteile ist jedoch im Zusammenhang mit der gleichzeitig vertretenen Auffassung der völligen Prüfungsfreiheit des freien Teils nicht schlüssig. Sie führt dazu, daß gegen das Gebot der kongruenten Berichterstattung beliebig verstoßen werden kann. Es wird nämlich die Überprüfung, ob der Inhalt der Pflichtbestandteile mit dem des freien Teils übereinstimmt, ausschließlich in die Hände des Berichterstellers gelegt. Er erhält dadurch die Möglichkeit, den freien Teil ohne Abstimmung mit dem Prüfer zu gestalten. In zahlreichen Druckberichten ist dieser Berichtsteil weitaus umfangreicher als die Pflichtbestandteile und aufgrund seines Charakteres auch regelmäßig auffälliger gestaltet.[269] Es besteht die Gefahr, daß der freie Teil dazu verwendet wird, von der eigentlichen Lage des Unternehmens abzulenken. Dessen Ausführungen können beispielsweise die ggf. für das Unternehmen negative Berichterstattung in den Pflichtbestandteilen verharmlosen oder ihr sogar widersprechen.[270] Bereits ein Übermaß an Angaben kann eine Desinformation darstellen, weshalb es nicht erlaubt ist, beliebig viele freiwillige Angaben in Jahresabschluß und Lagebericht einzustellen.[271] Diese Vorgehensweise ist jedoch aufgrund der fehlenden Prüfungspflicht für den freien Teil nur im Zusammenhang mit den Pflichtbestandteilen untersagt. Im freien Teil wird sie gleichwohl eine ähnliche Wirkung entwickeln. Verstärkt wird die Verwässerung der Aussagekraft der Pflichtbestandteile dann noch durch die Möglichkeit der unbe-

---

268 Vgl. Abschnitt B.II.1.a3), Seite 39 f.

269 Vgl. die gesamten Druckberichte von *Preussag* (Bericht 1989); *VEGLA* (Geschäftsbericht 1990); *Otto Versand* (Bericht 1990/91); *VEBA* (Geschäftsbericht 1990).

270 Vgl. *Müller* (Darstellungsformen 1986) Rz. 19.

271 Dies würde dem Grundsatz der Klarheit und Übersichtlichkeit der Berichterstattung widersprechen. Vgl. *Biener/Berneke* (Bilanzrichtlinien-Gesetz 1986) S. 247; *Reittinger* (Lagebericht 1986) Rn. 57; *Baetge/Fey/Fey* (Kommentierung 1990) § 243 HGB Rn. 35 ff.

grenzten Aufnahme von Werbung im freien Teil.[272] Die schwerwiegendsten Auswirkungen haben jedoch die umfangreichen Angaben des freien Teils, wenn sie im Widerspruch zu den Aussagen der Pflichtbestandteile stehen.

a12) Formale Erweiterung des Prüfungsumfangs auf einzelne Angaben des freien Teils bei enger Auslegung

Wie bei den Ausführungen zu den Interdependenzen der einzelnen Berichtsteile dargestellt wurde,[273] ist bereits bei enger Auslegung der §§ 316, 317 HGB i.S.d. herrschenden Meinung die Ausweitung der Prüfungspflicht auf den freien Teil unter bestimmten Voraussetzungen notwendig. Das ist der Fall, wenn bestimmte Angaben formal dem freien Teil zugerechnet werden, sie inhaltlich jedoch einem Pflichtbestandteil zuzuordnen sind. Werden beispielsweise Angaben zu Forschung und Entwicklung sowie zu den nach Schluß des Geschäftsjahres eingetretenen Vorgängen von besonderer Bedeutung nicht im Lagebericht sondern im freien Teil des Druckberichts gezeigt, ist die Lageberichtsprüfung auf diese Abschnitte des freien Teils auszuweiten.[274] Dabei handelt es sich jedoch m.E. nur um eine *formale* Ausweitung der Prüfungspflicht, nicht jedoch um eine inhaltliche. Es wird nämlich dabei unterstellt, daß dies die einzigen Angaben im Druckbericht zur betreffenden Thematik sind. In den tangierten Pflichtbestandteilen sind die notwendigen Pflichtangaben entweder überhaupt nicht oder in einem zu geringem Umfang enthalten, während die fehlenden Angaben in den freien Teil aufgenommen wurden. Die Ausführungen im freien Teil sind demnach dem gesetzlichen Mindestumfang eines Pflichtbestandteils zuzurechnen. Unter dieser Voraussetzung wird dann die Prüfungspflicht auf die betroffenen Elemente des freien Teils erweitert. Bei einer derartigen Vorgehensweise kommt es jedoch nicht zu einer echten Ausdehnung der Prüfungspflicht, sondern nur zu einer Umqualifizierung bestimmter Angaben des freien Teils zu Komponenten der Pflichtbestandteile. Die betroffene Angabe wird z.B. Teil des Anhangs oder

---

272 Vgl. zur grundsätzlich unbeschränkten Möglichkeit der Aufnahme beliebiger Angaben in den freien Teil Abschnitt B.II.1.c3), Seite 47 f.

273 Vgl. Abschnitt B.II.2.c), Seite 62 ff.

274 Vgl. *Budde/Kofahl* (Kommentierung 1990) § 317 HGB Anm. 19; *ADS* (Rechnungslegung 1987) § 289 HGB Tz. 18. Vgl. auch Abschnitt B.II.2.c21), Seite 69 ff.

Lageberichts. Demnach erstreckt sich der eigentliche Prüfungsumfang nach wie vor nur auf die Pflichtbestandteile. Damit verbunden sind die Vorlage- und Auskunftspflichten des berichterstattenden Unternehmens, die auch die umqualifizierten Angaben erfassen. Der Prüfer hat somit Anspruch auf Vorlage der betroffenen Komponenten des freien Teils.

Die Prüfung der Übereinstimmung sich ergänzender Abschnitte in den Pflichtbestandteilen einerseits und dem freien Teil andererseits ist dagegen nicht möglich, soweit die Anforderungen an die Mindestberichterstattung in den Pflichtbestandteilen erfüllt sind. Ebensowenig ist es möglich, den gesamten freien Teil auf seine Kongruenz zu den Pflichtbestandteilen zu untersuchen. Die der herrschenden Meinung entsprechende enge Auslegung der §§ 316, 317 HGB deckt nur die *formale* Ausweitung der Prüfungspflicht auf die fehlerhaft zugeordneten Pflichtangaben. Eine *materielle* Prüfungserweiterung auf den freien Teil besteht nicht.

Die Praktikabilität einer derartigen Vorgehensweise dürfte jedoch gering sein. Der Prüfer hat zunächst die Pflichtbestandteile in der ihm vorgelegten ursprünglichen Form darauf zu untersuchen, ob alle Pflichtangaben enthalten sind und ob deren Umfang die notwendige Mindestinformation gewährleistet. Nur falls dies zu verneinen ist, hat er die Möglichkeit, das berichterstattende Unternehmen zur Vorlage der Abschnitte des freien Teils aufzufordern, die die fehlenden bzw. lückenhaften Mindestangaben der Pflichtbestandteile betreffen. Ein Anspruch auf Einsichtnahme in den gesamten freien Teil besteht dabei nicht, da die grundsätzliche Prüfungsfreiheit für den freien Teil durch die Umqualifizierung einzelner Angaben nicht betroffen wird. Diese gezielte Prüfung einzelner Bestandteile des freien Teils wird i.d.R. kaum durchführbar sein, da zunächst von den Pflichtbestandteilen in der ursprünglichen Fassung auszugehen ist. Ohne Kenntnis der zusammengehörenden Berichtsteile in Pflichtbestandteilen einerseits und freiem Teil andererseits wird der Prüfer nur in extremen Fällen zu dem Ergebnis einer mangelhaften Berichterstattung kommen, etwa bei gänzlich fehlenden gesetzlichen Mindestangaben. Ist dies der Fall, wird es regelmäßig sinnvoller sein, eine gezielte Ergänzung des entsprechenden Pflichtbestandteils zu fordern, als zu versuchen, einzelne Elemente des freien Teils umzugruppieren. Die Forderung des Prüfers nach einer Ergänzung hat den Vorteil, daß die entsprechende Passage von vorn herein dem Pflichtbestandteil eindeutig zugeordnet wird. Erfolgt dagegen eine Umqualifizierung von Angaben des freien Teils, hat zusätzlich eine entsprechende Umstrukturierung innerhalb der betroffenen Druckberichtsabschnitte zu erfolgen, um die notwendige klare Abgrenzung der einzelnen Teile zu gewährleisten.

Trotz der evtl. notwendigen formalen Erweiterung der Prüfungspflicht auf einzelne Elemente des freien Teils bleibt festzuhalten, daß sich allein aus dem Wortlaut der Regelungen zu Pflicht und Umfang der Prüfung nach §§ 316, 317 HGB eine Rechtsgrundlage für die materielle Prüfung des gesamten Druckberichts nicht ergibt, da die Bestimmungen ausdrücklich auf den Jahresabschluß und Lagebericht[275] abstellen. Soweit ist der h.M. zuzustimmen. Es ist jedoch noch zu untersuchen, ob aus der wörtlichen Auslegung anderer handelsrechtlicher Bestimmungen eine Erweiterung der Prüfungspflicht resultiert.

a2) Zur Frage der Ausweitung des Prüfungsumfangs durch die gesetzlichen Vorlage- und Auskunftspflichten

Als mögliche Rechtsgrundlage für die Erweiterung der Prüfungspflicht auf den freien Teil kommen zunächst die in § 320 HGB kodifizierten Regelungen über die Vorlagepflichten des geprüften Unternehmens und die Auskunftsrechte des Prüfers in Frage. Demnach sind die gesetzlichen Vertreter der berichterstattenden Gesellschaft verpflichtet, den Jahresabschluß und den Lagebericht unverzüglich nach Aufstellung dem Prüfer vorzulegen.[276] Darüberhinaus hat er das Recht, alle zugrundeliegenden Bücher und Schriften sowie die Vermögensgegenstände und Schulden zu prüfen.[277] Außerdem kann er von den gesetzlichen Vertretern alle für die Prüfung notwendigen Aufklärungen und Nachweise fordern.[278]

Adler/Düring/Schmaltz gehen davon aus, daß der freie Teil im Rahmen des § 320 HGB dem Prüfer vorzulegen ist, damit dieser ihn auf die Übereinstimmung mit den Pflichtbestandteilen hin überprüft.[279] Eine direkte Vorlagepflicht, wie sie

---

275 Ausdrücklich genannt sind außerdem der Konzernabschluß und der Konzernlagebericht.

276 Vgl. § 320 Abs. 1 S. 1 HGB.

277 Vgl. § 320 Abs. 1 S. 2 HGB.

278 Vgl. § 320 Abs. 2 HGB. Für die Prüfung des Konzernabschlusses ergeben sich die entsprechenden Vorlage- und Auskunftspflichten aus § 320 Abs. 3 HGB.

279 Vgl. *ADS* (Rechnungslegung 1987) § 289 HGB Tz. 98.

hier gefordert wird, läßt sich jedoch m.E. aus § 320 HGB nicht ableiten.[280] Die Vorlage- und Auskunftspflichten knüpfen nämlich unmittelbar an die Prüfungspflicht und den Prüfungsumfang nach §§ 316, 317 HGB an. Erst die Informationsrechte ermöglichen es dem Abschlußprüfer, eine sorgfältige Prüfung durchzuführen.[281] Die Vorlage- und Auskunftspflichten sind demnach Ausfluß der Prüfungspflicht nach § 316 HGB und beziehen sich ausschließlich auf die Prüfungsgegenstände i.S.d. §§ 316, 317 HGB. Diese beiden Vorschriften bestimmen Zweck, Gegenstand und Umfang der Abschlußprüfung, die wiederum die Grenze für die Informationspflichten des berichterstattenden Unternehmens darstellen.[282] Zwar sind die Informationspflichten in diesem Zusammenhang sehr weit auszulegen,[283] eine weitergehende Prüfungspflicht wird durch die Regelung des § 320 HGB jedoch nicht begründet. Nur das, was für eine ordnungsgemäße und sorgfältige Prüfung notwendig ist, wird erfaßt. Folgt man der engen Auslegung der §§ 316, 317 HGB durch das Schrifttum, kann der freie Teil nicht unter die Vorlage- und Auskunftspflichten des § 320 HGB fallen. Wird dieser Abschnitt ausdrücklich aus der Prüfungspflicht herausgenommen, kann er nicht gleichzeitig Bestandteil einer ordentlichen Prüfung sein und dessen Vorlage zur notwendigen Voraussetzung für die korrekte Prüfungsdurchführung erklärt werden. Aus diesem Grund ist es nicht möglich, den freien Teil unter die vorlagepflichtigen Berichtsteile des § 320 Abs. 1 HGB zu subsumieren. Ein Auskunftsrecht des Abschlußprüfers, das sich auf den freien Teil erstreckt, existiert unter diesen Voraussetzungen ebenfalls nicht.

---

280 Ob ggf. aufgrund einer außerhalb von §§ 316 ff. HGB liegenden Prüfungspflicht eine *indirekte* Vorlagepflicht für den freien Teil nach § 320 HGB greift, wird in Abschnitt B.III.2.b1), Seite 132 f. untersucht.

281 Vgl. *ADS* (Rechnungslegung 1987) § 320 HGB Tz. 1; *Baetge/Göbel* (Kommentierung 1990) § 320 HGB Rn. 2 f.; *Sarx* (Kommentierung 1990) § 320 HGB Anm. 1 und 4; *Grewe* (Kommentierung 1986) § 320 HGB Rz. 10.

282 Vgl. *Grewe* (Kommentierung 1986) § 320 HGB Rz. 10.

283 Vgl. *Jacobs* (Auskunftsrechte 1992) Sp. 132 ff.; *Sarx* (Kommentierung 1990) § 320 HGB Anm. 6; *Baetge/Göbel* (Kommentierung 1990) § 320 HGB Rn. 10 ff.

a3) Der durch den Wortlaut des Bestätigungsvermerks abgedeckte Prüfungsumfang

Analog zu den Auskunfts- und Vorlagepflichten stellt sich bezüglich des Bestätigungsvermerks gemäß § 322 HGB die Frage, auf welche Bereiche er sich erstreckt. Würde der freie Teil des Druckberichts durch das Testat mit abgedeckt, könnte das die Prüfungspflicht für diesen Abschnitt bedeuten.

Der Bestätigungsvermerk gibt das Gesamturteil des Abschlußprüfers im Rahmen der handelsrechtlichen Pflichtprüfung nach §§ 316, 317 HGB wieder.[284] Der sachliche Geltungsbereich beschränkt sich, analog zu den Vorlage- und Auskunftspflichten, auf den durch diese beiden Vorschriften vorgegebenen Prüfungsumfang, was durch die Formulierung des Vermerks zum Ausdruck kommt.[285] Es wird bestätigt, daß die Buchführung und der Jahresabschluß[286] den gesetzlichen Vorschriften und dem true and fair view entsprechen. Außerdem wird attestiert, daß der Lagebericht mit dem Jahresabschluß in Einklang steht. Explizit wird dabei auf den Jahresabschluß und den Lagebericht sowie die zugrundeliegende Buchführung abgestellt. Dies zeigt die direkte Verbindung zum Prüfungsumfang, wie er in §§ 316, 317 HGB festgelegt ist. Auffällig ist dagegen der ausdrückliche Bezug auf den true and fair view. Da sich der Verweis wiederum auf den Jahresabschluß bezieht, kommt es zu einer Doppelbestätigung der Generalnorm. Dies hat jedoch keine Auswirkung auf die rechtliche Tragweite des Bestätigungsvermerks.[287] Das Testat stellt demnach ausschließlich die formelhafte Zusammenfassung des Ergebnisses der handelsrechtlichen Abschlußprüfung dar, deren Inhalt durch §§ 316 f. HGB vorgegeben ist. Eine Erweiterung des Prüfungsumfangs auf den freien Teil aufgrund der Formulierungen des Bestätigungsvermerks ist daher nicht denkbar, da dieser Abschnitt, folgt man der von der

---

284 Vgl. *Siepe* (Bestätigungsvermerk 1991) S. 54 ff.; *Goerdeler* (Bestätigungsvermerk 1993) Sp. 133; *Sarx* (Kommentierung 1990) § 322 HGB Anm. 5; *Pfleger* (Prüfung 1990) Tz. 54 ff.; *Schulze-Osterloh* (Bestätigungsvermerk 1987) S. 356.

285 *Gmelin/Weber* (Prüfungsaufgaben 1988) S. 309 und 311 ff.; *Herrmann* (Kommentierung 1989) § 322 HGB Rdn. 1; *Scherrer* (Prüfung 1992) Rz. 100 ff.

286 Bzw. der Konzernabschluß und Konzernlagebericht. Die nachfolgenden Ausführungen gelten für diese Berichtsteile analog.

287 Vgl. *Breycha/Schäfer* (Kommentierung 1990) § 322 HGB Rn. 7; *Grewe* (Kommentierung 1986) § 322 HGB Rz. 17; *Schülen* (Grundsätze 1986) Rz. 39; *ADS* (Rechnungslegung 1987) § 322 HGB Tz. 7.

herrschenden Meinung vertretenen Argumentation, aus der Prüfungspflicht nach § 316 HGB ausdrücklich ausgenommen ist.[288]

Offen bleibt jedoch, inwieweit der freie Teil des Druckberichts für die Erfüllung der Generalnorm, die unstrittig von der Prüfungspflicht nach § 316 HGB erfaßt wird, von Bedeutung ist und sich damit ggf. indirekt auf den Prüfungsumfang auswirkt. Dieser Frage soll im Zusammenhang mit der weiten Auslegung der Regelungen zur Prüfungspflicht nachgegangen werden.[289]

b) Auswirkungen einer engen Interpretation der Prüfungspflicht

Die von der herrschenden Meinung vertretene enge Auslegung der Prüfungspflicht und des Prüfungsumfangs nach §§ 316, 317 HGB geht strikt davon aus, daß der freie Teil keiner gesetzlichen Prüfungspflicht unterliegt. Wie bereits dargestellt, wird gleichzeitig die Forderung erhoben, daß der freie Teil den Pflichtbestandteilen des Druckberichts nicht widersprechen darf. Eine derartige Forderung, so plausibel sie auch sein mag, ist nur dann sinnvoll, wenn sie einerseits überprüft wird und andererseits mit Sanktionen belegt werden kann, um ihre Einhaltung im Zweifel durchzusetzen. Im folgenden soll daher diskutiert werden, ob die Forderung nach übereinstimmender Berichterstattung durchzusetzen ist, wenn die Forderung nach einer auf den freien Teil ausgedehnten Prüfungspflicht - entsprechend der herrschenden Meinung - abgelehnt wird.

b1) Die nur zufällige Aufdeckung von Diskrepanzen

Wird unterstellt, daß der freie Teil die - korrekten - Pflichtbestandteile verfälscht, diese jedoch einschließlich des Bestätigungsvermerks einwandfrei veröffentlicht werden, ist die Aufdeckung einer irreführenden Berichterstattung dem Zufall überlassen. Eine Prüfung des freien Teils vor Veröffentlichung des Druckberichts ist durch die grundlegenden engen Annahmen der h.M. zur

288 Zur fehlenden expliziten Prüfungspflicht für den freien Teil vgl. Abschnitt B.II.1.a3), Seite 39 f.

289 Vgl. Abschnitt B.III.2.a12), Seite 110 ff.

Prüfungspflicht von vornherein ausgeschlossen. Der Prüfer besitzt im Zweifel nicht das Recht, die Einsichtnahme in den freien Teil zu fordern. Eine abweichende Darstellung der Unternehmenssituation in den Pflichtbestandteilen einerseits und dem freien Teil andererseits kann demnach nur festgestellt werden, wenn der Berichtersteller von sich aus den gesamten Bericht dem Prüfer zur Durchsicht zur Verfügung stellt. Unterstellt man eine bewußt abweichende Berichterstattung im freien Teil, wird man kaum erwarten können, daß das berichterstattende Unternehmen den gesamten Bericht prüfen läßt. Wird der Druckbericht tatsächlich dem Prüfer lückenlos vorgelegt, taucht außerdem die Frage auf, ob es sich dann um eine freiwillige Erweiterung des Prüfungsauftrags handelt, die u.U. dem Prüfer gesondert zu honorieren ist.[290] Auch dies läßt die freiwillige Überprüfung des freien Teils als wenig vorstellbar erscheinen.

Für eine nachträgliche Analyse der veröffentlichten Druckberichte besteht ebenfalls keine Rechtsgrundlage, wenn die Prüfungspflicht auf die Pflichtbestandteile eingegrenzt wird. Nach dem Fachgutachten 1/1953 i.d.F. 1990 des *IDW* ist der Abschlußprüfer nicht einmal verpflichtet, nachzuprüfen, "... ob der von ihm geprüfte Jahresabschluß unter Beachtung der Vorschriften der §§ 325 ff. HGB veröffentlicht wird."[291] Eine weitergehende, sich auf den freien Teil erstreckende Prüfung nach der Veröffentlichung des Druckberichts läßt sich daraus jedenfalls nicht ableiten. Wird die Prüfungspflicht im Rahmen der Jahresabschlußprüfung negiert, kann im Zusammenhang mit der Offenlegung nicht plötzlich ein derartiger Anspruch aufgestellt werden. Die Aufdeckung der irreführenden Berichterstattung kann demnach nur beiläufig geschehen, etwa durch den Hinweis eines Lesers. Dies trägt sicherlich nicht dazu bei, der Forderung nach einer widerspruchsfreien Berichterstattung Nachdruck zu verleihen.

290 Zur Erweiterung des Prüfungsauftrages vgl. *Bühner* (Prüfungsauftrag 1992) Sp. 1490 ff.; *Schedlbauer* (Prüfungen 1992) Sp. 1484 ff.

291 *IDW* (FG 1/1953 i.d.F. 1990) S. 5.

b2) Pflicht des Prüfers zur Klärung aufgedeckter Widersprüche des Druckberichts

Vor dem Hintergrund der hier unterstellten Prüfungsfreiheit des freien Teils sowie der damit verbundenen eher geringen Chance zur Aufdeckung einer irreführenden Berichterstattung, ist zunächst grundsätzlich zu klären, ob es überhaupt in den Aufgabenbereich des Prüfers fällt, einer widersprüchlichen Berichterstattung im Druckbericht nach deren Aufdeckung nachzugehen. Die zentrale Forderung des Fachgutachtens 1/1953 i.d.F. 1990 des *IDW* an den Prüfer ist die Verpflichtung darauf zu achten, "daß das Vertrauen auf seinen Bestätigungsvermerk nicht leidet."[292] Zwar bezieht sich das Fachgutachten unmittelbar nur auf einen Verstoß gegen die Offenlegungspflichten nach §§ 325 bis 328 HGB. Bei der hier zugrundegelegten Annahme der korrekten Veröffentlichung der Pflichtbestandteile einschließlich des Bestätigungsvermerks liegt ein derartiger Verstoß nicht vor. Dennoch wird der Bestätigungsvermerk durch eine abweichende Berichterstattung des freien Teils tangiert. Der Leser stößt nämlich auf Diskrepanzen im Druckbericht und kann nicht nachvollziehen, wo der Fehler liegt, im testierten Berichtsteil oder im freien Teil. Um den Vertrauensschutz hinsichtlich des Bestätigungsvermerks zu gewährleisten, hat der Prüfer deshalb, in entsprechender Anwendung der durch die Fachgutachten vorgegebenen Grundsätze, den Diskrepanzen im Druckbericht nachzugehen.[293] Er hat die Geschäftsleitung und ggf. das Aufsichtsorgan aufzufordern, die Abweichungen richtig zu stellen.[294] Die Form der Richtigstellung ergibt sich dabei aus der Bedeutung der Diskrepanz. Je gravierender die Widersprüche sind, um so deutlicher hat die Korrektur zu erfolgen. Dies kann von der Publizierung eines berichtigenden Hinweises bis hin zur erneuten Veröffentlichung des gesamten Druckberichts mit korrigiertem Inhalt reichen.[295]

---

292 *IDW* (FG 1/1953 i.d.F. 1990) S. 5.

293 Vgl. in entsprechender Anwendung *IDW* (FG 3/1988) Abschnitt B; *IDW* (FG 1/1953 i.d.F. 1990) S. 5. Danach hat der Abschlußprüfer ihm bekanntgewordenen Abweichungen bei der Veröffentlichung des Jahresabschlusses und Lageberichts in geeigneter Form zu begegnen.

294 Vgl. *ADS* (Rechnungslegung 1987) § 328 HGB Tz. 112; *IDW* (WP-Handbuch 1992) O 459.

295 Vgl. *Müller* (Kommentierung 1990) § 328 HGB Rn. 3; *Kropff* (Kommentierung 1973) § 178 AktG Anm. 8; *Sarx* (Kommentierung 1990) § 328 HGB Anm. 24; *ADS* (Rechnungslegung 1987) § 328 HGB Tz. 106 ff., insbes. Tz. 113.

b3) Fehlende Sanktionsmöglichkeiten im Falle der Aufdeckung von Diskrepanzen

Auch wenn Diskrepanzen der Berichterstattung ermittelt werden und der Prüfer das Unternehmen zur Richtigstellung auffordert, stellt sich die Frage, ob Sanktionsmöglichkeiten zur Verfügung stehen, um die Korrektur der irreführenden Berichterstattung zu erzwingen, oder ob es im Belieben des Unternehmens steht, die Abweichungen zu korrigieren.

Das naheliegendste Mittel um einer divergierenden Berichterstattung seitens des Unternehmens entgegenzutreten, ist die gesetzlich kodifizierte Berichterstattung des Prüfers. Fordert er das Unternehmen auf, die aufgedeckten Widersprüche zu korrigieren und kommt es dieser Anweisung nicht nach, könnte der Prüfer theoretisch diesen Vorgang dem Aufsichtsorgan der Gesellschaft mit Hilfe des Prüfungsberichts nach § 321 HGB zur Kenntnis bringen oder bei schwerwiegenden Fällen den Bestätigungsvermerk gemäß § 322 Abs. 3 HGB einschränken. Derartige Maßnahmen sind jedoch nicht zulässig, da der Prüfungsbericht und das Testat nur das Ergebnis der Jahresabschlußprüfung wiedergeben und damit an die Pflicht zu Prüfung anknüpfen.[296] Wird die Prüfungspflicht für den freien Teil ausdrücklich negiert, können darin enthaltene Widersprüche nicht zu einer negativen Berichterstattung über die ausdrücklich prüfungspflichtigen Bestandteile des Druckberichts führen. Insofern scheiden derartige Schritte zur Verhinderung von Diskrepanzen unter der Voraussetzung der engen Auslegung der Prüfungspflicht aus. Zu untersuchen ist jedoch, ob andere Sanktionsmöglichkeiten bestehen.

Zunächst ist die Anwendbarkeit der Straf-, Bußgeld- und Zwangsgeldvorschriften zu prüfen, die im sechsten Unterabschnitt des HGB kodifiziert sind. Dabei regeln §§ 331 bis 333 HGB die Sanktionen für Straftaten, § 334 HGB diejenigen für Ordnungswidrigkeiten sowie § 335 HGB die Möglichkeit der Festsetzung von Zwangsgeldern durch das Registergericht. Die das berichterstattende Unternehmen betreffenden Strafandrohungen sind in §§ 331 und 334 f. HGB enthalten. Unabhängig von den unterschiedlichen Zielsetzungen der einzelnen Sanktionen ist davon auszugehen, daß, unter der Voraussetzung der Ablehnung einer Prü-

---

296 Vgl. die Ausführungen zur Ablehnung der Regelungen zum Bestätigungsvermerk als Rechtsgrundlage für eine erweiterte Prüfung, die auf den Prüfungsbericht nach § 321 HGB analog anwendbar sind; Abschnitt B.III.1.a3), Seite 96 f. Vgl. auch *v. Wysocki* (Grundlagen 1988) S. 299 f.; *Grewe* (Kommentierung 1986) § 322 HGB Rz. 1 f.; *Gmelin* (Prüfungsbericht 1991) S. 450; *Herrmann* (Kommentierung 1989) § 322 HGB Rdn. 1.

fungspflicht für den freien Teil, die Anwendung der handelsrechtlichen Sanktionsvorschriften ausgeschlossen ist. Die Strafvorschriften greifen nämlich nur bei Verstößen gegen die durch §§ 242 bis 329 HGB vorgegebenen Verpflichtungen. Unterstellt man, daß die Rechnungslegungsvorschriften unmittelbar und mittelbar nur die Pflichtbestandteile betreffen und demnach Inhalt und Form des freien Teils keinen gesetzlichen Regelungen unterliegt, können auch die entsprechenden gesetzlichen Strafvorschriften weder unmittelbar noch analog auf den freien Teil anwendbar sein. Wird die Prüfungspflicht für den freien Teil negiert, hat ein Unternehmen, das gegen die "Verpflichtung" zur widerspruchsfreien Berichterstattung im Druckbericht verstößt, keine *öffentlich-rechtlichen* Sanktionen zu fürchten.

Kommt es zu einer nach §§ 325 bis 328 HGB unzulässigen Veröffentlichung der Pflichtbestandteile, steht dem Prüfer ein *zivilrechtlicher* Anspruch auf Unterlassung bzw. Richtigstellung gegenüber dem berichterstattenden Unternehmen zu.[297] Dieser ergibt sich aus dem Prüfungsauftrag, der gemäß § 318 Abs. 1 Satz 4 HGB nach der Wahl des Abschlußprüfers durch die Gesellschafter von den gesetzlichen Vertretern der Gesellschaft unverzüglich zu erteilen ist. Dabei handelt es sich um einen gegenseitigen Vertrag der entgeltlichen Geschäftsbesorgung nach § 675 BGB,[298] der nach h.M. regelmäßig in Form eines Werkvertrags gemäß § 631 BGB vorliegt.[299] Zu diskutieren ist, ob ein derartiger zivilrechtlicher Anspruch auch im Hinblick auf die Forderung nach einer kongruenten Berichterstattung im Druckbericht besteht. Maßgebend ist der im Einzelfall erteilte Auftrag. Lautet dieser auf die Durchführung der handelsrechtlichen Jahresabschlußprüfung und damit auf die Erstellung des Prüfungsberichts und die Erteilung des Bestätigungsvermerks, ist wiederum die Auslegung des gesetzlichen Prüfungsumfangs von entscheidender Bedeutung. Schließt der Prüfer den freien Teil von der gesetzlichen Prüfungspflicht aus, wird er sich später nicht auf

297 Vgl. *IDW* (FG 1/1953 i.d.F. 1990) S. 5; *ADS* (Rechnungslegung 1987) § 317 HGB Tz. 86 sowie § 328 HGB Tz. 111.

298 Vgl. *IDW* (WP-Handbuch 1992) A 262.

299 Es ist jedoch dabei umstritten, ob es sich um einen Dienstvertrag, einen Werkvertrag oder um ein "Vertragsverhältnis besonderer Art" handelt. Die h.M. tendierte bisher zu einem Werkvertrag; vgl. *Baumbach/Hueck* (Aktiengesetz 1968) § 163 AktG Tz. 3; *Claussen* (Kommentierung 1971) § 163 AktG Anm. 14; *Godin/Wilhelmi* (Aktiengesetz 1971) § 163 HGB Anm. 3. Die neuere Literatur geht dagegen von einem Vertragsverhältnis besonderer Art aus; vgl. *Sarx/Marquard* (Kommentierung 1990) § 318 HGB Anm. 14; *Grewe* (Kommentierung 1986) § 318 HGB Rz. 26; *ADS* (Rechnungslegung 1987) § 318 HGB Tz. 102.

den Auftrag als Rechtsgrundlage für einen zivilrechtlichen Anspruch auf Richtigstellung irreführender Angaben im freien Teil berufen können. Ein derartiger Anspruch ist nur denkbar, wenn die Prüfung des freien Teils explizit zum Bestandteil des Prüfungsauftrags gemacht wird, was jedoch hier nach der zugrundegelegten Interpretation der Prüfungspflicht nicht zutrifft. Im Falle der engen Auslegung der §§ 316, 317 HGB ist daher weder ein öffentlich-rechtlicher noch ein zivilrechtlicher Anspruch auf widerspruchsfreie Berichterstattung im Druckbericht gegeben.

Kommt das berichterstattende Unternehmen der Aufforderung zur Berichtigung einer abweichenden Darstellung im freien Teil nicht nach, kann der Prüfer nur durch eine eigene Richtigstellung den Vertrauensschutz hinsichtlich seines Bestätigungsvermerks gewährleisten.[300] Ein derartiges Vorgehen ist wohl berufsrechtlich zulässig ggf. sogar notwendig, hinsichtlich seiner Praktikabilität und Wirkungsweise jedoch eher fragwürdig. Die Forderung nach einer widerspruchsfreien Berichterstattung im gesamten Druckbericht erscheint daher inhaltsleer.

c) Zwischenergebnis

Folgt man der in der Literatur durchgängig vertretenen Auffassung, erstreckt sich die Pflicht und der Umfang der handelsrechtlichen Jahresabschlußprüfung auf den Jahresabschluß und Konzernabschluß, den Lagebericht und Konzernlagebericht sowie auf die diesen Berichtsteilen zugrundeliegende Buchführung. Der freie Teil des Druckberichts fällt nicht unter die Prüfungspflicht. Diese *enge Auslegung* orientiert sich unmittelbar am Wortlaut der §§ 316, 317 HGB und basiert auf der Entstehungsgeschichte der betroffenen Vorschriften. Sie bilden die Grundlage für Inhalt und Umfang der Abschlußprüfung. Die übrigen Vorschriften des die Prüfung regelnden dritten Unterabschnitts im dritten Buch des HGB führen nicht zu einer Erweiterung des Prüfungsumfangs. Dies gilt insbesondere für die Vorlage- und Auskunftspflichten nach § 320 HGB sowie für den Bestätigungsvermerk gemäß § 322 HGB, die ihre Grenzen in Zweck, Gegenstand und Umfang der Jahresabschlußprüfung finden, wie sie durch §§ 316, 317 HGB vorgegebenen sind.

---

300 Vgl. in entsprechender Anwendung *ADS* (Rechnungslegung 1987) § 328 HGB Tz. 113.

Die gezielte Erweiterung der Prüfungspflicht auf *einzelne Elemente* des freien Teils bei mangelhafter Berichterstattung in den Pflichtbestandteilen ist jedoch auch im Rahmen der engen Auslegung des durch §§ 316, 317 HGB vorgegebenen Prüfungsumfangs abgedeckt. Dies ist der Fall, wenn gesetzlich geforderte Mindestangaben nicht in den Pflichtbestandteilen sondern im freien Teil enthalten sind. Dabei handelt es sich allerdings nicht um eine "echte" Prüfungserweiterung, sondern um die Umqualifizierung von Informationen im freien Teil zu Komponenten der Pflichtbestandteile. Die Aussagen stellen Teile der prüfungspflichtigen Abschnitte des Druckberichts dar und sind nur falsch ausgewiesen. Wie jedoch der Prüfer auf derartige Angaben aufmerksam werden kann, wenn gleichzeitig die Prüfungspflicht für den freien Teil negiert wird, bleibt offen. Es besteht nämlich kein Recht auf Einsichtnahme in einen Abschnitt, der nicht der Prüfungspflicht unterliegt. Die Praktikabilität einer derartigen Vorgehensweise dürfte daher gering sein. Außerdem ist die Prüfung der Übereinstimmung sich ergänzender Teile in den Pflichtbestandteilen einerseits und dem freien Teil andererseits nicht möglich, soweit die Anforderungen an die Mindestberichterstattung in den Pflichtbestandteilen erfüllt sind. Ebensowenig ist es möglich, den gesamten freien Teil auf seine Plausibilität in bezug auf die übrige Berichterstattung zu untersuchen. Dies wird durch die von der h.M. vertretene Auffassung der fehlenden Prüfungspflicht für den freien Teil verhindert. Auch eine Kontrolle nach der Veröffentlichung ist nicht notwendig, da es nicht zu den Aufgaben des Prüfers gehört, die Veröffentlichung der Unterlagen nach §§ 325 ff. HGB zu überwachen.

Somit bleibt die Aufdeckung einer widersprüchlichen Berichterstattung dem Zufall überlassen. Werden Diskrepanzen dennoch bekannt, muß der Prüfer ihnen nachgehen, da eine widersprüchliche Berichterstattung im Druckbericht auch bei der engen Auslegung der Prüfungspflicht nicht zulässig ist. Allerdings stehen kaum Sanktionsmöglichkeiten zur Verfügung, um im Zweifel die Korrektur der widersprüchlichen Angaben im freien Teil zu erzwingen. Da dieser Abschnitt nicht unter die Prüfungspflicht fällt, sind weder die Straf-, Bußgeld- oder Zwangsvorschriften nach §§ 331 ff. HGB einschlägig, noch steht dem Prüfer der Anspruch auf Richtigstellung einer fehlerhaften Veröffentlichung gemäß §§ 325 ff. HGB zu. Auch die Erteilung des Bestätigungsvermerks ist aufgrund der Prüfungsfreiheit nicht tangiert. Wegen der fehlenden Sanktionsmöglichkeiten besteht daher für den Prüfer kaum die Möglichkeit, einer bewußt irreführenden Berichterstattung im freien Teil wirksam entgegen zu treten. Insofern erscheint die Forderung nach einer widerspruchsfreien Berichterstattung bei gleichzeitiger Negierung der Prüfungspflicht für den freien Teil, wie sie von der herrschenden Meinung vertreten wird, als zwar grundsätzlich richtig, jedoch eher inkonsequent, da sie im Zweifel nicht durchgesetzt werden kann. Konsequent dagegen wäre, den freien Teil völlig aus dieser Thematik auszugrenzen und damit die Forderung nach einer widerspruchsfreien Berichterstattung fallen zu lassen. Ob das allerdings der Intention des Gesetzgebers entsprechen würde, muß stark bezweifelt werden.

2. Die Erweiterung der Prüfungspflicht auf den freien Teil des Druckberichts

Die Problematik einer engen Interpretation der Prüfungspflicht wird besonders durch die Erläuterungen von *Biener/Berneke* zur Entstehung des § 284 HGB deutlich. Dort heißt es: "Bei prüfungspflichtigen Unternehmen müssen sich Prüfung und Testat auch auf die freiwilligen Angaben beziehen. Soll dies vermieden werden, weil insoweit ein Prüfungsauftrag nicht erteilt wurde oder weil das Testat eingeschränkt werden müßte, so müssen diese Angaben aus dem Anhang herausgenommen werden. Eventuell können sie in den Lagebericht eingestellt werden. Ist dies auch nicht möglich, können sie mit dem Jahresabschluß und dem Lagebericht unter der Bezeichnung "Geschäftsbericht" oder einer anderen zusammengefaßt werden."[301]

Nach dieser Auffassung können in den freien Teil Aussagen aufgenommen werden, die im Anhang und Lagebericht zur Einschränkung des Bestätigungsvermerks führen würden. Bei weitreichender Auslegung der o.a. Formulierungen ist es nicht ausgeschlossen, daß es sich dabei um Angaben handelt, die den prüfungspflichtigen Komponenten des Druckberichts widersprechen. Damit könnte zwar der Prüfer einen vom freien Teil ausgehenden Widerspruch feststellen und an das Unternehmen appellieren, die Berichtsteile korrekt aufeinander abzustimmen. Kommt die betroffene Gesellschaft dieser Bitte nicht nach, sind ihm für weitergehende Maßnahmen die Hände gebunden. Diese Problematik

301 *Biener/Berneke* (Bilanzrichtlinien-Gesetz 1986) S. 247.

wird in der Literatur nur vereinzelt angesprochen,[302] ein Lösungsvorschlag jedoch nicht unterbreitet. Daß der Gesetzgeber eine derartige Lücke bewußt geschaffen hat, muß bezweifelt werden. Wahrscheinlicher ist, daß das Problem der abweichenden Berichterstattung übersehen wurde. Durch die Möglichkeit der Erstellung eines freien Teils sollte den Unternehmen in Anlehnung an die unter dem Aktiengesetz 1965 bereits recht umfangreichen Berichterstattungsgepflogenheiten Gelegenheit gegeben werden, auch Angaben in den Druckbericht aufzunehmen, die in keinem direkten Zusammenhang mit den Pflichtbestandteilen stehen.[303] Dabei wurde offensichtlich unterstellt, daß die erweiterten Berichtsmöglichkeiten nur in Übereinstimmung mit den Pflichtbestandteilen genutzt werden. Diese Annahme ist jedoch angesichts der großen Bedeutung der Berichterstattung v.a. für börsennotierte Aktiengesellschaften nicht ohne weiteres zu treffen. Vielmehr ist es wahrscheinlicher, daß ein Unternehmen, das sich in einer schwierigen wirtschaftlichen Situation befindet, die Berichterstattungsmöglichkeiten zu seinen Gunsten zumindest bis an die Grenzen der Legalität zu nutzen sucht. Ob dabei die Grenzen nur erreicht oder bereits überschritten werden, kann nicht allein der Beurteilung des Berichterstellers überlassen bleiben.

Daher soll im folgenden unter Beachtung der bisherigen Ausführungen hinsichtlich des Inhalts und der Bedeutung der einzelnen Berichtskomponenten, der damit verbundenen Abgrenzungsproblematik sowie der in der Kommentierung zum Prüfungsumfang aufgetretenen Widersprüche untersucht werden, ob aus den bestehenden handelsrechtlichen Vorschriften eine weitergehende, den gesamten Druckbericht betreffende Prüfungspflicht abgeleitet werden kann. Es soll der Frage nachgegangen werden, ob sich die Prüfungspflicht nach §§ 316, 317 HGB - entgegen der herrschenden Meinung - auch auf den freien Teil erstreckt. Wird dies bejaht, greifen auch die gesetzlich vorgesehenen Zwangsmaßnahmen, die an die Prüfungspflicht anknüpfen. Dann kann auch die Forderung nach einer übereinstimmenden Berichterstattung glaubhaft aufgestellt werden, da sie im Zweifel mit Hilfe von Sanktionen durchsetzbar ist.

---

302 Vgl. *v. Wysocki* (Aussagefähigkeit 1990) S. 268.

303 So heißt es in den Erläuterung von *Biener/Berneke* zur Entstehungsgeschichte des § 284 HGB: "Der im Aktiengesetz bisher verwendete Begriff 'Geschäftsbericht' wird künftig im Gesetz nicht mehr verwendet, so daß die Unternehmen ihn frei mit unterschiedlichem Inhalt benutzen können." *Biener/Berneke* (Bilanzrichtlinien-Gesetz 1986) S. 247. Vgl. auch Abschnitt B.II.1.c3), Seite 47 f.

a) Mögliche Rechtsgrundlagen

a1) Ausdehnung des Prüfungsumfangs auf den freien Teil aufgrund einer weiten Auslegung der §§ 316, 317 HGB

In der Literatur stehen sich die Negierung der Prüfungspflicht für den freien Teil des Druckberichts einerseits und die Forderung nach übereinstimmender Berichterstattung im gesamten Druckbericht andererseits gegenüber.[304] Die bisherigen Erörterungen führen zu dem Ergebnis, daß das Verbot einer sich widersprechenden Berichterstattung im Sinne einer eindeutigen und den tatsächlichen Verhältnissen entsprechenden Publizität sinnvoll und v.a. im Hinblick auf den weniger geschulten Leser notwendig ist. Dennoch fehlt die Rechtsgrundlage zur Ausweitung der Prüfungspflicht auf den freien Teil, falls die Prüfungsfreiheit für diesen Berichtsabschnitt unterstellt wird. Die Forderung nach Übereinstimmung der einzelnen Druckberichtskomponenten, die in der Literatur z.T. über die bloße Verhinderung eines Widerspruchs hinaus erweitert wird,[305] ist nur sinnvoll, wenn eine Nichtbeachtung Sanktionen nach sich zieht. Nur so kann in letzter Konsequenz einem Verstoß wirksam begegnet werden. Auf Sanktionen, wie z.B. die Einschränkung des Bestätigungsvermerks, kann der Prüfer im Rahmen der Jahresabschlußprüfung jedoch nur dann zurückgreifen, wenn er in prüfungspflichtigen Unterlagen nicht unbedeutende Fehler entdeckt und diese nicht besei-

---

304 Bezüglich der Prüfungsfreiheit vgl. u.a. *IDW* (WP-Handbuch 1992) F 436 ff.; *Biener/ Berneke* (Bilanzrichtlinien-Gesetz 1986) S. 247; *Müller* (Einführung 1986) Rz. 7; *Clemm/ Ellrott* (Kommentierung 1990) § 289 HGB Anm. 5; *ADS* (Rechnungslegung 1987) § 289 HGB Tz. 16 und 40.
Zur Forderung nach kongruenter Berichterstattung vgl. *v. Wysocki* (Aussagefähigkeit 1990) S. 268; *Clemm/Reittinger* (Lagebericht 1992) Sp. 1182; *Budde/Kofahl* (Kommentierung 1990) § 317 HGB Anm. 19; *ADS* (Rechnungslegung 1987) § 284 HGB Tz. 37 sowie § 289 HGB Tz. 16 und 97; *IDW* (WP-Handbuch 1992) F 436 ff.

305 Es wird u.a. gefordert, daß die im freien Teil ggf. enthaltenen Sonderrechnungen, wie z.B. Kapitalflußrechnungen, Bewegungsbilanzen, Cash flow-Darstellungen usw., anerkannten betriebswirtschaftlichen Verfahren zu entsprechen haben. Auf die Frage, ob bei einem Verstoß überhaupt ein Widerspruch zur Pflichtberichterstattung vorliegt, wird dabei nicht mehr abgestellt. Vgl. *Budde/Kofahl* (Kommentierung 1990) § 317 HGB Anm. 19.
Reittinger schlägt vor, Angaben die vornehmlich einen werbenden Charakter besitzen in eine "Firmenbroschüre" auszugliedern, um die Pflichtbestandteile nicht zu verdecken. Vom freien Teil des Druckberichts spricht er in diesem Zusammenhang nicht mehr. Vgl. *Reittinger* (Lagebericht 1986) Rn. 57.

tigt werden.[306] Um der Forderung nach einer den gesamten Druckbericht umfassenden, einheitlichen und klaren Berichterstattung den notwendigen Nachdruck zu verleihen, ist es deshalb notwendig, die Prüfungspflicht auf den freien Teil des Druckberichts auszuweiten. Im folgenden soll daher geprüft werden, ob die handelsrechtlichen Vorschriften zur Pflicht und zum Umfang der Jahresabschlußprüfung bei weiter Auslegung auch den freien Teil des Druckberichts umfassen.

a11) Historische Entwicklung der Prüfungspflicht

Zunächst ist zu prüfen, ob sich aus der Entstehungsgeschichte der Prüfungspflicht über die verschiedenen aktien- und handelsrechtlichen Entwicklungsstufen eine den gesamten Druckbericht betreffende Prüfungspflicht ableiten läßt.

Im AktG 1937 wurde der Prüfungsumfang durch § 135 geregelt.[307] Dort hieß es, daß der "Jahresabschluß ... unter Einbeziehung der Buchführung und des Geschäftsberichts, soweit er den Jahresabschluß erläutert, ... zu prüfen" ist.[308] Nach diesem Wortlaut unterlag von den Angaben des Geschäftsberichts nur der sog. Erläuterungsbericht der Prüfungspflicht, also alle Angaben des Geschäftsberichts, die direkt der Erläuterung des Jahresabschlusses dienten. Im Widerspruch dazu stand § 140 AktG 1937. Nach dieser Regelung hatte der Abschlußprüfer den Bestätigungsvermerk einzuschränken oder zu versagen, wenn der Teil des Geschäftsberichts, der auf den Geschäftsverlauf und die Lage der Gesellschaft einging, das durch den Jahresabschluß gezeichnete Bild der Unternehmenslage verfälschte. Demnach galt auch für den zweiten Teil des Geschäftsberichts, dem sog. Lagebericht, die Prüfungspflicht.[309] Allerdings wurde bereits

306 Zur Einschränkung des Bestätigungsvermerks vgl. *IDW* (FG 3/1988) Abschnitt C.III.; *Erle* (Bestätigungsvermerk 1990) S. 138 ff.; *Stolberg* (Prüfung 1986) Rz. 103 ff.; *Selchert* (Jahresabschlußprüfung 1988) S. 624 ff.

307 Zur Entwicklung der aktienrechtlichen Rechnungslegung vor 1937 vgl. *Ertner* (Geschäftsbericht 1968) S. 15 ff.

308 § 135 Abs. 1 S. 1 AktG 1937.

309 Dies stellte die herrschende Meinung dar. Aufgrund der widersprüchlichen Formulierung der §§ 135 und 140 AktG 1937 kam es jedoch zu Meinungsverschiedenheiten bezüglich der Prüfungspflicht des Lageberichts. Vgl. *ADS* (Rechnungslegung 1938) § 135 AktG Tz. 13 f. sowie § 140 AktG Tz. 2 ff.; *Schlegelberger et al.* (Aktiengesetz 1937) § 135 AktG Anm. 5 sowie § 140 AktG Anm. 2 und 9; *Kropff* (Aktiengesetz 1965) S. 264; *v. Wysocki* (Wirtschaftsprüfer 1978) S. 220 ff.

damals hinsichtlich der Prüfungsintensität unterschieden. Während der Erläuterungsbericht der vollen Prüfungspflicht unterlag, war der Lagebericht nur daraufhin zu prüfen, ob er nicht den durch den Jahresabschluß vermittelten Eindruck der Lage der Gesellschaft verfälschte.[310]

Die hinsichtlich des Prüfungsumfangs mißverständliche Formulierung des Aktiengesetzes 1937 wurde durch das Aktiengesetz 1965 klargestellt. § 162 AktG 1965 bestimmte unter der Überschrift *Gegenstand und Umfang der Prüfung* einerseits, daß der Jahresabschluß unter Einbeziehung von Buchführung und Geschäftsbericht zu prüfen ist.[311] Damit wurde deutlich, daß der gesamte Geschäftsbericht in die Prüfung einzubeziehen war.[312] Anderseits regelte die Vorschrift den Prüfungsumfang, der im wesentlichen dem Aktiengesetz 1937 entsprach. Auch hier wurde der Geschäftsbericht implizit in zwei Teile zerlegt, die einer unterschiedlichen Prüfungsintensität unterlagen. Der Erläuterungsbericht war entsprechend dem Jahresabschluß in allen Einzelheiten, der Lagebericht auf seinen Gesamteindruck hin zu prüfen.[313]

Während der Geltungsdauer des Aktiengesetzes 1965, z.T. bereits unter dem Aktiengesetz 1937, wurde jedoch der Begriff *Geschäftsbericht* nicht nur im gesetzlich definierten Sinn verwendet. Neben dem eigentlichen Geschäftsbericht nach § 160 AktG 1965 enthielt das so bezeichnete Druckstück alle dem Aktionär im Rahmen der Jahresabschlußerstellung vorzulegenden Unterlagen sowie weitere freiwillige Ausführungen.[314] Prüfungspflichtig war unabhängig von der Bezeichnung der gesamten Veröffentlichung nur der Geschäftsbericht i.S.d. § 160 AktG 1965.[315] Da das Aktiengesetz diesen Begriff selbst definierte, konnte auch

---

310 Vgl. *ADS* (Rechnungslegung 1938) § 135 AktG Tz. 144; *Schlegelberger* et al. (Aktiengesetz 1937) § 135 AktG Anm. 5 sowie § 140 AktG Anm. 2 und 9; *Kropff* (Aktiengesetz 1965) S. 264.

311 Vgl. § 162 Abs. 1 S. 1 AktG 1965.

312 Vgl. *ADS* (Rechnungslegung 1968) § 160 AktG Tz. 2.; *Baumbach/Hueck* (Aktiengesetz 1968) § 162 AktG Tz. 10; *Obermüller/Werner/Winden* (Aktiengesetz 1965) S. 117.

313 Vgl. *Forster* (Jahresabschlußprüfung 1965) S. 389; *Claussen* (Kommentierung 1971) § 162 AktG Anm. 1 f.; *Brönner* (Aktiengesetz 1970) Einl. zu § 162 AktG Anm. 6 sowie § 162 AktG Anm. 10 ff.

314 Vgl. *Schulte* (Bilanzpolitik 1986) S. 64; *ADS* (Rechnungslegung 1968) § 160 AktG Tz. 1; *IDW* (WP-Jahrbuch 1954) S. 364; *Kropff* (Public relations 1950) S. 434; *IDW* (WP-Handbuch 1968) S. 443 ff. Vgl. auch Abschnitt B.I.1.a), Seite 7 ff.

315 Vgl. *Kropff* (Kommentierung 1973) § 162 AktG Anm. 10 f. und 16 ff.; *Godin/Wilhelmi* (Aktiengesetz 1966) § 162 AktG Anm. 1 ff.

die gesetzliche Bezugnahme darauf hinsichtlich des Prüfungsumfangs nur den aktienrechtlich abgegrenzten Inhalt betreffen. Bereits damals zeigten sich Tendenzen, daß der Geschäftsbericht i.S.d. § 160 AktG 1965 und dabei insbesondere der Lagebericht ausgeprägt mit freiwilligen Angaben angereichert wurde, die allein durch ihren Umfang oder ihre stark werbenden Aussagen die Berichterstattung verwässerten.[316] Zwar galt der Grundsatz, daß alle Angaben des Geschäftsbericht zumindest im Hinblick auf die Vermittlung eines Gesamteindrucks zu prüfen waren,[317] Angaben die inhaltlich nicht dem Geschäftsbericht i.S.d. § 160 AktG 1965 zuzuordnen waren, unterlagen jedoch nicht der Prüfungspflicht.[318] Daher wurde bereits damals die Forderung in der Literatur vertreten, freiwillige Zusatzangaben, die nicht der Lagedarstellung dienten, in gesonderten Berichtsteilen auszuweisen.[319] Das Problem der Abgrenzung der einzelnen Berichtskomponenten bestand demnach bereits unter dem alten Aktienrecht. Allerdings spielte es im Vergleich zum heutigen Handelsrecht eine geringere Rolle, da gesetzlich nur der Geschäftsbericht als ganzes geregelt war. Die in der Literatur geforderte und in der Berichtspraxis gebräuchliche Unterteilung in *Erläuterungsbericht* und *Lagebericht*[320] war gesetzlich nicht ausdrücklich vorgeschrieben.

Als Ergebnis bleibt bisher festzuhalten, daß sich, trotz der fehlenden Unterteilung des Geschäftsberichts i.S.d. § 160 AktG 1965 und der Verwendung des Begriffs *Geschäftsbericht* in einer stark erweiterten Fassung, eine auf die historische Entwicklung stützende Prüfungspflicht für freiwillige Angaben nicht ableiten läßt. Dies gilt insbesondere für den Fall der klaren Abgrenzung in zusätzliche, vom Geschäftsbericht i.S.d. § 160 AktG 1965 abgetrennte Berichtsteile.

Diese Einschätzung wird durch das neue Handelsrecht bestätigt. Dort wurde der Erläuterungsbericht in erweitertem Umfang zum Anhang, der nun einen Teil des Jahresabschlusses bildet. Der - ebenfalls erweiterte - Lagebericht wurde verselb-

---

316 Vgl. *Piper* (Umfang 1970) S. 1141 ff.; *IDW* (WP-Handbuch 1985) S. 510; *Kropff* (Kommentierung 1973) § 160 AktG Anm. 14.

317 Vgl. *v. Wysocki* (Aussagefähigkeit 1990) S. 269.

318 Vgl. *Claussen* (Kommentierung 1971) § 160 AktG Anm. 4; *Mellerowicz* (Aktiengesetz 1970) § 160 AktG Anm. 3.

319 Vgl. *Kropff* (Lagebericht 1980) S. 527; *Claussen* (Kommentierung 1971) § 160 AktG Anm. 4; *IDW* (WP-Handbuch 1985) S. 511.

320 Vgl. *Clemm/Reittinger* (Lagebericht 1983) Sp. 887 ff.; *Kropff* (Kommentierung 1973) § 160 AktG Anm. 2 ff.; *Ertner* (Geschäftsbericht 1968) S. 24 ff.

ständigt und unterliegt entsprechend dem Aktienrecht 1965 einer geringeren Prüfungsintensität.[321] Da im HGB der Begriff *Geschäftsbericht* gesetzlich nicht mehr kodifiziert wurde, ergibt sich aus den handelsrechtlichen Vorschriften eine klarere Abgrenzung der einzelnen Berichtsteile. Außerdem ermöglicht es der Gesetzgeber den Unternehmen, diesen Begriff in einem beliebigen Zusammenhang zu verwenden, ohne daß es dadurch zu einer Kollision mit den gesetzlichen Regelungen kommt.[322] Das deutet auf den Willen des Gesetzgebers hin, Freiraum für Informationen zu schaffen, die, falls sie eindeutig von den Pflichtbestandteilen getrennt werden, nicht der Prüfungspflicht unterliegen. Außerdem war es Ziel der Verankerung der Bestimmungen zu Prüfungspflicht und Prüfungsumfang im HGB, die Regelungen rechtsformneutral zu gestalten. Eine Erweiterung wurde damit nicht verfolgt.[323] Geht man von einer Aktiengesellschaft aus, ergibt sich demnach aus der historischen Entwicklung des heutigen Handelsrechts keine rechtliche Grundlage für die Erweiterung der Prüfungspflicht und des Prüfungsumfangs auf den freien Teil des Druckberichts.

a12) Der Druckbericht als in sich geschlossenes Informationsinstrument

Bisher konnte die Prüfungspflicht für den freien Teil nicht abgeleitet werden, weder in Form der wörtlichen Interpretation der Regelungen zur Prüfung nach §§ 316 ff. HGB noch aus der Entstehungsgeschichte dieser Bestimmungen. Dabei wurde unterstellt, daß sich der freie Teil eindeutig von den Pflichtbestandteilen abgrenzen läßt. Es stellt sich jedoch die Frage, ob diese Annahme bei der heutigen Gestaltung der Druckberichte noch aufrecht erhalten werden kann. Zu diskutieren ist, ob die i.S.d. engen Auslegung der Prüfungsvorschriften prüfungspflichtigen Bestandteile des Druckberichts vom freien Teil überhaupt noch inhaltlich zu trennen sind. Ist eine derartige Strukturierung des Berichts nicht möglich, kann es zu einer Prüfungserweiterung auf den freien Teil kommen.

---

321 Vgl. Abschnitt B.I.1.b2), Seite 16 f. sowie B.II.1.a2), Seite 33 ff.

322 Vgl. *Biener/Berneke* (Bilanzrichtlinien-Gesetz 1986) S. 247 und S. 276; *ADS* (Rechnungslegung 1987) § 284 HGB Tz. 4.

323 Davon ausgenommen ist lediglich die Einbeziehung der GmbH. Vgl. *Biener/Berneke* (Bilanzrichtlinien-Gesetz 1986) S. 398 und S. 404 f.

a121) Die Aussagefähigkeit der Pflichtbestandteile in Abhängigkeit von den Angaben des freien Teils

Die Mehrzahl der heutigen Druckberichte unterscheidet nicht formal zwischen einem die Pflichtbestandteile beinhaltenden Block auf der einen und einem in sich geschlossenen freien Teil auf der anderen Seite. Statt dessen werden regelmäßig die einzelnen Pflichtkomponenten mit Abschnitten des freien Teils durchsetzt.[324] Dabei bauen die Elemente häufig aufeinander auf, so daß der Druckbericht eine in sich geschlossene Publikation darstellt. Der Leser gewinnt primär einen Gesamteindruck, die prüfungspflichtigen Bestandteile werden im Kontext des ganzen Druckberichts gesehen. Der Bericht stellt sich als geschlossenes System dar, bei dem sich nicht ohne weiteres ein bestimmter Teil herauslösen läßt. Am deutlichsten wird dies am *Bericht des Vorstands*, in dem regelmäßig der Lagebericht und Angaben des freien Teils zwar formal getrennt[325] dargestellt, jedoch inhaltlich zu einem Berichtsabschnitt verschmolzen werden.[326] Beispiele für die Verknüpfung von Angaben des freien Teils und Pflichtangaben bilden auch statistische Abschnitte, die als Angaben des freien Teils zwischen Pflichtbestandteile plaziert werden und eine Auswertung der in diesen Komponenten gezeigten Daten darstellen.[327] Ein derartiger Aufbau des Druckberichts erschwert es dem mit geringerem Hintergrundwissen ausgestatteten Interessenten, die Grenze zwi-

---

324 Keiner der in die empirische Untersuchung einbezogen Druckberichte enthielt eine derartige Blockbildung. Vgl. Anhang: Tabelle 7, 9 und 11, Seite 163 ff. Ein Gegenbeispiel stellt annähernd der Bericht der *Bankenunion AG* dar. Allerdings enthält das Druckstück fast ausschließlich Pflichtangaben. Nur auf der ersten Seite sind die drei Aktionäre genannt und auf der letzten Seite bestimmte Kennzahlen ausgewiesen. Vgl. *Bankenunion* (Geschäftsjahr 1990/91). Ähnlich ist auch der Publikation der *RheinLand Versicherungs-AG* gestaltet. Die Pflichtbestandteile werden geschlossen in einem Block ausgewiesen und lediglich durch ein Verzeichnis der Filial- und Bezirksdirektionen auf der letzten Seite des Berichts ergänzt. Vgl. *RheinLand Versicherungs-AG* (Bericht 1991). Ein anderes Unternehmen veröffentlicht schließlich nur die Pflichtangaben. Der Druckbericht enthält keinen freien Teil. Vgl. *Zürich Kautions- und Kreditversicherungs-AG* (Bericht 1991).

325 Die formale Abgrenzung erfolgt z.B. durch Überschriften. Vgl. *AEG* (Geschäftsjahr 1991) S. 8 ff.; *RWE* (Bericht 1991/92) S. 7 ff.; *Daimler-Benz* (Geschäftsjahr 1990) S. 9 ff.

326 Vgl. *Mannesmann* (Bericht 1991) S. 10 ff.; *Deutsche Genossenschafts-Hypothekenbank* (Geschäftsbericht 1991) S. 9 ff.; *Münchener Rückversicherungs-Gesellschaft* (Bericht 1989/90) S. 9 ff.

327 Vgl. *Siemens* (Geschäftsbericht 1992) S. 32 f.; *Wacker-Chemie* (Geschäftsjahr 1991) S. 52 f.; *Th. Goldschmidt* (Bericht 1989) S. 16 ff.; *Kolbenschmidt* (Geschäftsbericht 1988/89) S. 22 f.

schen den geprüften Pflichtbestandteilen und dem ungeprüften freien Teil zu erkennen. Bauen die einzelnen Komponenten noch aufeinander auf, wird die isolierte Beurteilung einzelner Pflichtbestandteile immer schwieriger.

Eine Information innerhalb einer komplexen Publikation kann selten für sich allein bewertet werden. Der sie umgebende Kontext ist oft die notwendige Grundlage für eine Beurteilung oder beeinflußt zumindest ihren Aussagegehalt. Der Jahresüberschuß für sich betrachtet stellt beispielsweise lediglich eine absolute Zahl dar, die als Saldogröße nur einen geringen Informationswert besitzt. Betrachtet man dagegen zusätzlich die zugrundeliegenden Aufwendungen und Erträge, lassen sich eher Rückschlüsse auf die Ertragskraft des Unternehmens ziehen. Ähnlich verhält es sich mit einer Vielzahl von Pflichtangaben im Druckbericht. Welche Aussagekraft die einzelne Information besitzt, ergibt sich erst aus dem Gesamteindruck.

Enthält der Druckbericht neben den Pflichtbestandteilen auch einen ggf. über den gesamten Bericht verteilten freien Teil, ist eine Wechselwirkung zwischen freien Komponenten und Pflichtangaben unvermeidlich. Die Aussagen der Pflichtbestandteile können nicht isoliert vom freien Teil beurteilt werden, ihr Informationsgehalt wird durch den Kontext geprägt.[328] Der Eindruck, den der freie Teil hinterläßt, wirkt damit unmittelbar auf die Ausführungen der Pflichtbestandteile. Sie werden durch den freien Teil relativiert, je nach Zielsetzung des berichtenden Unternehmens betont oder abgeschwächt. Es stellt sich damit die Frage, welche Konsequenzen sich aus der Ausstrahlung des freien Teils auf die Pflichtelemente des Druckberichts ergeben.

a122) Die Erweiterung der Prüfungspflicht aufgrund der Ausstrahlung des freien Teils auf den true and fair view

Gemäß § 264 Abs. 2 HGB hat der Jahresabschluß ein den tatsächlichen Verhältnissen entsprechendes Bild der Vermögens-, Finanz- und Ertragslage zu vermit-

328 Dabei spielt nicht nur der Inhalt des freien Teils eine bedeutende Rolle, sondern auch der formale Aufbau des Druckbericht, die Anordnung der einzelnen Elemente.

teln.[329] Dieser Grundsatz des true and fair view wird durch § 289 Abs. 1 HGB auch auf den Lagebericht übertragen. Demnach sind dort zumindest Geschäftsverlauf und Lage der Gesellschaft so darzustellen, daß ein den tatsächlichen Verhältnissen entsprechendes Bild vermittelt wird.[330] Der true and fair view stellt im deutschen Recht keine übergeordnete Generalnorm dar,[331] sondern besitzt im Verhältnis zu den Einzelvorschriften einen subsidiären Charakter.[332] Es wird grundsätzlich unterstellt, daß bei Einhaltung der durch die Einzelvorschriften vorgegebenen Bilanzierungsregeln ein den tatsächlichen Verhältnissen entsprechendes Bild gezeichnet wird.[333] Selbst bei der Ausübung von Wahlrechten ist das Unternehmen nicht gezwungen, diejenige Variante zu wählen, die den tatsächlichen Verhältnissen am nächsten kommt.[334] Nur die mißbräuchliche Ausübung der gewährten Wahlrechte wird von der Generalnorm verhindert.[335] Bei der Ermittlung des true and fair view sind jedoch nicht nur die Einzelangaben isoliert zu betrachten, vielmehr ist vom Gesamtzusammenhang auszugehen. Es ist zu untersuchen, ob die Pflichtangaben in ihrer Gesamtheit ein den tatsächlichen Verhältnissen entsprechendes Bild vom Zustand und den Entwicklungs-

---

329 Zum Grundsatz des true and fair view vgl. im einzelnen *Wölk* (Generalnorm 1992) S. 97 ff.; *Lange* (Generalnorm 1992) Sp. 602 ff.; *Beisse* (Generalnorm 1989) S. 15 ff.

330 Trotz der unterschiedlichen Formulierung ist davon auszugehen, daß unter dem Bild, das *den tatsächlichen Verhältnissen von der Lage des Unternehmens* entsprechen soll, die Vermögens-, Finanz- und Ertragslage i.S.d. Generalnorm des Jahresabschlusses zu verstehen ist. Vgl. *Baetge/Fischer/Paskert* (Lagebericht 1989) S. 7; *Clemm/Ellrott* (Kommentierung 1990) § 289 HGB Anm. 16. A.A. *ADS* (Rechnungslegung 1987) § 289 HGB Tz. 86 (einschränkend) sowie *Olbrich* (Lage 1992) S. 84 ff.; *Lück* (Kommentierung 1990) § 289 HGB Rn. 19 (weitergehend).

331 Im Gegensatz zum anglo-amerikanischen Recht, in dem diese Norm als übergeordneter Grundsatz gilt. Vgl. *Otte* (Rechnungslegung 1990) S. 4 ff.; *Hoffmann* (True and fair view 1989) S. 27 ff.; *Richter* (Generalklausel 1988) S. 2217; *Ludewig* (Einflüsse 1987) S. 13.

332 Vgl. *Marks* (Entwicklungstendenzen 1989) S. 122 ff.; *Lange* (Publizitätspflicht 1991) S. 369 f.; *Busse von Colbe* (Rechnungslegungsvorschriften 1987) S. 120; *Beisse* (Generalnorm 1988) S. 40 ff.

333 Vgl. *v. Wysocki* (Meinungsspiegel 1987) S. 74; *Budde/Karig* (Kommentierung 1990) § 264 HGB Anm. 43; *Biener* (Auswirkungen 1979) S. 3 f. Kritisch *Ballwieser* (Generalklausel 1985) S. 1035 f.

334 Vgl. *Streim* (Kommentierung 1989) § 264 HGB Rz. 23 f.; *Budde/Karig* (Kommentierung 1990) § 264 HGB Anm. 29; *Wöhe* (Möglichkeiten 1985) S. 719 f. A.A. *Baetge/Commandeur* (Kommentierung 1990) § 264 HGB Rn. 36.

335 Unter Mißbrauch wird dabei die willkürliche Wahlrechtsausübung verstanden. Vgl. *Leffson* (Bilanzrecht 1986) S. 30; *Clemm* (Bilanzpolitik 1989) S. 362 ff.; *Budde* (Verhältnis 1988) S. 35 f.; *Streim* (Kommentierung 1989) § 264 HGB Rz. 23 f.

tendenzen des Unternehmens zeichnen.[336] Dementsprechend ist es auch nicht zulässig, die Wahlrechte zwar einzeln im Rahmen der gesetzlichen Vorgaben, insgesamt jedoch einseitig auszuüben, falls sich dadurch ein nicht dem true and fair view entsprechendes Gesamtbild ergibt.[337] Schließlich ist es Aufgabe der Generalnorm, ggf. bestehende Regelungslücken zu schließen sowie Zweifelsfragen zu klären, die u.U. bei der Auslegung der Einzelvorschriften entstehen.[338]

Es wird deutlich, daß bei der subsidiären Generalnorm des true and fair view auf den Aussagegehalt der einzelnen Angaben im Gesamtzusammenhang abgestellt wird. Gerade dieser Eindruck der einzelnen Informationen wird durch die sie umgebenden Ausführungen nicht unbedeutend geprägt. Zu diesem Kontext gehören jedoch auch die dem freien Teil zuzuordnenden Ausführungen. Es ist durchaus denkbar, daß sowohl die einzelnen Pflichtangaben wie deren Gesamtheit der Generalnorm grundsätzlich entsprechen, gleichzeitig jedoch dieser Eindruck durch einen widersprechenden freien Teil konterkariert wird. Der mit geringerem Hintergrundwissen ausgestattete Leser würde dann ein Gesamtbild vom berichterstattenden Unternehmen gewinnen, das nicht den tatsächlichen Verhältnissen entspricht.

Daher wird hier die Auffassung vertreten, daß die Beurteilung des true and fair view nach § 264 Abs. 2 HGB sowie § 289 Abs. 1 HGB nur im Rahmen des vollständigen Druckberichts erfolgen kann, also unter Einbeziehung eines ggf. enthaltenen freien Teils. Der Prüfer hat gemäß §§ 316, 317 HGB zu beurteilen, ob Jahresabschluß und Lagebericht die Generalnorm erfüllen. Deshalb sind in die Prüfung alle Angaben des Druckberichts einzubeziehen, die in irgend einer Form das durch die Pflichtbestandteile gezeichnete Gesamtbild des Unternehmens tangieren. Da von einer Beeinflussung des Informationswertes der Pflichtangaben durch den freien Teil auszugehen ist bzw. eine derartige Beeinflussung nicht von vornherein ausgeschlossen werden kann, ist die Frage der Wirkung des freien

---

336 Vgl. *Leffson* (Bild 1986) S. 97; *Moxter* (Bilanzlehre 1986) S. 98; *ADS* (Rechnungslegung 1987) § 264 HGB Tz. 100.

337 Vgl. *Leffson* (Bild 1986) S. 98; in entsprechender Anwendung der Ausführungen zum Konzernabschluß *Dietl* (Ausübung 1992) S. 125 ff. m.w.N.

338 Vgl. *Jung* (Kommentierung 1989) § 264 HGB Rdn. 22; *Schülen* (Aufstellung 1987) S. 226; *Biener* (Rechnungslegung 1982) S. 56.

Teils auf den Aussagegehalt der Pflichtbestandteile[339] in die handelsrechtliche Pflichtprüfung einzubeziehen. Die Angaben des freien Teils fallen demnach ebenfalls unter die gesetzliche Prüfungspflicht nach §§ 316, 317 HGB. Sie dürfen nicht derart in Widerspruch zu den Pflichtelementen stehen, daß deren Aussagegehalt beeinträchtigt wird. Der Prüfer hat sich während der handelsrechtlichen Jahresabschlußprüfung diejenigen Berichtsabschnitte vorlegen zu lassen, die zwar nach §§ 316, 317 HGB zunächst nicht explizit prüfungspflichtig sind, jedoch zusammen mit den ausdrücklich prüfungspflichtigen Komponenten im Druckbericht veröffentlicht werden sollen und damit potentiell deren Aussagegehalt beeinflussen können.[340]

Gegen die hier vertretene weite Auslegung der Prüfungspflicht und des Prüfungsumfangs nach §§ 316, 317 HGB kann eingewandt werden, daß der Gesetzgeber den noch im Aktiengesetz 1965 enthaltenen Begriff *Geschäftsbericht* in das neue Handelsrecht nicht übernommen hat. Den Unternehmen sollte die Möglichkeit eingeräumt werden, den Druckbericht nach ihren Interessen inhaltlich zu gestalten. Dementsprechend können die über den Jahresabschluß und Lagebericht hinausgehenden Angaben nicht der gesetzlichen Prüfungspflicht unterliegen.[341] Es wird hier nicht angezweifelt, daß dies die ursprüngliche Absicht des Gesetzgebers ist. Es kann jedoch m.E. dabei nicht kurzerhand unterstellt werden, daß den berichterstattenden Unternehmen bewußt die Möglichkeit eingeräumt werden sollte, durch zusätzliche freiwillige Angaben außerhalb der explizit prüfungspflichtigen Berichtsteile die Ergebnisse gerade der geprüften Abschnitte wieder in Frage zu stellen. Statt dessen ist zu vermuten, daß der Gesetzgeber eine zusätzliche Berichterstattung unterstellte, die keine Rückwirkungen auf den geprüften Jahresabschluß und Lagebericht haben sollte, z.B. wertungsfreie Informationen über das Produktspektrum des Unternehmens. Insofern wäre keine Prüfung dieser Abschnitte notwendig. Eine derartige neutrale Berichterstattung wird jedoch in den seltensten Fällen gegeben sein.

---

339 Als Pflichtbestandteile sind nur die nach §§ 316, 317 HGB explizit prüfungspflichtigen Komponenten angesprochen. Die übrigen Pflichtbestandteile sind aufgrund ihres abgegrenzten Inhalts für die hier diskutierte Frage ohne praktische Bedeutung.

340 Zum genauen Prüfungsumfang, dem der freie Teil unterliegt, vgl. Abschnitt B.III.2.a14), Seite 122 ff.

341 Vgl. *Biener/Berneke* (Bilanzrichtlinien-Gesetz 1986) S. 247; *ADS* (Rechnungslegung 1987) § 284 HGB Tz. 4. Vgl. Abschnitt B.I.1.b4), Seite 21 f., sowie Abschnitt B.II.1.a3), Seite 39 f.

Ein weiteres Argument gegen die Prüfungspflicht für den freien Teil kann auf der Feststellung basieren, daß die nach der engen Auslegung der §§ 316, 317 HGB zu prüfenden Berichtsteile im Gegensatz zum freien Teil einer gesetzlichen Publizitätspflicht unterliegen und daher durch Einsichtnahme in den Bundesanzeiger ohne Beeinflussung durch den freien Teil des Druckberichts beurteilt werden könnten. Jedoch vermag auch dieser Einwand nicht zu überzeugen. Zum einen gibt es Unternehmen, die den gesamten Druckbericht, also einschließlich des freien Teils, im Bundesanzeiger veröffentlichen.[342] Andererseits wollte der Gesetzgeber durch den Verzicht auf den Begriff *Geschäftsbericht* nur die bis dahin bestehende Diskrepanz zwischen dem Geschäftsbericht i.S.d. Aktiengesetzes 1965 und dem von den Unternehmen als Geschäftsbericht bezeichneten, umfangreicheren Druckbericht beseitigen.[343] Somit wurde implizit unterstellt, daß v.a. bei großen Publikumsgesellschaften die ausführliche Berichterstattung fortgeführt wird. Die Annahmen, der Publikumsaktionär würde sein Bild von der Situation des Unternehmens zunächst über die Pflichtveröffentlichung und nicht über den Druckbericht gewinnen, erscheint dabei unglaubwürdig. Der Gesetzgeber mußte davon ausgehen, daß der Druckbericht die wichtigste Informationsquelle für die am Unternehmen interessierten Kreise darstellt, wobei die Pflichtbestandteile den Kern der Berichterstattung bilden. Da dieser Bericht für viele die einzige substantielle Information über das Unternehmen verkörpert, wurde es den berichterstattenden Gesellschaften frei gestellt, zusätzliche Informationen aufzunehmen. Gleichzeitig wurde jedoch m.E. übersehen, daß, aufgrund einer fehlenden expliziten Prüfungspflicht für den gesamten Druckbericht, die Gefahr einer Konterkarierung der Aussagen von Jahresabschluß und Lagebericht besteht.

Es zeigt sich, daß eine Regelungslücke in den handelsrechtlichen Vorschriften zur Jahresabschlußprüfung existiert. Diese Lücke läßt sich indes über eine weite Auslegung der Prüfungspflicht und des Prüfungsumfangs gemäß §§ 316, 317 HGB schließen. Der Prüfungsumfang nach § 317 HGB bezieht sich hinsichtlich des Jahresabschlusses ausdrücklich auf alle gesetzlichen Einzelvorschriften,[344] also auch auf den true and fair view nach § 264 Abs. 2 Satz 1 HGB. Analog

342 Vgl. *AEG* (Geschäftsbericht 1989), vollständig veröffentlicht im Bundesanzeiger 1990 S. 5669 ff. Dies Vorgehensweise stellt jedoch eine Ausnahme dar.

343 Vgl. *Biener/Berneke* (Bilanzrichtlinien-Gesetz 1986) S. 247; *ADS* (Rechnungslegung 1987) § 284 HGB Tz. 4.

344 § 317 Abs. 1 S. 2 HGB.

dazu ist der Lagebericht auf die Einhaltung der Generalnorm des § 289 Abs. 1 Satz 1 HGB zu prüfen.[345] Der true and fair view wiederum setzt sich aus den Einzelinformationen der Pflichtbestandteile, deren Gesamtaussage sowie deren Aussagegehalt im Kontext des gesamten Druckberichts zusammen. Da nicht von vornherein ausgeschlossen werden kann, daß die Wirkung der Einzelangaben auf den weniger vorgebildeten Interessenten durch die Angaben des freien Teils beeinflußt werden, ist der freie Teil hinsichtlich der Übereinstimmung mit den Pflichtbestandteilen zu prüfen.

Abbildung 12 faßt den Einfluß der einzelnen Druckberichtskomponenten auf den true and fair view und die damit verbundene Erweiterung der expliziten gesetzlichen Prüfungspflicht zusammen.

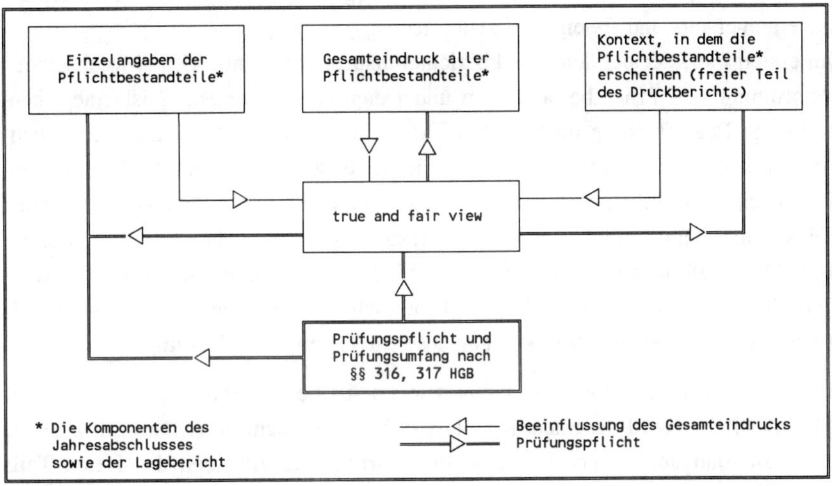

Abb. 12: Den true and fair view beeinflussende Komponenten und die daraus resultierende Prüfungspflicht

345 § 317 Abs. 1 S. 3 HGB.

a123) Der Einfluß der Anordnung der Druckberichtskomponenten auf den true and fair view

In den vorangegangenen Ausführungen wurde allgemeingültig unterstellt, daß die Angaben des freien Teils die Aussagekraft der Pflichtbestandteile beeinflussen können. Daraus ergab sich die Prüfungspflicht für den freien Teil. Es stellt sich allerdings die Frage, ob die Möglichkeit der Ausstrahlung des freien Teils auf die Pflichtkomponenten durch einen bestimmten Aufbau des Druckberichts intensiviert, reduziert oder auch ausgeschlossen und dadurch u.U. die Ausdehnung der Prüfungspflicht auf den freien Teil verhindert werden kann. Es sind zwei Grundformen für den Aufbau des Druckberichts denkbar.[346] Zum einen die abwechselnde Anordnung von Pflichtangaben und Elementen des freien Teils, zum anderen der geblockte Ausweis bei gleichzeitig strikter Trennung von Pflichtangaben einerseits und freiem Teil andererseits.
Im ersten Fall, der bei den Druckberichten häufig vorzufindenden abwechselnden Anordnung von Pflichtbestandteilen und freien Komponenten,[347] ist eine wechselseitige Beeinflussung unabdingbar. Allerdings kann sie durchaus unterschiedlich stark sein, je nach Inhalt und Umfang der einzelnen Abschnitte. Werden beispielsweise die Pflichtbestandteile geblockt und nur von Elementen des freien Teils "eingerahmt", kann der Leser evtl. noch die inhaltlichen Grenzen abschätzen. Die Prüfungspflicht für den freien Teil wird dadurch jedoch nicht verhindert, da es dem Leser sicherlich nicht möglich ist, die einzelnen Abschnitte aufzunehmen, ohne sie mit den bereits gelesenen Teilen in Verbindung zu bringen.

Handelt es sich um zahlreiche kleine Blöcke aus beiden Bereichen, die eine Art Mosaik bilden, wird die inhaltliche Trennung immer schwerer. Dies gilt z.B. für den Fall, daß der Lagebericht eine Fortführung von Angaben des freien Teils darstellt oder Daten der Pflichtbestandteile in zusätzliche Informationen innerhalb des freien Teils Eingang finden, etwa in einer Kapitalflußrechnung. Intensiviert wird dieser Effekt, wenn die Zahlenwerke, die den eigentlichen Kern der prüfungspflichtigen Komponenten bilden, in einer Art "Anhang" am Ende des Druckberichts erscheinen.[348] Schließt außerdem der gesamte Druckbericht durch

346 Vgl. dazu im einzelnen Abschnitt B.II.2.c3), Seite 75 ff.

347 Vgl. z.B. *Salzgitter* (Geschäftsbericht 1988/89); *RWE Energie* (Bericht 1990/91); *Robert Bosch* (Geschäftsbericht 1990).

348 Vgl. *Karstadt* (Geschäftsbericht 1989) S. 80 ff.; *AKS* (Geschäftsbericht 1989) S. 24 ff.; *PWA* (Bericht 1989) S. 65 ff.

den Bestätigungsvermerk ab, verstärkt sich der Anschein, daß die prüfungspflichtigen Rechenwerke nur die zahlenmäßige Zusammenfassung aller vorangegangenen Angaben, einschließlich des freien Teils, darstellen, die zudem mit dem Bestätigungsvermerk versehen ist. Das Bild, das durch den Jahresabschluß vermittelt wird, ist bei diesem Aufbau des Druckberichts von den Angaben des freien Teils nicht unbedeutend geprägt.

Die zweite Grundform des Druckberichts, die konsequente räumliche Abgrenzung von Pflichtbestandteilen einerseits und freiem Teil andererseits,[349] ist in zwei Ausprägungen denkbar. Entweder wird der gesamte freie Teil vorangestellt oder es erscheint der Block sämtlicher Pflichtbestandteile einschließlich des Bestätigungsvermerks zu Beginn des Berichts. Im ersten Fall, bei vorangestelltem freien Teil, wird dem Leser zunächst die Situation des Unternehmens und dessen Umfeld aus der Sicht der Geschäftsleitung erläutert. Die Pflichtbestandteile schließen sich an den u.U. sehr umfangreichen freien Teil an, wobei der Bestätigungsvermerk den Druckbericht abschließt. Ähnlich wie bei der Vermischung von Elementen des freien Teils und Pflichtangaben besteht auch bei diesem Aufbau die Gefahr, daß der ggf. dominierende freie Teil den Gesamteindruck des Druckberichts bestimmt. Die oft schwieriger zu verstehenden Pflichtangaben wirken wie eine bloße Zusammenfassung, der Bestätigungsvermerk wie ein abschließendes Urteil über den gesamten Druckbericht.

Im zweiten Fall, bei dem zunächst die Pflichtbestandteile einschließlich des Bestätigungsvermerks und danach erst der gesamte freie Teil erscheinen, ist diese Gefahr wesentlich geringer. Die Position des Bestätigungsvermerks unterstreicht die Abgrenzung, dessen Reichweite wird durch den Gesamtaufbau des Druckberichts verdeutlicht. Der freie Teil dagegen besitzt eher den Charakter einer Ergänzung zu den Pflichtbestandteilen, was wiederum dem Willen des Gesetzgebers entspricht. Dennoch läßt sich auch bei diesem Aufbau des Druckberichts die Möglichkeit der Beeinflussung des von den Pflichtbestandteilen gezeichneten Bildes der Unternehmung durch Angaben des freien Teils nicht ausschließen. Es ist davon auszugehen, daß der Gesamteindruck des ganzen Berichts für die Beurteilung der Lage des Unternehmens entscheidend ist.

Als Ergebnis bleibt daher festzuhalten, daß die Kombination *aller* im Druckbericht enthaltenen Komponenten - einschließlich des freien Teils - das im

349 Eine derartige Blockbildung existiert z.B. in *RheinLand Versicherungs-AG* (Bericht 1991).

Rahmen der §§ 316, 317 i.V.m. § 264 Abs. 2 HGB prüfungspflichtige Gesamtbild prägt, das ein durchschnittlich vorgebildeter Interessent vom berichterstattenden Unternehmen gewinnt. Gerade diese Zielgruppe ist jedoch als Maßstab für die Beurteilung der korrekten Publizität heranzuziehen. Bereits die Aktienrechtsreform 1965 verfolgte nämlich das Ziel, durch die Publizitätspflichten breiten Bevölkerungsschichten die Beteiligung an Publikumsgesellschaften zu ermöglichen.[350] Daher kann nicht davon ausgegangen werden, daß sich die Aufgabe der Berichterstattung darin erschöpft, "einen versierten Buchhalter Informationen für einen ebenso versierten Berufskollegen zusammenstellen zu lassen."[351] Als Zielgruppe ist statt dessen ein durchschnittlicher Anleger anzusehen, an dem sich die Gestaltung des Druckberichts zu orientieren hat.[352] Dieses Kriterium ist m.E auch im Rahmen der Prüfung zu beachten. Insofern umfaßt die handelsrechtliche Prüfungspflicht alle Angaben des Druckberichts, die in irgend einer Form den gesetzlich geforderten true and fair view in den Augen des durchschnittlichen Interessenten beeinflussen. Da das auch durch einzelne Angaben des freien Teils geschehen kann, ist dieser Abschnitt in die Prüfung einzubeziehen. Der Aufbau des Druckberichts stellt dieses Ergebnis grundsätzlich nicht in Frage, da eine Beeinflussung des Aussagegehalts der Pflichtangaben durch den freien Teil nicht ausgeschlossen werden kann, unabhängig davon, welcher Grundaufbau des Druckberichts gewählt wird. Allerdings kann die Ausstrahlung des freien Teils durch die Gliederung des Druckberichts beschränkt oder verstärkt werden. Dies hat keine Auswirkung auf die grundsätzliche Prüfungspflicht, spielt allerdings u.U. eine Rolle bezüglich der Prüfungsintensität, der der freie Teil unterliegt.[353]

---

350 Vgl. *Schulte* (Publizitätspraxis 1988) S. 41; *Wiethölter* (Publizitätsinteressen 1962) S. 35 ff.; *Mellerowicz* (Aktiengesetz 1970) Vorbem. § 148 AktG S. 5; *Würdinger* (Aktienrecht 1966) S. 159; *Hax* (Aktienrechtsreform 1962) S. 97 f.

351 *Reuter* (Publizität 1987) S. 431.

352 Zur Zielgruppe und der damit verbundenen Ausgestaltung der Publizität vgl. *Reuter* (Publizität 1987) S. 429 ff.; *Schmidt* (Druckbericht 1992) Sp. 372.

353 Zum genauen Prüfungsumfang, dem der freie Teil unterliegt, vgl. Abschnitt B.III.2.a14), Seite 122 ff.

a13) Die Forderung nach einer gewissenhaften Prüfung gemäß § 323 Abs. 1 HGB

Ein weiteres Indiz für die Ausweitung der Prüfungspflicht auf den freien Teil des Druckberichts ergibt sich aus der Verpflichtung zu einer gewissenhaften Prüfung, die nach § 323 Abs. 1 HGB für den Abschlußprüfer gilt. Der Grundsatz der Gewissenhaftigkeit gehört zu den Standesregeln, denen ein Wirtschaftsprüfer unterliegt. Die Berufsgrundsätze ergeben sich zum Teil aus dem HGB[354] und sind ausführlicher in § 43 WPO aufgezählt. Diese kodifizierten Grundlagen sind jedoch wenig konkret und bedürfen der Interpretation. Die Auslegung erfolgt im wesentlichen anhand der von der *Wirtschaftsprüferkammer* festgestellten "Richtlinien für die Berufsausübung der Wirtschaftsprüfer und vereidigten Buchprüfer".[355] Davon betroffen ist auch der Grundsatz der Gewissenhaftigkeit. Er ist neben der Kodifizierung in § 323 HGB in der WPO niedergelegt[356] und in den von der *Wirtschaftsprüferkammer* herausgegebenen Berufsrichtlinien näher erläutert.[357] Demnach muß der Prüfer "... bei Erfüllung seiner Aufgaben Gesetze und fachliche Regeln beachten sowie nach seinem Gewissen handeln. Er hat sich hierbei von dem Grundsatz der getreuen und sorgfältigen Rechnungslegung leiten zu lassen."[358]

Eine Kernaussage der handelsrechtlichen Rechnungslegung, die es im Rahmen der Prüfung zu beurteilen gilt, besteht jedoch gerade in der Vermittlung des true and fair view. Da der freie Teil des Druckberichts einen bedeutenden Einfluß auf das von den Pflichtbestandteilen geformte Gesamtbild des Unternehmens haben kann, ist m.E. im Rahmen einer gewissenhaften Jahresabschlußprüfung auch der freie Teil in die Prüfung einzubeziehen. Nur so kann letzten Endes eine sorgfältige und getreue Rechnungslegung bestätigt werden. Der Prüfungserweiterung durch den Grundsatz der Gewissenhaftigkeit liegt demnach der gleiche Ansatz zugrunde wie der Prüfungserweiterung infolge einer weiten Auslegung der §§ 316, 317 HGB. Die notwendige Prüfungsintensität dürfte sich daher in beiden

---

354 Vgl. § 319 Abs. 2 und 3 sowie § 323 Abs. 1 HGB.

355 Vgl. *WPK* (Richtlinien 1987) S. 7 ff. Zu Einzelheiten hinsichtlich Wesen und Ableitung der Berufsgrundsätze vgl. *v. Wysocki* (Grundlagen 1988) S. 62 ff.; *Rückle* (Grundsätze 1992) Sp. 759 ff.

356 Vgl. § 43 Abs. 1 WPO.

357 Vgl. *WPK* (Richtlinien 1987) S. 11 ff.

358 *WPK* (Richtlinien 1987) S. 11.

Fällen entsprechen.[359] Zudem wird durch die Aufnahme dieses Grundsatzes in den gleichen Unterabschnitt des HGB, in dem auch Prüfungspflicht und Prüfungsumfang geregelt sind,[360] die Argumentation für eine weite Auslegung der §§ 316, 317 HGB zusätzlich untermauert.

a14) Zur Frage der Prüfungsintensität

Geht man von der Prüfungspflicht für den freien Teil aus, ist zu untersuchen, welcher Prüfungsintensität dieser Druckberichtsabschnitt unterliegt. Entsprechend der oben abgeleiteten Rechtsgrundlage, auf der die Prüfungspflicht für den freien Teil basiert, hat sich die Prüfung nach §§ 316, 317 HGB darauf zu richten, ob die Angaben des freien Teils dem durch die Pflichtbestandteile gezeichneten Gesamtbild des Unternehmens entsprechen.[361] Damit unterliegt nur die Ausstrahlung des freien Teils auf die Pflichtkomponenten der Prüfung. Der freie Teil darf nicht im Widerspruch zu den Pflichtangaben stehen,[362] da sonst deren Aussagen in Zweifel gezogen werden. Eine weitergehende Prüfung ist dagegen nicht notwendig und aufgrund der fehlenden umfassenderen Rechtsgrundlage auch nicht zulässig. Nicht zu beurteilen ist insbesondere, ob die einzelnen Angaben des freien Teils zu einer bestimmten Thematik vollständig oder korrekt sind, soweit dies keine Rückwirkung auf die Pflichtbestandteile hat.[363]

---

359 Zur Frage der Prüfungsintensität vgl. nachfolgenden Abschnitt B.III.2.a14).

360 Alle drei Regelungen sind im dritten Unterabschnitt im dritten Buch des HGB enthalten, der mit *Prüfung* überschrieben ist.

361 Dabei wird unterstellt, daß die Forderung nach dem true and fair view erfüllt ist, wenn die Pflichtangaben isoliert beurteilt werden.

362 Vgl. *v. Wysocki* (Aussagefähigkeit 1990) S. 268; *Clemm/Reittinger* (Lagebericht 1992) Sp. 1182; *Müller* (Kommentierung 1990) § 328 HGB Rn. 5; *ADS* (Rechnungslegung 1987) § 289 HGB Tz. 16 und 97.

363 Dies trifft v.a. auf "neutrale" Darstellungen zu. Vgl. z.B. den Sonderteil "Begegnungen" in *Bayerische Hypotheken- und Wechsel-Bank* (Bericht 1991) nach Seite 72, der das Kulturengagement des Kreditinstituts beschreibt. Vgl. auch die Bilder zum Thema "Schacht und Hütte" und das dazugehörige Exposé in *KPMG Deutsche Treuhand-Gesellschaft* (Geschäftsbericht 1991), die über den gesamten Bericht verteilt sind. In eine ähnliche Richtung zielt der "Sonderteil: Kunst an Bord" in *Hapag-Lloyd* (Geschäftsbericht 1991) nach Seite 29.

Zudem kann bezüglich der aus der Generalnorm abgeleiteten Prüfung des freien Teils keine strengere Prüfungspflicht gefordert werden, als es die gesetzlich explizit geregelte Mindestanforderung im Rahmen der Prüfung der Pflichtbestandteile vorschreibt. Diese Mindestanforderung ist die in § 317 Abs. 1 Satz 3 HGB kodifizierte Gesamteindrucksprüfung des Lageberichts. Danach hat sich die Lageberichtsprüfung weniger an Details als vielmehr am Gesamteindruck des Lageberichts zu orientieren.[364] Die indirekt aus der Generalnorm abgeleitete Prüfungspflicht kann m.E. nicht stärker sein als dieser durch das Gesetz explizit geregelte Prüfungsumfang. Dementsprechend ist auch der freie Teil "nur" einer Gesamteindrucksprüfung zu unterwerfen, bei der mögliche Widersprüche zu den Pflichtbestandteilen aufgedeckt werden sollen. Für die Übertragung der Gesamteindrucksprüfung vom Lagebericht auf den freien Teil spricht außerdem die vergleichbare Zielsetzung dieser Prüfungen. In beiden Fällen bildet der true and fair view den wesentlichen Beurteilungsmaßstab. Sowohl im Lagebericht wie im freien Teil des Druckberichts ist zu prüfen, ob durch die entsprechenden Ausführungen der true and fair view gewahrt wird.[365] Es besteht jedoch ein wesentlicher Unterschied. Während es im Lagebericht möglich, ggf. sogar notwendig ist, das durch den Jahresabschluß gezeichnete Bild zu korrigieren,[366] ist im freien Teil eine von den Pflichtbestandteilen des Druckberichts abweichende Berichterstattung nicht zulässig. Im Gegensatz zum Lagebericht ist es ausdrücklich nicht gestattet, den freien Teil als Korrektiv einzusetzen, da dies einen Widerspruch zur Pflichtberichterstattung beinhalten würde.

Die Ursache der eingeschränkten Prüfungspflicht im Lagebericht ist auch darin zu suchen, daß der Gesetzgeber den berichterstattenden Unternehmen die Gelegenheit gibt, ihre subjektive Einschätzung der Unternehmenssituation einzubringen. Eine sich auf alle Einzelheiten erstreckende Prüfung wäre daher nicht sinnvoll und kaum möglich.[367] Eine ähnliche Situation ist auch im Zusammenhang

---

364 Vgl. *Selchert* (Jahresabschlußprüfung 1988) S. 595; *Clemm/Reittinger* (Lagebericht 1992) Sp. 1187 f.; *Budde/Kofahl* (Kommentierung 1990) § 317 HGB Anm. 15 ff.; *Müller* (Prüfung 1986) Rz. 3; *Marks* (Entwicklungstendenzen 1989) S. 125. Vgl. zu den Ausführungen dieses Teils auch Abschnitt B.II.1.a22), Seite 36 ff.

365 Im Hinblick auf den Lagebericht vgl. *Reittinger* (Lagebericht 1986) Rn 60; *Budde/Kofahl* (Kommentierung 1990) § 317 HGB Anm. 16.

366 *Sahner/Kammers* (Lagebericht 1984) S. 2314; *Baetge/Fischer/Paskert* (Lagebericht 1989) S. 7 ff.; *Reittinger* (Lagebericht 1986) Rn. 60; *Kloock* (Bilanzrechnung 1990) S. 107.

367 Vgl. *Krawitz* (Prüfung 1988) S. 229; *Reittinger* (Lagebericht 1986) Rn. 59, 68 sowie 77 ff.; *Grewe* (Kommentierung 1986) § 317 HGB Rz. 49.

mit dem freien Teil gegeben. Noch in viel stärkerem Maß wie beim Lagebericht wird es dem Unternehmen ermöglicht, zusätzliche Angaben aufzunehmen. Diese Ausführungen sind grundsätzlich nicht gesetzlich geregelt, können demnach stark subjektiv geprägt sein. Die Grenze der Berichterstattung besteht erst in der Unzulässigkeit einer Konterkarierung der Pflichtangaben. Auch dies spricht für eine Gesamteindrucksprüfung.

Im Rahmen der Prüfung des freien Teils ist demnach in einem ersten Schritt zu beurteilen, ob dessen Angaben im Widerspruch zu den Pflichtbestandteilen stehen. Ist dies der Fall, ist auf der zweiten Stufe abzuwägen, ob diese Abweichungen die Pflichtbestandteile derart beeinflussen, daß der true and fair view nicht mehr gegeben ist. Denn nicht die Abweichung allein ist entscheidend, sondern eine tatsächliche Verfälschung des true and fair view. In diesem Zusammenhang ist der Aufbau des Druckberichts[368] von großer Bedeutung. Je enger die Komponenten des freien Teils mit den Pflichtbestandteilen verzahnt sind, um so größer werden die Wechselwirkungen und entsprechend nachhaltiger wirken sich Widersprüche aus. Sind in einem Druckbericht Pflichtbestandteile und Elemente des freien Teils vermischt, können bereits kleine Kontradiktionen zu einer Verfälschung der Aussagen der Pflichtbestandteile führen. Demgegenüber wirken sich Widersprüche weniger stark aus, wenn der Druckbericht in zwei große Abschnitte aufgeteilt wird, einerseits in den Komplex der Pflichtbestandteile, andererseits in den geschlossenen freien Teil. Dies triff v.a. dann zu, wenn die Pflichtbestandteile, abgeschlossen durch den Bestätigungsvermerk, vor dem gesamten freien Teil erscheinen. In diesem Fall ist die Abgrenzung derart auffällig, daß die Wirkung der Pflichtbestandteile nur durch sehr wesentliche Gegensätzlichkeiten des freien Teils beeinflußt wird.

Für den Umfang der Prüfung bedeutet dies, daß sich die formale Abgrenzung direkt auf die Prüfungsintensität auswirkt. Stellt der Druckbericht ein Konglomerat von Pflichtbestandteilen und Elementen des freien Teils dar, sind in die Gesamteindrucksprüfung auch verstärkt Einzelheiten einzubeziehen. Diese Tendenz schwächt sich ab, wenn die Pflichtbestandteile einerseits und der freie Teil andererseits getrennt aufgeführt sind. Werden die Pflichtelemente vorangestellt, erscheint also der Bestätigungsvermerk vor dem gesamten freien Teil, wird sich der Prüfer darauf beschränken können, sich einen kritischen Überblick über den freien Teil zu verschaffen. In diesem Fall genügt somit grundsätzlich die Über-

---

368 Vgl. Abschnitt B.III.2.a123), Seite 118 ff.

prüfung der Kernpunkte des freien Teils. Nicht zuletzt deshalb wird hier die Auffassung vertreten, daß der Druckbericht klar in zwei Teile gegliedert werden sollte: Am Beginn des Berichts ein Block aus allen Pflichtbestandteilen, abgeschlossen durch den Bestätigungsvermerk, und erst anschließend der gesamte freie Teil.[369]

a2) Auf den Grundsätzen ordnungsmäßiger Abschlußprüfung basierende Prüfungserweiterung

Die Ausdehnung der Prüfungspflicht auf den freien Teil kann nicht nur auf den expliziten gesetzlichen Grundlagen bezüglich Prüfungspflicht und -umfang basieren. Daneben besteht die Möglichkeit, daß sich für den Prüfer aus den Grundsätzen ordnungsmäßiger Abschlußprüfung (GoA) die Verpflichtung ergibt, den freien Teil in die Prüfung mit einzubeziehen.

Es ist nicht möglich aber auch nicht sinnvoll, die Durchführung der Jahresabschlußprüfung vollständig gesetzlich oder vertraglich zu regeln. Eine Festlegung in allen Einzelheiten würde dem Prüfer die Möglichkeit nehmen, die Prüfung entsprechend den vorgefundenen Umständen anzupassen. Er benötigt einen gewissen Freiraum, um seine Prüfungshandlungen individuell anpassen zu können.[370] Dieser Freiraum wird ihm auch durch die nicht abschließenden gesetzlichen Bestimmungen gewährt, jedoch nicht unbegrenzt. Den Rahmen für die Prüfungsdurchführung geben nämlich neben den gesetzlichen und vertraglichen Regelungen auch die GoA vor, an die der Prüfer gebunden ist.

Die GoA bilden ein "System überindividueller Normen, die das Verhalten des Prüfers steuern sollen."[371] Ihre Aufgabe ist es, eine willkürliche Nutzung des gesetzlich bzw. vertraglich gewährten Freiraums bei der Prüfungsdurchführung zu verhindern.[372] Demnach sind unter den GoA alle Regeln zu verstehen, die zu beachten sind, wenn eine handelsrechtliche Jahresabschlußprüfung "die in sie

369 Vgl. Abschnitt B.II.2.c3), Seite 80 f.

370 Vgl. *v. Wysocki* (Grundlagen 1988) S. 24 f.; *IDW* (FG 1/1988) Abschnitt B.I.; *Lück* (Wirtschaftsprüfung 1991) S. 32.

371 *v. Wysocki* (Grundlagen 1988) S. 24.

372 Vgl. *Rückle* (Grundsätze 1992) Sp. 755 f.; *Niehus* (Weiterentwicklung 1992) S. 492 ff.; *Mandl* (Grundsätze 1978) S. 646 ff.

durch den Gesetzgeber gesetzten Erwartungen erfüllen soll."[373] Entsprechend den GoB werden die GoA im wesentlichen induktiv oder deduktiv ermittelt.[374] Neben den Verlautbarungen nationaler und internationaler Berufsorganisationen[375] sind dabei v.a. die Ausführungen der Fachwissenschaft sowie die Rechtsprechung zu beachten.[376]

a21) Ableitung aus der zugrundeliegenden Intention des Gesetzgebers

Die GoA dienen hier der Konkretisierung und Auslegung der handelsrechtlichen Regelungen zu Prüfungspflicht und Prüfungsumfang gemäß §§ 316, 317 HGB. Daher bilden die auf diese Vorschriften gerichteten Erwartungen des Gesetzgebers die eigentliche Grundlage für die Ableitung der GoA.[377] Es ist deshalb zu prüfen, ob die Erweiterung der Prüfungspflicht auf den freien Teil mit den Vorgaben der Legislative in Einklang steht. Der Gesetzgeber ermöglicht den berichterstattenden Unternehmen, den Begriff *Geschäftsbericht* mit beliebigem Inhalt zu verwenden, d.h. den Jahresabschluß und den Lagebericht mit zusätzlichen, vom Unternehmen ausgewählten Angaben zusammenzufassen.[378] Die Aufzählung der prüfungspflichtigen Komponenten in den handelsrechtlichen Regelungen legt es nahe, für den freien Teil des Druckberichts die Prüfungspflicht zu negieren. Die Prüfungsfreiheit entspricht m.E. auch grundsätzlich dem Willen des Gesetzgebers. Er ermöglicht es den Unternehmen einerseits, beliebige Inhalte in den Druckbericht aufzunehmen und kann andererseits aufgrund der

---

373 *v. Wysocki* (Grundsätze 1977) S. 176.

374 Vgl. *Rückle* (Grundsätze 1992) Sp. 758 f.; *v. Wysocki* (Grundlagen 1988) S. 25 f. *Beatge/Fischer* gehen von der weiter gefaßten *hermeneutischen Methode* zur Ableitung der GoA aus; vgl. *Baetge/Fischer* (Kommentierung 1990) § 317 HGB Rn. 22 ff. Zu diesem Problemkreis vgl. auch *Larenz* (Methodenlehre 1991) S. 204 ff.

375 National durch das *IDW* und die *WPK*, international z.B. durch *IFAC*, *IASC*, *UEC*. Vgl. *IDW* (WP-Handbuch 1992) B 1 ff., 33 ff. und 56 ff.; *v. Wysocki* (Grundlagen 1988) S. 63; *Kaminski* (Wirtschaftsprüfung 1992) Sp. 2222 ff.; *Budde/Hense* (Kommentierung 1990) § 323 HGB Anm. 11 ff.

376 Vgl. *Rückle* (Grundsätze 1992) Sp. 759 f. In entsprechender Anwendung auf die GoA vgl. *Leffson* (Grundsätze 1987) S. 28 ff.; *Coenenberg* (Jahresabschluß 1991) S. 29 f.

377 Zur Gesetzesauslegung nach der Regelungsabsicht und den Normvorstellungen des historischen Gesetzgebers vgl. *Larenz* (Methodenlehre 1991) S. 328 ff.

378 Vgl. *Biener/Berneke* (Bilanzrichtlinien-Gesetz 1986) S. 249 und S. 289.

Vielfalt potentieller Ausführungen nicht verlangen, diese zusätzlichen Angaben, die nicht in einen Pflichtbestandteil eingebunden sind, auf ihre materielle Richtigkeit hin zu überprüfen. Es ist demnach nicht Aufgabe des Prüfers, die materielle Richtigkeit bzw. die Vollständigkeit des freien Teils auf der Basis einer isolierten Betrachtung zu beurteilen. Betroffen sind davon z.B. beschreibende Angaben zu Produktionsmitteln,[379] allgemein gesellschaftspolitische Ausführungen zu Ländern, mit denen in Zukunft verstärkt kooperiert werden soll[380] sowie kunsthistorische Dokumentationen.[381] Derartige Angaben sind grundsätzlich nicht prüfungspflichtig.

Allerdings gilt die Prüfungsfreiheit nicht uneingeschränkt. Es kann nicht Wille des Gesetzgebers sein, durch die Freistellung bestimmter Elemente des Druckberichts von der Pflichtprüfung, diejenigen Teile zu konterkarieren, die der Prüfung per Gesetz unterliegen und deren Korrektheit i.S.d. zugrundeliegenden Rechnungslegungsvorschriften durch den Bestätigungsvermerk testiert wird. Die Angaben des freien Teils dürfen demnach nicht im Widerspruch zu den Pflichtbestandteilen stehen, da ansonsten das Testat in Frage zu stellen ist. Um einen Widerspruch innerhalb des Druckberichts zu vermeiden, was sicherlich der Intention des Gesetzgebers entspricht, ergibt sich aus den GoA eine Prüfungspflicht für den freien Teil. Dementsprechend ist dieser Abschnitt des Druckberichts darauf durchzusehen, ob er Angaben enthält, die mit Informationen der Pflichtbestandteile korrespondieren. Ist dies nicht der Fall, kann auf eine weitere Prüfung des freien Teils vollständig verzichtet werden. Der Prüfer hat keine Aussage darüber zu treffen, ob die zusätzlichen Ausführungen vollständig oder korrekt sind. Enthält dagegen der freie Teil Angaben, die in Verbindung mit den Informationen der Pflichtbestandteile stehen, hat der Prüfer ihn auf mögliche Widersprüche zu den Pflichtkomponenten durchzusehen. Angesichts der grundsätzlichen Prüfungsfreiheit des freien Teils richtet sich die Aufgabe des Prüfers

---

379 Vgl. *Adam Opel* (Bericht 1989) S. 42 ff.; *Volkswagen* (Bericht 1983) S. 51 ff. *Ford-Werke* (Geschäftsbericht 1989) S. 48 ff.

380 Vgl. den "Sonderbericht: Volkswagen im Reich der Mitte" in *Volkswagen* (Bericht 1988) S. 77 ff.

381 Ein Druckbericht der *Stadt-Sparkasse Solingen* enthält eine Dokumentation mit dem Titel "Die romanische Stiftskirche in Solingen-Gräfrath", die nahezu die Hälfte des gesamten Berichts in Anspruch nimmt; vgl. *Stadt-Sparkasse Solingen* (Geschäftsbericht 1991) nach Seite 40. Vgl. auch *KPMG Deutsche Treuhand-Gesellschaft* (Geschäftsbericht 1990). In diesen Druckbericht wurden zahlreiche Gemälde und Zeichnungen aufgenommen, um das wirtschaftliche Umfeld zur Zeit der Gründung des Unternehmens darzustellen.

dabei nur auf die Beseitigung evtl. enthaltener Diskrepanzen. Die Frage, ob die Angaben für sich gesehen sachlich richtig oder vollständig sind, ist ohne Bedeutung. Wird beispielsweise darüber berichtet, welche wirtschaftlichen Potentiale sich für das Unternehmen aus den Beziehungen zu China ergeben,[382] ist zu untersuchen, ob diese Aussagen zu den geprüften Ausführungen im Lagebericht hinsichtlich der Unternehmenssituation kongruent sind. Das gleiche gilt insbesondere, wenn Daten aus den Pflichtbestandteilen im freien Teil ausgewertet und damit Tendenzen dargestellt werden.

Stellt der Prüfer bei den korrespondierenden Angaben keine Widersprüche fest, hat er die aus den GoA erwachsende Prüfungspflicht bereits erfüllt. Stößt er dagegen auf Ungereimtheiten, ist zu klären, welche Angaben der Realität entsprechen, diejenigen des Pflichtelements oder die des freien Teils. Sind - wie hier unterstellt - die testierten Informationen der Pflichtbestandteile korrekt, hat er auf eine Abänderung der Ausführungen im freien Teil hinzuwirken.[383] In diesem Sinn ist auch die tendenziell einseitige Berichterstattung im freien Teil, z.B. die bloße Darstellung der Chancen ohne Berücksichtigung der Risiken, als Widerspruch zu betrachten, wenn dies zu einer Abschwächung der Aussagen in den Pflichtbestandteilen führt.

a22) Konkretisierung in Verlautbarungen und Kommentierung

Als GoA andeutungsweise konkretisiert wird die Prüfung des freien Teils im Fachgutachten 1/1988 des *IDW*. Demnach hat der "Abschlußprüfer die Prüfungshandlungen ... so zu bestimmen, daß ... die geforderte Beurteilung der Rechnungslegung möglich wird."[384] Die Beurteilung der Rechnungslegung in dem vom Gesetzgeber vorgegebenen Rahmen ist nur möglich und sinnvoll, wenn sich die testierten Bestandteile der Rechnungslegung sowie der freie Teil nicht widersprechen. Dies wiederum ist nur durch eine Prüfung des freien Teils zu gewährleisten.

---

382 Vgl. *Volkswagen* (Bericht 1988) S. 80 ff.

383 Bezüglich der Möglichkeiten zur Durchsetzung dieser Forderung vgl. Abschnitt B.III.2.b2), Seite 135 ff.

384 *IDW* (FG 1/1988) Abschnitt B.I.

Ein weiteres Indiz für die Prüfungsausweitung enthält das Fachgutachten 1/1953 i.d.F. 1990 des *IDW*, das den Prüfer von der Verpflichtung zur Überwachung der Veröffentlichung des Jahresabschlusses und Lageberichts i.S.d. §§ 325 ff. HGB freistellt. Zwar betrifft das Fachgutachten nicht unmittelbar die hier behandelte Problematik der Prüfung des freien Teils, da die handelsrechtliche Pflichtveröffentlichung zeitlich nachgelagert ist. Die Kernaussage des Gutachtens ist jedoch von grundlegender Bedeutung: Der Abschlußprüfer "muß darauf bedacht sein, daß das Vertrauen auf seinen Bestätigungsvermerk nicht leidet."[385] Diese Verpflichtung spricht nämlich für die Ausweitung der Prüfungspflicht auf den freien Teil im Rahmen der GoA, denn Widersprüche innerhalb des Druckberichts stellen nicht nur den Inhalt der Pflichtbestandteile in Frage, sondern letztlich auch die Glaubwürdigkeit des Testats. Daß der Gesetzgeber eine derartige Aushöhlung der Pflichtberichterstattung und des Bestätigungsvermerks durch die fehlende explizit formulierte Prüfungspflicht für den freien Teil wollte, kann jedoch nicht unterstellt werden.

Die Verpflichtung zur Durchsicht des freien Teils ergibt sich schließlich auch aus internationalen Vorgaben. Der Leitsatz für die Abschlußprüfung "Auditing Guideline 14" der *International Federation of Accountants (IFAC)* trägt den Titel "Sonstige Informationen in Unterlagen, die geprüfte Jahresabschlüsse enthalten."[386] Nach diesem Leitsatz hat der Prüfer die Pflicht, den freien Teil[387] durchzusehen, um Widersprüche mit den Pflichtbestandteilen auszuschließen. Nicht zu prüfen ist jedoch, ob die Angaben des freien Teils angemessen dargestellt sind.[388] Zweck dieser Überprüfung des freien Teils ist es, die Unterminierung der Pflichtbestandteile und damit des Testats durch eine verzerrte Darstellung im freien Teil zu verhindern.[389] Die Argumentation entspricht damit der oben vertretenen Auffassung. Fraglich ist jedoch, inwieweit dieser internationale Leitsatz für den inländischen Prüfer verbindlich ist. Eine unmittelbare Verpflichtung besteht nicht.[390] Die Mitgliedsorganisationen der internationalen

---

385 *IDW* (FG 1/1953 i.d.F. 1990) S. 5.

386 Der englische Originaltitel lautet: "Other Informations in Documents Containing Audited Financial Statements." Vgl. *IFAC* (Guideline 14 1984) S. 125.

387 Im Leitsatz als *other information* bezeichnet. Vgl. *IFAC* (Guideline 14 1984) Paragraph 1 f.

388 Vgl. *IFAC* (Guideline 14 1984) Paragraph 6.

389 Vgl. *IFAC* (Guideline 14 1984) Paragraph 6.

390 Vgl. *IDW* (FG 1/1988) Abschnitt C.IV. Anm. 2.

Berufsorganisationen haben sich jedoch verpflichtet, die internationalen Verlautbarungen in nationale Grundsätze und Vorschriften zu transformieren, soweit dies nicht den bestehenden nationalen Regelungen widerspricht.[391] Ein derartiger Widerspruch ist m.E. nicht gegeben, wie die oben dargestellte Ableitung der Prüfungspflicht für den freien Teil aus dessen Bedeutung im Hinblick auf den true and fair view gezeigt hat. Die Prüfungserweiterung im Sinne der Forderung nach einer übereinstimmenden Berichterstattung im gesamten Druckbericht widerspricht auch nicht der Intention des Gesetzgebers bezüglich des gesetzlich geregelten Prüfungsumfangs. Daher ist der Leitsatz 14 des *IFAC* bei der Ableitung der GoA zu beachten. Er untermauert die Forderung nach einer Prüfungspflicht für den freien Teil.

Hinsichtlich der Prüfungspflicht für die Angaben des freien Teils kommen *Adler/Düring/Schmaltz* in der Kommentierung zu § 289 HGB wohl zum gleichen Ergebnis, falls der dort verwendete Begriff *Prüfungsaufgaben* i.S.d. der GoA interpretiert wird. Im einzelnen wird ausgeführt: "Den freiwilligen Teil des Geschäftsberichts ..., der dem Abschlußprüfer gemäß § 320 HGB vorzulegen ist, wird er im Rahmen der Wahrnehmung der Prüfungsaufgaben daraufhin durchzusehen haben, ob er nicht in Widerspruch zum Lagebericht ... steht."[392] Allerdings lehnen *Adler/Düring/Schmaltz* in ihrer gesamten übrigen Kommentierung die Prüfungspflicht für den freien Teils konsequent ab, was zu einem Widerspruch in der Gesamtkommentierung führt.[393]

Es bleibt festzuhalten, daß die Angaben des freien Teils nicht isoliert hinsichtlich Wahrheit und Vollständigkeit zu prüfen sind. Dennoch ergibt sich aus den GoA für den Prüfer die Obliegenheit, den freien Teil auf Widersprüche zu den

---

391 Vgl. *Havermann* (Fachorganisationen 1992) Sp. 524 f.; *IDW* (WP-Handbuch 1992) B 56; *v. Wysocki* (Grundlagen 1988) S. 63; *Kaminski* (IFAC 1989) S. 382 f.; *Kaminski* (IASC 1989) S. 381 f.

392 *ADS* (Rechnungslegung 1987) § 289 HGB Tz. 98.

393 Vgl. *ADS* (Rechnungslegung 1987) § 284 HGB Tz. 37 sowie § 289 HGB Tz. 16 und 40. Da bei diesen Quellenangaben die Prüfungspflicht strikt abgelehnt wird, gleichzeitig jedoch ein Querverweis auf die in der Kommentierung zu § 289 HGB geforderte Prüfungspflicht (Tz. 98) fehlt, kommt es zu einem Widerspruch in der Gesamtkommentierung. Die Forderung nach der Prüfungspflicht einerseits und der Prüfungsfreiheit andererseits stehen sich gleichrangig gegenüber.
Auch die Ableitung der Vorlagepflichten aus § 320 HGB im Rahmen der GoA erscheint inkonsequent, da diese Vorlagepflichten an die Prüfungspflicht gemäß §§ 316, 317 HGB anknüpfen. Dort wird jedoch von *ADS* die Prüfungspflicht abgelehnt. Vgl. dazu im einzelnen Abschnitt B.III.1.a2), Seite 94 ff.

Pflichtkomponenten des Druckberichts durchzusehen und diese ggf. korrigieren zu lassen. Im Unterschied zu der aus der weiten Auslegung der §§ 316, 317 HGB abgeleiteten Prüfungspflicht[394] bilden hier keine gesetzlich kodifizierten Regelungen sondern die GoA die Rechtsgrundlage für die Prüfungserweiterung. Wird also die weite Auslegung der handelsrechtlichen Regelungen zu Prüfungspflicht und -umfang abgelehnt, ist dennoch eine Prüfung des freien Teils aufgrund der GoA durchzuführen. Hinsichtlich des Prüfungsumfangs unterscheiden sich beide Rechtsgrundlagen nicht, wenn auch von verschiedenen Blickrichtungen ausgegangen wird. Bei der Prüfung nach §§ 316, 317 HGB handelt es sich um eine Gesamteindrucksprüfung in Anbetracht der Vermittlung des true and fair view. Bei der Prüfung unter Beachtung der GoA soll gezielt nach Widersprüchen zwischen freiem Teil einerseits und den Pflichtbestandteilen andererseits Ausschau gehalten werden. Bei der praktischen Durchführung kommen die beiden Verfahren jedoch zum gleichen Ergebnis, da es die von den Pflichtbestandteilen abweichenden Angaben sind, die den true and fair view beeinflussen. Abweichende Angaben stellen jedoch nichts anderes als Widersprüche innerhalb eines in sich geschlossenen Berichts dar. Dazu gehört auch die fälschlicherweise in nur eine Richtung angelegte Berichterstattung.

b) Auswirkungen einer erweiterten Prüfungspflicht

Die Erweiterung der Prüfungspflicht auf den freien Teil ist nur der erste Schritt. Wird die Prüfungspflicht bejaht, ist zu untersuchen, welche Konsequenzen sich hinsichtlich der Prüfungsdurchführung ergeben. Es stellt sich die Frage, ob die Folgen dieser Prüfung denen der Prüfung der Pflichtbestandteile entsprechen, ob z.B. die Vorschriften über die Vorlage- und Auskunftsrechte oder hinsichtlich des Bestätigungsvermerks auf die Prüfung des freien Teils analog anzuwenden sind.

394 Vgl. Abschnitt B.III.2.a1), Seite 106 ff.

b1) Die Bedeutung für die Vorlage- und Offenlegungspflichten des Unternehmens sowie das Auskunftsrecht des Prüfers

b11) Vorlagepflicht und Auskunftsrecht

Nach der hier vertretenen Auffassung der Erweiterung der Prüfungspflicht auf den freien Teil, ist diese unter die Bestimmungen der §§ 316, 317 HGB zu subsumieren, die die Prüfungspflicht und den Prüfungsumfang regeln. Die Vorlagepflichten des berichterstattenden Unternehmens bzw. die Auskunftsrechte des Prüfers nach § 320 HGB knüpfen wiederum an diese Regelungen an. Alle Bereiche, die unter die Prüfungspflicht i.S.d. §§ 316, 317 HGB fallen, sind auch vorlagepflichtig bzw. unterliegen dem Auskunftsrecht.[395] Das berichterstattende Unternehmen hat demnach gemäß § 320 Abs. 1 HGB alle Angaben dem Prüfer vorzulegen, die zusammen mit den geprüften Pflichtbestandteilen und dem Bestätigungsvermerk veröffentlicht werden sollen. Außerdem kann er gemäß § 320 Abs. 2 HGB alle Aufklärungen und Nachweise verlangen, die für eine gewissenhafte Prüfung notwendig sind.[396] Da die Prüfung den freien Teil einschließt, unterliegt dieser ebenso den Vorlage- und Auskunftspflichten wie die zu prüfenden Pflichtbestandteile.

Im Zusammenhang mit der Prüfungserweiterung durch die GoA kommt man zu einem ähnlichen Ergebnis. Die GoA umfassen nicht nur die Pflicht zur Prüfung des freien Teils sondern gleichzeitig die entsprechenden Vorlagepflichten und Auskunftsrechte,[397] da eine aus dem Willen des Gesetzgebers abgeleitete Prüfungspflicht nicht an mangelnden Informationspflichten scheitern kann. Bilden die GoA die Rechtsgrundlage für die Ausweitung der Prüfung, ist somit die Bezugnahme auf die Vorlagepflichten und Auskunftsrechte nach § 320 HGB nicht notwendig und auch nicht schlüssig. § 320 HGB greift als Rechtsgrundlage

---

395 Zur Verknüpfung von Prüfungs- und Vorlagepflicht bzw. Auskunftsrecht mit der Prüfungspflicht vgl. *ADS* (Rechnungslegung 1987) § 320 HGB Tz. 1; *Baetge/Göbel* (Kommentierung 1990) § 320 HGB Rn. 2 f.; *Sarx* (Kommentierung 1990) § 320 HGB Anm. 1 und 4; *Grewe* (Kommentierung 1986) § 320 HGB Rz. 10. Vgl. auch Abschnitt B.III.1.a2), Seite 94 ff.

396 Zum Umfang der Auskunftsrechte des Prüfers im einzelnen vgl. *Jacobs* (Auskunftsrechte 1992) Sp. 132 ff.; *Göbel* (Vorlagepflicht 1988) S. 62 f.; *Herrmann* (Kommentierung 1989) § 320 HGB Rdn. 1.

397 Vgl. *Rückle* (Grundsätze 1992) Sp. 755.

nur im Zusammenhang mit der Prüfungspflicht nach §§ 316, 317 HGB, die jedoch ausdrücklich nicht Voraussetzung für die Prüfung nach den GoA ist. Insofern erscheint ein Verweis auf § 320 HGB im Rahmen der durch die GoA begründete Prüfungspflicht für den freien Teil, wie er in der Literatur zu finden ist,[398] nicht folgerichtig. Die Prüfungspflicht basiert hier nicht auf speziellen, gesetzlich kodifizierten Regelungen, sondern auf den GoA, die aus der Intention des Gesetzgebers abgeleitet werden. Dies gilt entsprechend für die Vorlagepflichten und Auskunftsrechte, deren Rechtsgrundlage dann ebenfalls durch die GoA und nicht durch einzelne handelsrechtliche Vorschriften gebildet wird. Im Umfang entsprechen die Auskunftsrechte und Vorlagepflichten jedoch denjenigen des § 320 HGB.

b12) Offenlegungspflichten

Die Pflichtpublizität, die gemäß § 325 Abs. 1 und 2 HGB die Bekanntmachung im Bundesanzeiger und die Einreichung zum Handelsregister umfaßt, bezieht sich explizit auf den Jahresabschluß, den Lagebericht, den Bestätigungsvermerk bzw. den Vermerk über dessen Versagung, den Bericht des Aufsichtsrats sowie den Vorschlag und Beschluß zur Gewinnverwendung.[399] Der freie Teil des Druckberichts ist nicht genannt und nach h.M. auch nicht offenlegungspflichtig.[400] Es stellt sich dennoch die Frage, ob nicht die Offenlegungspflicht bei weiter Auslegung der §§ 316, 317 HGB ebenso erweitert werden muß, wie die Vorlagepflicht des berichtenden Unternehmens und die Auskunftsrechte des Prüfers. Eine Offenlegungspflicht für den freien Teil ist jedoch, unabhängig vom Prüfungsumfang, eindeutig zu verneinen. Die in § 320 HGB geregelten Vorlage und Auskunftsrechte sind dem dritten Unterabschnitt des Dritten Buches im HGB zugeordnet, beziehen sich daher unmittelbar auf die Prüfungspflicht und den Prüfungsumfang. Demgegenüber befindet sich die Regelung des § 325 HGB im vierten Unterabschnitt des dritten Buches, ein direkter Bezug zu §§ 316, 317 HGB fehlt. Dies wird auch dadurch verdeutlicht, daß die Offenlegungspflichten

---

398 Vgl. *ADS* (Rechnungslegung 1987) § 289 HGB Tz. 98; *Rückle* (Grundsätze 1992) Sp. 756.

399 Vgl. § 325 Abs. 1 S. 1 HGB.

400 Vgl. *Müller* (Einführung 1986) Rz. 7; *Schmidt* (Druckbericht 1992) Sp. 371; *ADS* (Rechnungslegung 1987) § 289 HGB Tz. 16 und 40.

des § 325 HGB den Bericht des Aufsichtsrats umfassen, der aufgrund seiner Aufgabenstellung niemals unter die Jahresabschlußprüfung i.S.d. §§ 316 ff. HGB fallen kann. Eine Erweiterung der Offenlegungspflicht im Rahmen der weiten Auslegung von Prüfungspflicht und Prüfungsumfang nach §§ 316, 317 HGB ist daher auszuschließen.

Neben dem eher formalen Argument der gesetzessystematischen Anordnung der betroffenen Bestimmungen, spricht auch die Argumentationskette, die der Erweiterung der Prüfungsplicht auf den freien Teil zugrunde liegt, gegen eine Ausweitung der Offenlegungspflicht. Ausgangspunkt für die Ausdehnung der Prüfungspflicht ist das Problem, daß die Pflichtbestandteile zwar dem true and fair view entsprechen, dieses Bild jedoch durch den freien Teil verfälscht werden kann. Unabhängig von der Prüfung des freien Teils ist zunächst dafür Sorge zu tragen, daß die Pflichtbestandteile die Situation des Unternehmens i.S.d. Gesetzes korrekt darstellen. Im Rahmen der gesetzlichen Offenlegungspflichten werden dann ausschließlich diese Druckberichtskomponenten im Bundesanzeiger veröffentlicht bzw. zum Handelsregister eingereicht. Da der freie Teil nicht Bestandteil der Pflichtpublizität ist, kann eine Verfälschung des durch die Pflichtbestandteile vermittelten korrekten Unternehmensbilds ausgeschlossen werden; Widersprüche sind von vornherein nicht möglich. Der Leser erhält Gelegenheit, die Pflichtbestandteile gänzlich ohne Beeinflussung durch den freien Teil zu beurteilen. Die Erweiterung der Offenlegungspflichten auf den freien Teil würde somit eher die Pflichtpublizität ungerechtfertigt erschweren, da es gerade Sinn und Zweck der Ausdehnung der Prüfungspflicht ist, eine Verfälschung der Pflichtbestandteile durch Elemente des freien Teils zu verhindern. Diese Gefahr besteht jedoch im Rahmen der Pflichtpublizität nicht, solange die Pflichtkomponenten ohne den freien Teil veröffentlicht werden.

Diese Argumentation gilt für die Ausweitung der Prüfungspflicht aufgrund der GoA entsprechend. Auch hier läßt sich eine erweiterte Offenlegungspflicht nicht ableiten, da die Pflichtpublizität in keiner Weise die Zielsetzung der erweiterten Prüfungspflicht unterstützen würde.

Es bleibt festzuhalten, daß die Pflichtpublizität nicht auf den prüfungspflichtigen freien Teil auszudehnen ist. Dennoch ist es den Unternehmen freigestellt, den gesamten Druckbericht im Bundesanzeiger offenzulegen und zum Handelsregister einzureichen. Auch wenn diese Vorgehensweise bereits aus Kostengründen als sehr unwahrscheinlich anzusehen ist,[401] stellt sie vor dem Hintergrund der erweiterten Prüfungspflicht kein Problem dar. Unterliegt nämlich der freie Teil des Druckberichts einer Gesamteindrucksprüfung, ist die Gefahr einer Konterkarierung der Pflichtbestandteile gebannt.

b2) Konsequenzen für die Berichterstattung des Prüfers

b21) Zur Anwendbarkeit der Berichterstattung nach §§ 321, 322 HGB im Rahmen einer erweiterten Prüfung

Die Notwendigkeit einer kongruenten Darstellung im gesamten Druckbericht und die damit verbundene Prüfungspflicht für den freien Teil ist nur sinnvoll, wenn ein Verstoß gegen die Pflicht zur widerspruchsfreien Berichterstattung mit Sanktionen belegt werden kann. Die Instrumente der Berichterstattung nach §§ 321, 322 HGB, der Prüfungsbericht und der Bestätigungsvermerk, bilden dabei die dem Prüfer zur Verfügung stehenden Mittel. Diese handelsrechtlichen Regelungen sind auch im Zusammenhang mit der Prüfung des freien Teils einschlägig, da sich die Prüfungserweiterung im Rahmen der §§ 316, 317 HGB bewegt und daher die im gleichen Unterabschnitt des HGB geregelten Berichterstattungspflichten unmittelbar involviert sind. Auch die Prüfungserweiterung nach den GoA umfaßt eine den §§ 321, 322 HGB entsprechende Berichterstattung. Denn ohne Sanktionsmöglichkeiten könnte der Intention des Gesetzgebers nach einer widerspruchsfreien Darstellung nicht entsprochen werden. Andere Maßnahmen sind jedoch kaum denkbar, da das dem Prüfer zur Verfügung stehende Instrumentarium von vornherein eng begrenzt ist und es nicht zulässig erscheint, zusätzliche, im Gesetz nicht kodifizierte Sanktionsmöglichkeiten einzuräumen. Schließlich werden auch in der Verlautbarung des *IFAC* Maßnahmen vorgeschlagen, die im Kern den Möglichkeiten entsprechen, die das Handelsrecht dem Prüfer im Rahmen seiner Berichterstattung gewährt.[402]

---

401 Von den 74 im Rahmen der empirischen Studie untersuchten Unternehmen veröffentlichte dennoch eine Gesellschaft ihren gesamten Druckbericht auf diese Art. Vgl. *AEG* (Geschäftsbericht 1989), vollständig veröffentlicht im Bundesanzeiger 1990 S. 5669 ff.

402 Vgl. *IFAC* (Guideline 14 1984) Paragraph 11.

Allerdings kann es unter beiden Rechtsgrundlagen nur zu einer analogen Anwendung der Regelungen zur Berichterstattung des Prüfers kommen, da auf die Prüfung des freien Teils in den Bestimmungen der §§ 321, 322 HGB nicht explizit Bezug genommen wird. Es ist davon auszugehen, daß über diesen Teil der Prüfung nicht zu berichten ist, wenn sich keine Widersprüche zwischen den Pflichtbestandteilen auf der einen und dem freien Teil auf der anderen Seite ergeben haben. In diesem Fall werden die Pflichtbestandteile nicht durch Angaben des freien Teils beeinflußt, die gesetzlich explizit vorgeschriebene Berichterstattung des Prüfers, die grundsätzlich auf die Buchführung, den Jahresabschluß und den Lagebericht begrenzt ist,[403] reicht somit aus. Im folgenden wird daher untersucht, in welcher Form und in welchem Umfang die Berichterstattung auszudehnen ist, wenn im Rahmen der Prüfung des freien Teils widersprüchliche Aussagen aufgedeckt werden.

Stellt der Prüfer fest, daß im freien Teil des Druckberichts Angaben enthalten sind, die im Widerspruch zu den als korrekt eingestuften Informationen der Pflichtbestandteile stehen, wird er zunächst die geschäftsführenden Organe des berichterstattenden Unternehmens auf die Diskrepanzen hinweisen und sie ersuchen, den freien Teil entsprechend abzuändern. Nur wenn dieser Aufforderung nicht nachgekommen wird, sind von Seiten des Prüfers angemessene Maßnahmen zu ergreifen. Welche dies sind, wird sich nach der Bedeutung der Ungereimtheiten des Druckberichts im Hinblick auf den Gesamteindruck richten.

b22) Auswirkung auf den Bestätigungsvermerk

Die Intensität der Prüfung des freien Teils entspricht der Gesamteindrucksprüfung, der der Lagebericht unterworfen ist.[404] Insofern liegt es nahe, die im Zusammenhang mit der Gesamteindrucksprüfung des Lageberichts entwickelten Maßstäbe für die Erteilung des Bestätigungsvermerks auf die Prüfung des freien

403 Dies gilt für den Fall, daß die Pflichtbestandteile ein den tatsächlichen Verhältnissen entsprechendes Bild des Unternehmens wiedergeben. Es wird hier unterstellt, daß sonst keine Gründe für besondere Berichtspflichten nach § 321 Abs. 2 HGB sowie für eine Erweiterung bzw. Einschränkung des Bestätigungsvermerks nach § 322 Abs. 2 und 3 HGB vorliegen. Zu den Berichterstattungspflichten im einzelnen vgl. *IDW* (FG 2/1988) Abschnitt B. ff.; *IDW* (FG 3/1988) Abschnitt B. ff.; *Raff/Brandl* (Prüfungsbericht 1988) Rn. 8 ff.; *Pohlentz* (Prüfungsbericht 1992) Sp. 1499 ff.; *Gmelin/Weber* (Prüfungsbericht 1993) Sp. 1662 ff.

404 Vgl. Abschnitt B.III.2.a14), Seite 122 ff.

Teils zu übertragen.[405] Die Erteilung des Bestätigungsvermerks in einer von der Kernfassung des § 322 Abs. 1 HGB abweichenden Fassung stellt bereits ein bedeutendes Sanktionsinstrument des Prüfers dar, da aufgrund der vorgegebenen Formalisierung eine Abweichung auch den Interessenten mit geringerem Hintergrundwissen auffallen wird.[406] Der Prüfer hat demnach genau abzuwägen, ob er den Bestätigungsvermerk in Form der Kernfassung erteilt oder nicht. Noch weit schwerwiegender als die Abänderung der Kernfassung ist die Versagung des Bestätigungsvermerks. Dabei ist jedoch die Frage zu stellen, ob eine derart drastische Maßnahme bei der hier diskutierten Problematik überhaupt zur Anwendung kommen kann.

Kommt der Abschlußprüfer im Rahmen der erweiterten Prüfung zu dem Ergebnis, daß der freie Teil keine Angaben enthält, die im Widerspruch zu den Pflichtbestandteilen stehen, hat er den Bestätigungsvermerk in der gesetzlich vorgegebenen Kernfassung zu erteilen.[407] Das gleiche gilt, falls existierende Widersprüche derart unwesentlich sind, daß dadurch keine Beeinträchtigung des durch die Pflichtbestandteile gezeichneten Unternehmensbilds zu befürchten ist. Ein ergänzender Hinweis auf die erweiterte Prüfung ist nicht notwendig und nicht zulässig. Da die Zielsetzung der Prüfungserweiterung nur darin besteht, die Aussagen der Pflichtbestandteile und damit letztlich auch des Testats nicht durch den freien Teil konterkarieren zu lassen, bedarf es eines derartigen Hinweises nicht, wenn die Gefahr einer Verfälschung nicht besteht. Eine Ergänzung würde statt dessen den Leser eher verwirren.

Der Bestätigungsvermerk testiert bereits in seiner Kernfassung ausdrücklich die Einhaltung der durch § 264 Abs. 2 HGB aufgestellten Generalnorm im Jahresabschluß.[408] Der Gesetzgeber legte darauf großen Wert, denn in der Regierungs-

---

405 Nachfolgend wird unterstellt, daß gegen die Pflichtbestandteile keine Einwendungen zu erheben sind und der Bestätigungsvermerk daher uneingeschränkt zu erteilen wäre.

406 Die formelhafte Wiedergabe des Bestätigungsvermerks ermöglicht eine stets gleichbleibende Interpretation durch den Leser. Vgl. *v. Wysocki* (Grundlagen 1988) S. 300; *IDW* (FG 3/1988) Abschnitt C.I.; *Bolsenkötter* (Bestätigungsvermerk 1992) Sp. 211; *Friedmann* (Wirtschaftsprüfertestat 1989) S. 19.

407 Zum Anspruch auf Erteilung der Kernfassung des Bestätigungsvermerks vgl. *Goerdeler* (Bestätigungsvermerk 1993) Sp. 132; *Erle* (Bestätigungsvermerk 1990) S. 55 ff.; *ADS* (Rechnungslegung 1987) § 322 HGB Tz. 86 m.w.N.

408 Vgl. *ADS* (Rechnungslegung 1987) § 322 HGB Tz. 7; *Sarx* (Kommentierung 1990) § 320 HGB Anm. 20; *Breycha/Schäfer* (Kommentierung 1990) § 322 HGB Rn. 7. Diese Bestätigung gilt im Ergebnis auch für den Lagebericht, da dieser nach § 289 Abs. 1 HGB

begründung zur Neufassung des Bestätigungsvermerks heißt es: "Da es ... das Ziel des Jahresabschlusses ist, ein den tatsächlichen Verhältnissen entsprechendes Bild der Vermögens-, Finanz- und Ertragslage des Unternehmens zu vermitteln, kann auch der Bestätigungsvermerk nur erteilt werden, wenn die Abschlußprüfer zu dem Ergebnis kommen, daß diese Forderung des Gesetzes erfüllt ist."[409] Daher kann der Prüfer den Bestätigungsvermerk nicht in seiner Kernfassung erteilen, wenn er Widersprüche innerhalb des Druckberichts feststellt, die den durch die Pflichtbestandteile gebildeten true and fair view beeinträchtigen. Verfälscht der freie Teil den Gesamteindruck der Pflichtbestandteile, hat der Prüfer den Bestätigungsvermerk gemäß § 322 Abs. 3 HGB einzuschränken, da dann ein uneingeschränkt positives Gesamturteil nicht mehr abgegeben werden kann.[410] Die bloße Ergänzung des Bestätigungsvermerks nach § 322 Abs. 2 HGB kommt in diesem Zusammenhang nicht in Betracht, da dabei ein grundsätzlich positives Gesamturteil vorauszusetzen wäre.[411] Eine derartige Erweiterung würde zwar dazu dienen, einen falschen Eindruck über den Inhalt der Prüfung und die Tragweite des Bestätigungsvermerks zu verhindern, dies jedoch vor dem Hintergrund eines positiven Gesamturteils. Ein positives Votum kann jedoch bei einer widersprüchlichen Darstellung im Druckbericht nicht mehr abgegeben werden. Insofern kommt als Sanktionsmöglichkeit nur die Einschränkung, nicht jedoch die Ergänzung des Bestätigungsvermerks in Frage.

Die Prüfung des freien Teils stellt eine Gesamteindrucksprüfung dar, wie sie auch auf den Lagebericht anzuwenden ist. Da keine gesetzlichen Regelungen zu

---

ein den tatsächlichen Verhältnissen entsprechendes Bild zu vermitteln hat und darunter die Einhaltung der Generalnorm i.S.d. § 264 Abs. 2 HGB verstanden wird (vgl. Abschnitt B.III.2.a122), Seite 112 ff.). Durch den Bestätigungsvermerk wird nach § 322 Abs. 1 HGB testiert, daß der Lagebericht im Einklang mit dem Jahresabschluß steht, womit insgesamt die Einhaltung der Generalnorm i.S.v. § 264 Abs. 2 HGB für beide Abschnitte zu bestätigen ist.

409 Regierungsbegründung zu § 280 HGB-E, zitiert nach *Helmrich* (Bilanzrichtlinien-Gesetz 1986) S. 282.

410 Vgl. *IFAC* (Guideline 14 1984) Paragraph 11; dort wird u.a. vorgeschlagen, dem Bestätigungsbericht einen erläuternden Abschnitt über den Widerspruch anzufügen, was in entsprechender Anwendung der handelsrechtlichen Regelungen einer Einschränkung des Bestätigungsvermerks gleichkommt. Zur Einschränkung des Bestätigungsvermerks im einzelnen vgl. *Raff/Brandl* (Prüfungsbericht 1988) Rn. 124 ff.; *Grewe* (Kommentierung 1986) § 322 HGB Rz. 51 ff.; *IDW* (FG 3/1988) Abschnitt C.III.

411 Zu den Möglichkeiten einer Ergänzung des Bestätigungsvermerks vgl. *Otte* (Ergänzungen 1988) S. 73 ff.; *Reiche* (Ergänzungen 1987) S. 684 ff.; *Marks* (Entwicklungstendenzen 1989) Teil I S. 128; *Ludewig* (Bestätigungsvermerk 1986) S. 379.

Form und Inhalt des freien Teils existieren, ist das berichterstattende Unternehmen in der Auswahl der im freien Teil aufgenommenen Ausführungen völlig frei. Außerdem muß der Unternehmung eine subjektive Darstellung zugestanden werden, wie sie bereits im Lagebericht erlaubt ist.[412] Dementsprechend ist die Einschränkung des Bestätigungsvermerks nur möglich, wenn es sich bei den Ungereimtheiten im freien Teil um massive Widersprüche handelt.[413] Sie müssen derart gravierend sein, daß der sich aus den Pflichtbestandteilen ergebende true and fair view tangiert wird. Dies ist z.B. der Fall, wenn in einem ausführlichen freien Teil die Situation des Unternehmens als sehr positiv dargestellt wird, während sich aus den Pflichtbestandteilen genau das gegenteilige Bild ergibt. Außerdem ist es möglich, daß im freien Teil falsch ausgewiesene wichtige Einzeldaten, die nicht mit den Zahlenwerken der Pflichtbestandteile übereinstimmen, zu einer Einschränkung führen. Die Anordnung der einzelnen Komponenten des Druckberichts spielt dabei für die Beurteilung der Beeinträchtigung des true and fair view durch die widersprüchlichen Angaben eine große Rolle. Je intensiver der freie Teil mit den Pflichtbestandteilen verknüpft wird, um so stärker wirken sich die fehlerhaften Angaben aus.[414] Der Prüfer hat sich unter Berücksichtigung der endgültigen Anordnung der einzelnen Druckberichtskomponenten ein Gesamturteil zu bilden.

Ein Problem ergibt sich in diesem Zusammenhang aus der Tatsache, daß der Bestätigungsvermerk unverändert im Rahmen der Pflichtpublizität nach § 325 Abs. 1 bis 3 HGB offenzulegen ist. Diese Veröffentlichung enthält jedoch i.d.R. nicht den freien Teil. Es kann demnach dazu kommen, daß ausschließlich die Pflichtbestandteile zusammen mit einem Testat, das eine Einschränkung bezüglich des freien Teils enthält, im Bundesanzeiger veröffentlicht und zum Handelsregister eingereicht werden. Es stellt sich die Frage, ob dies nicht den Leser eher verwirrt und damit das Ziel einer Einschränkung des Bestätigungsvermerks verfehlt wird. Diese "Ungereimtheit" in der Pflichtpublizität ist jedoch m.E. aus verschiedenen Gründen vertretbar. Zunächst ist davon auszugehen, daß sich die Offenlegung gemäß § 325 HGB fast ausschließlich an Spezialisten mit entspre-

---

412 Zur grundsätzlich freien Gestaltungsmöglichkeit des freien Teils vgl. Abschnitt B.II.1.c3), Seite 47 f.

413 Vgl. in entsprechender Anwendung *Clemm/Reittinger* (Lagebericht 1992) Sp. 1193 f.; *IDW* (WP-Handbuch 1992) O 318 ff.; *Grewe* (Kommentierung 1986) § 317 HGB Rz. 50 f.

414 Vgl. Abschnitt B.III.2.a123), Seite 118 ff.

chendem Hintergrundwissen richtet.[415] Dieser Zielgruppe ist es durchaus zuzutrauen, den im Hinblick auf den freien Teil eingeschränkten Bestätigungsvermerk richtig einzuschätzen. Außerdem erfolgt die Einschränkung des Bestätigungsvermerks nur bei wesentlichen Diskrepanzen, die zudem in der entsprechenden Passage des Testats explizit genannt werden. Der Grund für die Einschränkung ist dadurch für den Leser zu erkennen, auch wenn der freie Teil nicht vorliegt. Und schließlich wird der Prüfer den Bestätigungsvermerk nicht einschränken, ohne vorher das berichterstattende Unternehmen erfolglos zur Beseitigung der Widersprüche aufgefordert zu haben. Bei den Diskrepanzen handelt sich demnach um eine bewußte Falschdarstellung, die m.E. einen entsprechenden Hinweis im Rahmen der Pflichtpublizität für vertretbar erscheinen läßt. Diese Möglichkeit verstärkt ggf. die Sanktionsmöglichkeit des Prüfers, da das Unternehmen damit rechnen muß, daß die unkorrekte Darstellung nicht nur im Druckbericht selbst aufgedeckt wird.

Die Versagung des Bestätigungsvermerks aufgrund einer divergierenden Darstellung in den Pflichtbestandteilen einerseits und dem freien Teil andererseits ist dagegen kaum denkbar. Da der Verstoß eindeutig lokalisierbar ist, kann auf die Widersprüche durch den einschränkenden Vermerk im Testat explizit hingewiesen und dadurch eine Verfälschung der Pflichtbestandteile verhindert werden. Eine Versagung des Bestätigungsvermerks ist dann nicht mehr notwendig und auch nicht zulässig.[416]

b23) Angaben im Prüfungsbericht

Neben dem Bestätigungsvermerk kann auch der Prüfungsbericht nach § 321 HGB als Sanktionsmittel des Prüfers angesehen werden. Zwar ist der Prüfungsbericht vertraulich und nicht an die Öffentlichkeit gerichtet,[417] jedoch ist er neben der Unternehmensleitung regelmäßig auch den Aufsichtsorganen der Unternehmen zuzuleiten.[418] Dies gilt insbesondere für die AG, bei der nach § 170

---

415 Vgl. Abschnitt B.III.2.a122), Seite 116.

416 Vgl. in entsprechender Anwendung *Reittinger* (Lagebericht 1986) Rn. 98.

417 Vgl. *Egner* (Bedeutung 1989) S. 24; *ADS* (Rechnungslegung 1987) § 321 HGB Tz. 22; *Lück* (Wirtschaftsprüfung 1991) S. 184.

418 Zum Empfängerkreis des Prüfungsberichts vgl. *Steiner* (Prüfungsbericht 1991) S. 26 ff.; *ADS* (Rechnungslegung 1987) § 321 HGB Tz. 22; *Martens* (Vorlage 1988) S. 1229 ff.

AktG der Vorstand den Prüfungsbericht unverzüglich nach Erhalt dem Aufsichtsrat vorzulegen hat. Der vertrauliche Charakter des Prüfungsberichts gestattet und erfordert es, das Prüfungsergebnis in detaillierter, ungeschminkter Form darzustellen, um die Zielsetzung der offenen und umfassenden Unterrichtung der Gesellschaftsorgane zu erreichen. Durch die Weiterleitung an die Kontrollorgane erlangt der Prüfungsbericht seine Sanktionswirkung.[419] Werden Widersprüche im Druckbericht festgestellt, können sie auf diesem Weg dem Aufsichtsorgan des Unternehmens zur Kenntnis gebracht und die daraus resultierenden Schlußfolgerungen des Prüfers erläutert werden.

Aus der Intention der Prüfungserweiterung auf den freien Teil ergibt sich, daß entsprechend der Vorgehensweise bei der Erteilung des Bestätigungsvermerks die kongruente Berichterstattung im Druckbericht nicht gesondert zu vermerken ist. Eine Berichtspflicht des Prüfers entsteht erst, wenn Widersprüche zu den Pflichtbestandteilen im freien Teil aufgedeckt wurden. Sind die Abweichungen derart gravierend, daß der Bestätigungsvermerk eingeschränkt werden muß, sind die festgestellten Diskrepanzen im Rahmen der Erläuterungen zur Einschränkung des Bestätigungsvermerks darzulegen.[420] Im Hinblick auf die Sanktionsmöglichkeiten des Prüfers stellt dies jedoch kein zusätzliches Instrument, sondern nur die Untermauerung und Präzisierung der Einschränkung des Bestätigungsvermerks dar.

Im Prüfungsbericht ist gemäß § 321 Abs. 1 Sätze 2 bis 4 HGB darauf einzugehen, ob die Buchführung, der Jahresabschluß und Lagebericht[421] den gesetzlichen Vorschriften entsprechen. Außerdem sind die Posten des Jahresabschlusses zu erläutern sowie nachteilige Veränderungen der Vermögens-, Finanz- und Ertragslage darzustellen. Da diese Angaben wiederum nur im Kontext des gesamten vom Unternehmen vorgelegten Berichts zu sehen sind, ist auch über Widersprüche zu berichten, die im Rahmen der auf den freien Teil erweiterten Prüfung festgestellt werden. Im Gegensatz zur Erläuterung der Einschränkung des Bestätigungsvermerks betrifft diese Berichterstattungspflicht nicht nur Diskrepanzen,

---

419 Zu den verschiedenen Aufgaben des Prüfungsberichts und die Bedeutung für die Kontrollorgane vgl. *v. Wysocki* (Grundlagen 1988) S. 305 ff.; *Schäfer* (Prüfungsbericht 1988) S. 67 f.; *Scheibe-Lange* (Prüfungsbericht 1989) S. 38 ff.; *Heubaum/Jäger* (Aufbau 1989) S. 507 ff.

420 Zur Pflicht der Erläuterung des einer Einschränkung des Bestätigungsvermerks vgl. *IDW* (FG 2/1988) Abschnitt C.VII.; *Pohlentz* (Prüfungsbericht 1992) Sp. 1507; *Raff/Brandl* (Prüfungsbericht 1988) Rn. 57 ff.

421 Dies gilt analog für den Konzernabschluß und Konzernlagebericht.

die zur Einschränkung des Testats geführt haben. Aufgrund der Tatsache, daß der Prüfungsbericht nicht für die Öffentlichkeit bestimmt ist, liegt die Grenze der Wesentlichkeit im Vergleich zu den Voraussetzungen für die Einschränkung des Testats weitaus niedriger. Da grundsätzlich davon auszugehen ist, daß der Aussagegehalt der Pflichtbestandteile von jeder widersprüchlichen Angabe des freien Teils mehr oder weniger stark beeinflußt wird, sind auch geringere Abweichungen darzustellen.[422] Durch die Aufnahme von Hinweisen auf im Druckbericht enthaltene Widersprüche, die nicht zur Einschränkung des Bestätigungsvermerks geführt haben, erhält der Prüfer ein zusätzliches Sanktionsinstrument, da die Abweichungen, und damit verbunden die Weigerung der Unternehmensleitung diese zu beseitigen, dem Kontrollorgan der Gesellschaft zur Kenntnis gebracht werden können. Der Prüfer ist jedoch verpflichtet, in seinen Prüfungsbericht die ggf. abweichende Auffassung der Unternehmensleitung aufzunehmen.[423]

c) Zwischenergebnis

Bei *weiter Auslegung* der Prüfungspflicht und des Prüfungsumfangs nach §§ 316, 317 HGB kommt es zu einer *materiellen* Ausdehnung der Prüfungspflicht auf den freien Teil. Diese basiert auf der grundlegenden Feststellung, daß innerhalb einer komplexen Publikation - etwa dem Druckbericht - die einzelne Information nicht isoliert beurteilt werden kann. Ihr Aussagegehalt wird u.U. durch den Gesamtkontext entscheidend geprägt. Es ist nicht auszuschließen, daß der von den Pflichtbestandteilen gezeichnete true and fair view durch den freien Teil verfälscht wird. Da der Abschlußprüfer die Einhaltung der Generalnorm zu prüfen hat und der true and fair view nur im Rahmen des gesamten Druckberichts beurteilt werden kann, erstreckt sich die Prüfungspflicht auch auf den freien Teil. Diese Verpflichtung kann auch durch den Aufbau des Druckberichts nicht aufgehoben werden. Allerdings dürfte die Ausstrahlung des freien Teils auf die Pflichtbestandteile um so geringer sein, je offensichtlicher die Abgrenzung ist.

Zu einer Erweiterung der Prüfungspflicht kommt es außerdem durch die *Grundsätze ordnungsmäßiger Abschlußprüfung*, die letztlich auf der Intention des Ge-

---

422 Vgl. in entsprechender Anwendung *Sarx* (Kommentierung 1990) § 321 HGB Anm. 20; *Raff/Brandl* (Prüfungsbericht 1988) Rn. 58; *Gmelin/Weber* (Prüfungsbericht 1993) Sp. 1667.

423 Vgl. *IDW* (FG 2/1988) Abschnitt B.; *Grewe* (Kommentierung 1986) § 321 HGB Rz. 26 ff.; *Gmelin* (Prüfungsbericht 1991) S. 450.

setzgebers im Zusammenhang mit den Regelungen zu Prüfungspflicht und -umfang beruhen. Zwar bezieht der Gesetzgeber den freien Teil nicht explizit in die Prüfungspflicht ein, um den Unternehmen die Möglichkeit zu einer umfangreichen, nicht reglementierten Berichterstattung zu geben. Es kann jedoch nicht Intention des Gesetzgebers sein, die testierten Pflichtbestandteile durch den freien Teil konterkarieren zu lassen. Daher verpflichten die GoA den Abschlußprüfer, die Prüfung auf den freien Teil auszudehnen. Nationale und internationale Stellungnahmen der Berufsverbände untermauern diese Auffassung.

In beiden Fällen der Prüfungserweiterung gilt jedoch, daß der freie Teil kein isoliert zu betrachtender Prüfungsgegenstand ist und seine Angaben nicht einzeln hinsichtlich Wahrheit und Vollständigkeit zu prüfen sind. Vielmehr ist der freie Teil im Rahmen einer Gesamteindrucksprüfung auf Widersprüche zu den Pflichtkomponenten des Druckberichts durchzusehen. Werden Diskrepanzen festgestellt, sind diese vom berichterstattenden Unternehmen zu korrigieren.

Es zeigt sich, daß die Erweiterung der Prüfungspflicht auf den freien Teil eine Reihe von Konsequenzen nach sich zieht. Zunächst sind die Vorlagepflichten des berichterstattenden Unternehmens bzw. die Auskunftsrechte des Prüfers, die für die handelsrechtliche Abschlußprüfung in § 320 HGB kodifiziert sind, auch auf die Prüfung des freien Teils auszuweiten. Dies ist eine notwendige Voraussetzung, um die Prüfung überhaupt durchführen zu können. Die Offenlegungspflichten nach § 325 HGB bleiben dagegen auf die Pflichtbestandteile beschränkt, da bei deren isolierter Publizität keine Verfälschung durch den freien Teil gegeben sein kann.

Die Erweiterung der Prüfungspflicht ist nur sinnvoll, wenn dem Prüfer bei Verstößen gegen das Verbot der widersprüchlichen Berichterstattung Sanktionsmöglichkeiten zur Verfügung stehen. Daher kommt es durch die Prüfungserweiterung auch zu Auswirkungen auf den Bestätigungsvermerk und den Prüfungsbericht. Dies gilt allerdings nur dann, wenn Diskrepanzen festgestellt werden und das berichterstattende Unternehmen nicht dazu bereit ist, den freien Teil entsprechend zu korrigieren. Handelt es sich um wesentliche Widersprüche, hat der Prüfer sein Testat einzuschränken. Außerdem sind die Diskrepanzen im Prüfungsbericht zu vermerken, wobei hier die Grenze der Wesentlichkeit niedriger anzusetzen ist, als bei der Erteilung des Bestätigungsvermerks, da der Prüfungsbericht nicht für die Öffentlichkeit bestimmt ist.

IV. Ansatzpunkte zur Problemlösung

Die vorangegangenen Ausführungen haben gezeigt, daß aufgrund der bestehenden Rechtslage die These der Prüfungspflicht für den freien Teil nicht eindeutig angenommen oder abgelehnt werden kann. Zwar deutet m.E. alles darauf hin, daß der freie Teil auf mögliche Widersprüche zu den Pflichtkomponenten hin geprüft werden muß, um eine widerspruchsfreie Berichterstattung im gesamten Druckbericht zu gewährleisten. Die herrschende Meinung und mit ihr die Prüfungspraxis geht jedoch auf der Basis der wörtlichen Auslegung der §§ 316 ff. HGB davon aus, daß eine derartige Prüfungspflicht nicht existiert. Dennoch wird auch von dieser Seite die Forderung nach übereinstimmender Berichterstattung im Druckbericht aufgestellt, allerdings ohne deren Durchsetzbarkeit in die Überlegungen mit einzubeziehen. Es hat den Anschein, daß die bestehenden Regelungslücken eine unanfechtbare Interpretation der gesetzlichen Vorschriften hinsichtlich des Umfangs der Jahresabschlußprüfung verhindern. Daher sollen im folgenden Maßnahmen skizziert werden, die - im wesentlichen de lege ferenda - zur Lösung der Abgrenzungs- und Prüfungsproblematik beitragen könnten. Entsprechend den beiden Interpretationen der Prüfungspflicht lassen sich dabei zwei Lösungsansätze verfolgen: Zum einen die strikte Beschränkung der Prüfungspflicht und aller damit zusammenhängenden Vorgänge auf die Pflichtbestandteile des Druckberichts, andererseits die explizite Ausweitung auf den freien Teil. Es ist für beide Lösungsansätze zu untersuchen, ob die in den vorangegangen Erörterungen aufgeworfenen Probleme durch einzelne Maßnahmen oder durch deren Kombination angemessen berücksichtigt und gelöst werden können. Vorausgesetzt wird, daß die einzelnen Komponenten auch für den mit geringerem Hintergrundwissen ausgestatteten Interessenten eindeutig abgegrenzt sind.

1. Auf einen engen Prüfungsumfang ausgerichtete Maßnahmen

Der Umfang der Prüfungspflicht ist gesetzlich nicht eindeutig geregelt. Selbst bei einer engen Auslegung bleibt die Problematik der widerspruchsfreien Berichterstattung im freien Teil bestehen. Soll, wie in der Literatur gefordert, die Prüfungsfreiheit für den freien Teil konsequent durchgehalten werden, ist eine genaue Abgrenzung der zu prüfenden Angaben notwendig. Die Negierung der Prüfungspflicht impliziert jedoch, daß gegen Diskrepanzen in der freien Berichterstattung nicht vorgegangen werden kann. Die Forderung nach einer widerspruchsfreien Berichterstattung im freien Teil ist somit sinnlos, da ggf. auftretende Diskrepanzen nicht geahndet werden können. Ein derartiger Effekt kann auch von den Vertretern einer engen Prüfungspflicht nicht gewollt sein. Daher wird nachfolgend diskutiert, welche Maßnahmen zu treffen sind, um einerseits die enge Auslegung der Prüfungspflicht und andererseits die Durchsetzung der Forderung nach einer widerspruchsfreien Berichterstattung zu ermöglichen.

a) Gesetzliche Konkretisierung des Inhalts der Druckberichtskomponenten

Die erste Möglichkeit zur Klarstellung der Prüfungspflicht und des Prüfungsumfangs besteht in einer exakten gesetzlichen Konkretisierung des Inhalts der einzelnen Druckberichtsteile. Denn die notwendige Voraussetzung zur genauen Abgrenzung des Prüfungsumfangs ist die eindeutige Bestimmbarkeit des Inhalts der prüfungspflichtigen Abschnitte. Diese ist durch die vom HGB gewährte Möglichkeit zur Aufnahme freiwilliger Angaben in die Pflichtbestandteile nicht immer gegeben. Gerade im Anhang und Lagebericht erscheinen häufig zusätzliche Angaben, die außerdem im freien Teil ergänzt werden können. Dadurch wird die Basis für eine Beeinflussung des Aussagegehalts der Pflichtbestandteile durch den freien Teil gelegt. Um das zu verhindern, muß der Inhalt der Pflichtbestandteile, insbesondere des Anhangs und des Lageberichts, genau konkretisiert und abschließend geregelt werden. Außerdem darf der freie Teil keine zu den Pflichtbestandteilen korrespondierenden Angaben enthalten. Die Erstellung eines abschließenden Katalogs von zulässigen Angaben für die Pflichtbestandteile des Druckberichts wird jedoch kaum möglich sein. Gerade die Aufgabenstellung des

Anhangs als ein den true and fair view sicherndes Korrektiv zu den Zahlenwerken sowie die Pflicht zur Darstellung der Unternehmenssituation im Lagebericht, die auch in die Zukunft gerichtet sein soll, läßt eine starre Inhaltsabgrenzung schwerlich zu. Gerade diese Berichtsteile ermöglichen es dem Unternehmen nämlich, durch zusätzliche, geprüfte Angaben auf die spezielle Unternehmenssituation zu reagieren. Im Falle der Einhaltung des true and fair view sind derartige Angaben ggf. sogar Pflicht.[424] Aufgrund der Vielzahl möglicher bzw. notwendiger Angaben ist daher die Erstellung einer Liste sämtlicher denkbarer Informationen, die in den Pflichtbestandteile Eingang finden dürften, nicht möglich.

Eine Alternative besteht in der Möglichkeit, eine Regelung in das dritte Buch des HGB aufzunehmen, die eine Verpflichtung zur "negativen Abgrenzung" des freien Teils enthält. Demnach sind im freien Teil nur solche Angaben erlaubt, die nicht mit den Informationen der Pflichtbestandteile korrespondieren. Die Beeinflussung der Pflichtbestandteile durch den freien Teil ist damit ausgeschlossen. Will das Unternehmen die Angaben in den Pflichtbestandteilen noch erweitern, kann dies nur durch eine geprüfte Ausweitung dieser Teile erfolgen. Der freie Teil enthält dann nur zusätzliche Informationen, die sich "neutral" zu den Pflichtbestandteilen verhalten. Eine derartige Regelung ersetzt jedoch nicht die Prüfungspflicht für den freien Teil. Es erscheint nämlich zweifelhaft, ob die inhaltliche Trennung zwischen Angaben, die die Pflichtbestandteile beeinflussen können, und solchen, die keine Auswirkungen auf deren Aussagegehalt besitzen, in jedem Fall möglich ist. Statt dessen wird es immer Grenzbereiche geben, im Rahmen derer sich die Auffassungen der Beteiligten widersprechen. Somit wird das Problem nur auf eine andere Ebene verlagert.

Es bleibt festzuhalten, daß die gesetzlich explizite Konkretisierung des Inhalts der einzelnen Druckberichtskomponenten als wenig vielversprechend und kaum durchführbar erscheint.

---

424 Vgl. Abschnitt B.II.1.c), Seite 43 ff.

b) Explizites Verbot einer widersprüchlichen Berichterstattung im freien Teil

Eindeutiger und praktikabler ist dagegen die Möglichkeit, eine Bestimmung in das HGB aufzunehmen, die die widersprüchliche Berichterstattung im Rahmen freiwilliger Veröffentlichungen, die auch den geprüften Jahresabschluß, den Lagebericht sowie das Testat enthalten, ausdrücklich untersagt. Eine derartige Vorschrift kann in § 328 HGB integriert werden, der die über die Pflichtveröffentlichung hinausgehenden Publikationsmöglichkeiten regelt. Geht man von der engen Interpretation der §§ 316, 317 HGB aus, wird durch ein derartiges Vorgehen keine Prüfungspflicht für den freien Teil geschaffen. Bei einem Verstoß gegen die Pflicht zur widerspruchsfreien Berichterstattung im Druckbericht liegen jedoch die mit § 328 HGB verbundenen Sanktionsmöglichkeiten vor. Damit besteht ein gewisser Zwang für das Unternehmen zu einer korrekten Berichterstattung im freien Teil. Offen bleibt allerdings nach wie vor, wie eine Abweichung überhaupt aufgedeckt werden soll, da die Pflicht zur gezielten Prüfung auch durch eine derartige Vorschrift ausdrücklich nicht begründet wird. In entsprechender Anwendung des Fachgutachtens 1/1953 i.d.F. 1990 des *IDW* muß der Prüfer auch bei einer Kodifizierung des Verbots der widersprüchlichen Berichterstattung in § 328 HGB die gesetzeskonforme Veröffentlichung i.S.d. §§ 325 ff. HGB nicht überprüfen. Er ist lediglich verpflichtet, bekanntgewordenen Verstößen nachzugehen.[425]

c) Getrennte Publizierung eines freiwilligen Berichts

Die beiden bisher diskutierten Maßnahmen, die explizite Vorgabe des Inhalts der Druckberichtskomponenten sowie das ausdrückliche Verbot der widersprüchlichen Berichterstattung, führen zu keinen befriedigenden Ergebnissen. Im ersten Fall wird die Abgrenzungsproblematik nur auf eine andere Ebene verlagert, im zweiten Fall die Aufdeckung der Diskrepanzen nach wie vor dem Zufall überlassen. Dadurch werden nur die Symptome behandelt, nicht jedoch das eigentliche Problem gelöst. Die Prüfungsfreiheit für den freien Teil einerseits und die Forderung nach einer widerspruchsfreien Berichterstattung im gesamten Druckbericht

---

425 Vgl. *IDW* (FG 1/1953 i.d.F. 1990) S. 5.

andererseits lassen sich im Zweifel nicht miteinander vereinbaren, da unter diesen Voraussetzungen eine kongruente Berichterstattung im freien Teil nicht erzwungen werden kann. Daher muß konsequenter Weise die vollständige Trennung des freien Teils von den Pflichtbestandteilen gefordert werden, wenn die Prüfungspflicht für den freien Teil abgelehnt wird. Dies kann nur durch die Erstellung von zwei verschiedenen, auch räumlich getrennten Berichten erfolgen. Es kommt dann zur Veröffentlichung von zwei eigenständigen Druckstücken. In den ersten Bericht werden sämtliche handelsrechtlichen Pflichtbestandteile einschließlich des Bestätigungsvermerks aufgenommen. Durch dieses Druckstück kann das Unternehmen auch den gesetzlichen Pflichtveröffentlichungen nachkommen. Die zweite Publikation bildet dann ein freiwilliger *Zusatzbericht*, der dem bisherigen freien Teil des Druckberichts entspricht. Die Zusammenfassung zum Druckbericht i.S.d. bisherigen Erörterungen ist dann nicht mehr zulässig, da sonst die gegenseitige Beeinflussung nicht ausgeschlossen werden kann.[426] Nur so wird es den mit geringerem Fachwissen ausgestatteten Interessenten ermöglicht, einerseits den Umfang der Pflichtbestandteile genau abzuschätzen sowie andererseits das von der Gesellschaft gezeichnete und vom Prüfer testierte Bild des Unternehmens ohne Beeinflussung durch zusätzliche und ungeprüfte Angaben zu beurteilen. Die greifbare Trennung der beiden Berichte hat m.E. eine grundlegend klarstellende Wirkung hinsichtlich Umfang und Aussagegehalt der geprüften Unterlagen. Um eine derartige Vorgehensweise durchzusetzen, müssen entsprechende Bestimmungen im HGB kodifiziert werden. Dabei bietet es sich wiederum an, diese Regelungen in § 328 HGB einzustellen, der die Veröffentlichung und Vervielfältigung des geprüften Jahresabschlusses und Lageberichts behandelt.

Zwar wird durch eine derartige Regelung die Problematik der Ausstrahlung des ungeprüften freien Teils auf die testierten Pflichtbestandteile weitgehende ausgeschlossen, die Schwierigkeit besteht jedoch darin, daß dann die derzeitig bestehende und dem Willen des Gesetzgebers entsprechende Berichtspraxis vollständig geändert werden muß. Im Rahmen der Umsetzung der 4. und 7. EG-Richtlinie durch das Bilanzrichtlinien-Gesetz wurde nämlich der Begriff *Geschäftsbericht* ausdrücklich nicht mehr kodifiziert um Mißverständnisse mit der Berichtsbezeichnung der Unternehmen zu vermeiden. Damit wurde die Möglichkeit der Ausweitung der Pflichtberichterstattung zu einem Druckbericht mit einem freien

426 Vgl. Abschnitt B.III.2.a123), Seite 118 ff.

Teil bestätigt.[427] Schließt man nun die Zusammenfassung der Pflichtbestandteile und des freien Teils zu einem Druckstück aus, bedeutet dies die Änderung der bisherigen Vorgaben, die eine Anpassung der Berichterstattungspraxis der überwiegenden Anzahl der Unternehmen nach sich zieht. Ob eine derartiger Einschnitt im Sinne des Gesetzgebers ist, kann bezweifelt werden, da sich die deutsche Berichterstattungspraxis über einen langen Zeitraum entwickelt hat und grundsätzlich einen guten Ruf genießt.[428]

2. Auf einen weiten Prüfungsumfang ausgerichtete Maßnahmen

Die vorangegangenen Ausführungen haben gezeigt, daß alle Maßnahmen zur Beseitigung der Problematik einer widersprüchlichen Berichterstattung auf der Basis der engen Interpretation der Prüfungspflicht entweder nicht voll greifen oder der bisherigen Gesetzesintention entgegenstehen. Daher sollen nachfolgend im Rahmen der weiten Auslegung Maßnahmen diskutiert werden, die der Klarstellung der erweiterten Prüfungspflicht dienen. Ihr Ziel ist nicht die Beschränkung der Prüfungspflicht auf die Pflichtbestandteile, sondern deren Erweiterung auf den gesamten Druckbericht. Wird nämlich der Druckbericht insgesamt der Prüfung unterworfen, ist eine widersprüchliche Berichterstattung ausgeschlossen. Ausgehen können derartige Maßnahmen vom Gesetzgeber, vom geprüften Unternehmen und dem Prüfer sowie von den an der Bildung der GoA Beteiligten.

a) Explizite Erweiterung der Prüfungspflicht

Die eindeutigste Möglichkeit zur Klarstellung einer umfangreichen Prüfungspflicht ist deren ausdrückliche Erweiterung auf den freien Teil des Druckberichts. Diese kann entweder durch den Gesetzgeber im öffentlich-rechtlichen Bereich geregelt, oder von den unmittelbar betroffenen Parteien - dem Prüfer sowie dem zu prüfenden Unternehmen - zivilrechtlich vereinbart werden.

---

427 Vgl. *Biener/Berneke* (Bilanzrichtlinien-Gesetz 1986) S. 247; *ADS* (Rechnungslegung 1987) § 284 HGB Tz. 4.

428 Vgl. *Reuter* (Publizität 1987) S. 429 ff.; *Baetge* (Geschäftsbericht 1992) S. 199 ff.; *Ballwieser* (Bilanzierungspraxis 1991) S. 50; *Havermann* (Publizitätsfreudigkeit 1963) S. 269.

a1) Erweiterung durch den Gesetzgeber

Die Ergänzung des HGB um eine Bestimmung, die die Prüfungspflicht explizit auf den freien Teil ausdehnt, stellt eine umfassende Lösung der Problematik dar. Dabei ist der Umfang der Prüfungspflicht auf die Aufdeckung einer widersprüchlichen Berichterstattung zu beschränken. Kodifiziert werden muß eine derartige Regelung in §§ 316, 317 HGB, die Pflicht, Gegenstand und Umfang der Abschlußprüfung regeln. Denkbar ist eine Ergänzung um einen Passus, wonach im Falle der Veröffentlichung der Pflichtbestandteile zusammen mit einem freien Teil, etwa in einem Druckbericht, die über die Pflichtbestandteile hinausgehenden Angaben auf Widersprüche hin zu untersuchen sind. Zur Klarstellung kann noch angefügt werden, daß eine isolierte Prüfung des freiwilligen Zusatzberichts hinsichtlich Vollständigkeit und Wahrheit nicht notwendig ist, was wohl der heutigen Auffassung des Gesetzgebers entspricht.[429]

Die Regelungen bezüglich der Einreichung zum Handelsregister und der Bekanntmachung im Bundesanzeiger können dabei grundsätzlich unverändert bleiben, da der freie Teil nicht offenlegungspflichtig ist und damit die Gefahr einer Verfälschung der Pflichtbestandteile ausgeschlossen werden kann. Auch wenn der freie Teil in die Pflichtpublizität freiwillig einbezogen wird, taucht die Gefahr der widersprüchlichen Berichterstattung nicht mehr auf, da auch in diesem Fall die umfangreiche Prüfungspflicht Diskrepanzen von vornherein verhindert.

Kommt es zur expliziten Ausdehnung der Prüfungspflicht auf den freien Teil, ist es nur konsequent, wenn auch der Bestätigungsvermerk entsprechend angepaßt wird. Zwar besteht bereits nach den heutigen handelsrechtlichen Regelungen für den Prüfer die Möglichkeit zum Ausbau des Bestätigungsvermerks zu einem Bestätigungsbericht,[430] dessen Basis stellt jedoch die Kernfassung des Testats gemäß § 322 HGB dar. Die Aufnahme eines Hinweises auf die kongruente Berichterstattung im gesamten Druckbericht liegt daher nach heutigem Recht im Ermessen des Prüfers. Wird jedoch die Prüfungspflicht für den freien Teil ausdrücklich vorgegeben, sollte auch die obligatorische externe Berichterstattung

---

429 Vgl. dazu die Ausführungen zur der, den freien Teil betreffenden Prüfungsintensität in Abschnitt B.III.2.a14), Seite 122 ff.

430 Zum möglichen Aufbau und Inhalt eines Bestätigungsberichts vgl. *Bolsenkötter* (Bestätigungsvermerk 1992) Sp. 214; *Raff/Brandl* (Prüfungsbericht 1988) Rn. 119 ff.; *v. Wysocki* (Grundlagen 1988) S. 302 f.; *Marks* (Entwicklungstendenzen 1989) S. 167 ff.; *IDW* (WP-Handbuch 1992) O 372 ff.

darauf Bezug nehmen. Dadurch wird es dem mit geringerem Hintergrundwissen ausgestatteten Interessenten ermöglicht, die Reichweite des Bestätigungsvermerks besser einzuschätzen. Die Kernfassung des Bestätigungsvermerks ist dementsprechend um eine Passage zu ergänzen, aus der hervorgeht, daß die zusätzlichen Angaben nicht im Widerspruch zu den Pflichtbestandteilen stehen.

a2) Erweiterung durch die an der Prüfung beteiligten Parteien

Auf der Ebene des einzelnen Unternehmens ist die soeben für den gesetzlichen Bereich skizzierte explizite Prüfungserweiterung bereits nach geltendem Recht möglich. Bei Erteilung des Prüfungsauftrags kann die zugrundeliegende vertragliche Vereinbarung um die ausdrückliche Prüfung des freien Teils erweitert werden. Einigen sich das zu prüfende Unternehmen und der Prüfer auf eine derartige Klausel, kommt es zur Klarstellung bezüglich des Prüfungsumfangs. Die Klausel kann wiederum einschränkend abgefaßt sein, so daß nur eine Gesamteindrucksprüfung des freien Teils im Hinblick auf ggf. vorhandene Widersprüchlichkeiten zu den Pflichtbestandteilen durchzuführen ist. Dies dürfte mit der derzeitigen Rechtslage vereinbar sein. Auch die externe Berichterstattung über eine derartige Gesamteindrucksprüfung ist nach den geltenden Bestimmungen des HGB möglich. Allerdings kann dies nur durch die Ausweitung des Bestätigungsvermerks zu einem Bestätigungsbericht erfolgen, dem die durch § 322 HGB vorgegebene Kernfassung des Testats zugrunde zu legen ist.

b) Fortentwicklung der GoA

Neben der Prüfungserweiterung durch den Gesetzgeber oder die beteiligten Parteien ist noch ein dritter Weg denkbar, der zu einer allgemein anerkannten Prüfungspflicht für den freien Teil führen kann, die Fortentwicklung der GoA. Basierend auf der Intention des Gesetzgebers, die, wie oben dargestellt,[431] bereits heute eine Ausweitung der Prüfungspflicht ermöglicht, kann die Pflicht zur Prüfung des freien Teils hinsichtlich einer widerspruchsfreien Berichterstattung

---

431 Vgl. Abschnitt B.III.2.a2), Seite 125 ff.

klarer als bisher formuliert werden. Dieser Prozeß, der sich im Gegensatz zu den oben vorgeschlagenen Maßnahmen über einen längeren Zeitraum erstreckt, könnte von verschiedener Seite initiiert werden. Neben den in der Fachliteratur zu findenden Ansätzen zur Prüfungserweiterung[432] sowie der von der Rechtsprechung verfolgten Tendenz zur Haftungserweiterung des Prüfers gegenüber den Adressaten der externen Berichterstattung,[433] kommt dabei v.a. den Fachorganisationen der Wirtschaftsprüfer eine bedeutende Rolle zu. So sind das *IDW* und die *WPK* Mitglieder der *IFAC*. In diesem Zusammenhang haben sie sich verpflichtet, die internationalen Vorgaben in nationale Grundsätze und Regelungen zu transformieren, sofern diese Grundsätze nicht im Widerspruch zu den nationalen Vorschriften stehen.[434] Legt man die weite Auslegung der §§ 316, 317 HGB zugrunde, die durchaus der Intention des Gesetzgebers entspricht, muß der internationale Leitsatz für die Abschlußprüfung "Auditing Guideline 14" der *IFAC*, der eine Gesamteindrucksprüfung für den freien Teil explizit vorsieht,[435] auch national ausdrücklich vertreten und in eigene Verlautbarungen transformiert werden. Eine derartige Konkretisierung der nationalen GoA wird die bestehenden Zweifel an der Pflicht zur Gesamteindrucksprüfung des freien Teils zerstreuen. Die Rechtsgrundlage für die ausgedehnte Prüfungspflicht ist dann wie bei der gesetzlichen oder der vertraglichen Erweiterung explizit gegeben.

---

432 Vgl. *ADS* (Rechnungslegung 1987) § 289 HGB Tz. 98. Vgl. dazu auch Abschnitt B.III.2.a22), Seite 130 f.

433 Zur Haftung des Abschlußprüfers und deren Erweiterung durch die Rechtsprechung vgl. *Ebke/Scheel* (Haftung 1991) S. 389 ff.; *Fliess* (Haftung 1992) S. 53 ff.; *Havermann* (Risiko 1989) S. 65 f.; *Quick* (Haftung 1992) S. 1675 f.; *Puckler* (Kommentierung 1990) § 323 HGB Rn. 8 ff.; *Hopt* (Haftung 1986) S. 466 ff.; *Versicherungsgemeinschaft* (Grenzen 1992) S. 171 f.; *Lang* (Dritthaftung 1989) S. 57 ff.; *Schmitz* (Vertragshaftung 1989) S. 1911 ff.; *Hopt* (Haftung 1992) Sp. 793 ff.

434 Vgl. *Havermann* (Fachorganisationen 1992) Sp. 524 f.; *IDW* (WP-Handbuch 1992) B 56 ff.; *v. Wysocki* (Grundlagen 1988) S. 63; *IDW* (FG 1/1988) Abschnitt C.IV. Anm. 2.

435 Vgl. *IFAC* (Guideline 14 1984) Paragraph 6. Vgl. auch Abschnitt B.III.2.a22), Seite 129 f.

C. Thesenförmige Zusammenfassung der Ergebnisse

Die Untersuchungen der vorliegenden Arbeit richteten sich auf zwei Bereiche. Zunächst wurde die Problematik der inhaltlichen und formalen Abgrenzung der Komponenten des Druckberichts und damit dessen Gesamtaufbau erörtert. Auf der Grundlage der dabei gewonnenen Erkenntnisse bezüglich einer theoretisch notwendigen, konsequenten Abgrenzung einerseits und der davon stark abweichenden Berichtspraxis andererseits, wurde diskutiert, ob die Jahresabschlußprüfung vor dem Hintergrund einer u.U. widersprüchlichen Berichterstattung im freien Teil auch auf diesen Abschnitt auszudehnen ist. Die wichtigsten Untersuchungsergebnisse lassen sich wie folgt zusammenfassen:

(1) Der heutige Druckbericht verfolgt zwei Ziele. Zunächst werden durch diese Publikation regelmäßig die aktienrechtlichen Vorlagepflichten gegenüber den Anteilseignern erfüllt. Zum anderen, und diese Aufgabe überwiegt, dient er der Selbstdarstellung des Unternehmens, die an einen breiteren Adressatenkreis gerichtet ist. Dabei werden Informationen über die wirtschaftliche Situation des Unternehmens mit umfangreichen Public Relations-Angaben vermischt.

(2) Die Abgrenzung der einzelnen Druckberichtskomponenten ist aufgrund der unterschiedlichen Prüfungsintensität, der differierenden Offenlegungspflichten sowie der differenzierten Möglichkeiten zur Aufnahme freiwilliger Angaben von großer Bedeutung.

(3) Da der Gesetzgeber dem berichterstattenden Unternehmen einen großen Gestaltungsfreiraum gewährt, ist es dessen Aufgabe, die einzelnen Bestandteile des Druckberichts abzugrenzen. Dies kann grundsätzlich formal oder inhaltlich geschehen. Aufgrund der zahlreichen inhaltlichen Interdependenzen ist jedoch regelmäßig die formale Abgrenzung in Form einer eindeutigen Blockbildung unumgänglich. In diesem Zusammenhang ist auch die Anordnung der Berichtsteile von großer Bedeutung. Demnach führt die notwendige und konsequente Abgrenzung zu folgendem Aufbau des Druckberichts:
Jahresabschluß - Bestätigungsvermerk - übrige Pflichtbestandteile - freier Teil.

(4) Eine derart klare Gliederung ist in der Berichtspraxis nicht zu finden. Statt dessen sind die Aussagen des freien Teils regelmäßig über den gesamten Bericht verteilt. Es kommt zu einer Vermischung von Pflichtangaben und freien Ele-

menten. Außerdem werden häufig die der Prüfung unterliegenden Pflichtbestandteile und der Bestätigungsvermerk unabhängig voneinander plaziert. Daher ist es dem mit geringerem Hintergrundwissen ausgestatteten Leser kaum möglich, die Reichweite des Testats korrekt einzuschätzen.

(5) Grenzt des berichterstattende Unternehmen einzelne Elemente des Druckberichts nicht ab oder ordnet es Angaben den falschen Berichtsteilen zu, greift die Pflicht zur Prüfung nach der strengeren Norm. Demnach unterliegt diese Angabe immer der strengeren, der für die betroffenen Berichtsteile geltenden Prüfungspflichten. Bezüglich der Offenlegung gilt analog die Pflicht zur umfangreicheren Publizität.

(6) Hinsichtlich der Prüfungspflicht geht die herrschende Meinung von einer engen, wörtlichen Auslegung der §§ 316 ff. HGB aus. Demnach unterliegen ausschließlich Jahresabschluß und Lagebericht sowie ggf. Konzernabschluß und Konzernlagebericht jeweils mit der entsprechenden Buchführung der Prüfung. Zwar wird die Forderung nach einer widerspruchsfreien Berichterstattung im freien Teil aufgestellt, die Prüfungspflicht für diesen Abschnitt jedoch negiert. Wie eine divergierende Berichterstattung aufgedeckt werden soll und welche Konsequenzen sie nach sich zieht, bleibt dabei ungeklärt.

(7) Bei der hier vertretenen weiten Auslegung kommt es dagegen zur Ausdehnung der Prüfungspflicht auf den freien Teil. Diese Interpretation beruht auf der Tatsache, daß die einzelne Information innerhalb des komplexen Druckberichts nicht isoliert beurteilt werden kann. Demnach ist nicht auszuschließen, daß der von den Pflichtbestandteilen gebildete true and fair view durch eine widersprüchliche Berichterstattung im freien Teil konterkariert wird. Auch die GoA führen zu einer derartigen Prüfungserweiterung. Es kann nämlich nicht die Intention des Gesetzgebers sein, durch eine möglichst freie Berichterstattung die Aussagen der geprüften Publizitätskomponenten in Frage stellen zu lassen.

(8) Die Prüfungserweiterung führt allerdings nach beiden Ansätzen nur zu einer Gesamteindrucksprüfung. Der freie Teil ist ausschließlich auf Widersprüche zu den Pflichtbestandteilen hin durchzusehen. Eine isolierte, allgemeine Prüfung hinsichtlich Vollständigkeit und Korrektheit ist nicht zulässig.

(9) Die Erweiterung der Prüfungspflicht ist nur sinnvoll, wenn dem Prüfer Sanktionsmöglichkeiten zur Verfügung stehen, um aufgedeckte und nicht korrigierte Diskrepanzen zu ahnden. In Frage kommen dabei die Berichterstattung im Prü-

fungsbericht und - bei gravierenden Widersprüchen - die Einschränkung des Bestätigungsvermerks.

(10) Es bestehen Regelungslücken und damit eine gewisse Rechtsunsicherheit hinsichtlich der Prüfungspflicht und des Prüfungsumfangs, denn weder die enge noch die weite Auslegung der §§ 316, 317 HGB können unanfechtbar vertreten werden. Lösungsansätze zur Klärung dieser Frage können, entsprechend den beiden Interpretationen, in zwei Richtungen zielen. Zum einen ist dies eine klarstellende, explizite Beschränkung der Prüfungspflicht und aller damit zusammenhängenden Vorgänge auf die Pflichtbestandteile. Die Frage der Aufdeckung von Diskrepanzen und Durchsetzung der Forderung nach übereinstimmender Berichterstattung wird dadurch jedoch nicht gelöst. Daher bleibt nur die explizite Ausweitung der Prüfungspflicht auf den freien Teil. Dies kann durch präzisierte gesetzliche Regelungen, die Fortentwicklung der GoA aber auch durch eine zivilrechtliche Vereinbarung im Rahmen des Prüfungsauftrags erreicht werden. Nur so ist m.E. die Abgrenzungs- und Prüfungsproblematik unanfechtbar zu lösen und die kongruente Berichterstattung im gesamten Druckbericht im Zweifel durchsetzbar.

Anhang

Empirische Untersuchung von Druckberichten

Darstellung der Studie und tabellarische Zusammenfassung der Ergebnisse

A. Zielsetzung der Untersuchung

Die berichterstattenden Unternehmen besitzen eine große gestalterische Freiheit hinsichtlich Form und Inhalt des Druckberichts. Daher war es nicht Ziel der vorliegenden empirischen Untersuchung, alle denkbaren Einzelangaben zu erfassen und darzustellen. Vielmehr wurde untersucht, ob sich gewisse Tendenzaussagen bezüglich des Inhalts der Berichte sowie deren Strukturierung ableiten lassen. Die Analyse war insbesondere auf die Frage ausgerichtet, ob sich ein gewisser Grundaufbau der Druckberichte herauskristallisiert.

B. Darstellung des empirischen Untersuchungsmaterials

Es wurden 74 Druckberichte der Berichtsperiode 1989 (bei abweichendem Wirtschaftsjahr 1988/89) von börsennotierten Aktiengesellschaften in die Untersuchung einbezogen. Alle Unternehmen sind große Gesellschaften i.S.v. § 267 Abs. 3 HGB. Kreditinstitute und Versicherungsunternehmen wurden aus der Untersuchung ausgeklammert, da für diese Wirtschaftszweige besondere Rechnungslegungsvorschriften bestehen.[1]

Um einen möglichst breiten Querschnitt der Berichterstattung zu erfassen, basierte die Auswahl der Druckberichte auf zwei zusätzlichen Kriterien:

(1) Branchenzugehörigkeit

(2) Zusätzliche Spezifizierung der Unternehmensgröße.

Da die Möglichkeit besteht, daß gewisse Branchen, auch wenn sie den allgemeinen Regelungen des Handelsrechts unterliegen, für sie typische Publizitätsgepflogenheiten entwickeln, wurden Druckberichte aus verschiedenen Wirtschaftszweigen berücksichtigt. Die Klassifikation der Unternehmen orientierte sich dabei im wesentlichen an der von der Bundesbank getroffenen Einteilung.[2] Die genaue Brancheneinteilung sowie die entsprechende Anzahl der einbezogenen Unternehmen ist aus Tabelle 1 ersichtlich.

---

1 Vgl. §§ 25 a ff. KWG für Kreditinstitute sowie §§ 55 ff. VAG für Versicherungsunternehmen.

2 Vgl. *Deutsche Bundesbank* (Monatsbericht November 1991) S. 22 ff.

Branche		Anzahl der Unternehmen	Anteil in %
I	Bergbau/Gewinnung von Baumaterial/ Keramische Industrie/Glasindustrie	8	10,8
II	Energiewirtschaft	7	9,5
III	Stahlindustrie/Maschinenbau/Fahrzeugbau	9	12,1
IV	Chemische Industrie/Mineralölverarbeitung	9	12,1
V	Bekleidungsgewerbe/Textilgewerbe	8	10,8
VI	Ernährungsgewerbe	7	9,5
VII	Baugewerbe	7	9,5
VIII	Elektrotechnik	7	9,5
IX	Handel/Verlagswesen	6	8.1
X	Verkehr/Spedition/Lagerei	6	8,1
		74	100,0

Tab. 1: Anzahl und Verteilung der Unternehmen nach Branchen

In der Literatur wird z.T. die Auffassung vertreten, daß die Größe eines Unternehmens einen wichtigen Einflußfaktor auf Qualität und Quantität der Berichterstattung darstellt.[3] Diese These wurde in verschiedenen Untersuchungen sowohl bestätigt als auch abgelehnt.[4] Da somit die Vermutung eines größenabhängigen Publizitätsverhaltens nicht eindeutig zu widerlegen ist, wurden Unternehmen mit unterschiedlicher Größe in die Untersuchung einbezogen. Als Maßstab diente dabei die Bilanzsumme, unterteilt in drei Größenklassen:

(1) Klein: bis 150 Mio DM

(2) Mittel: bis 750 Mio DM

(3) Groß: ab 750 Mio DM

Die exakte Verteilung ist der nachfolgenden Tabelle 2 zu entnehmen.

Die Einteilung nach Wirtschaftszweigen und Größenklassen diente ausschließlich der Erfassung eines möglichst breiten Ausschnitts der Publizitätspraxis börsennotierter Aktiengesellschaften. Für die Untersuchung selbst wurden die Druckberichte zu einer geschlossenen Grundgesamtheit zusammengefaßt. Dieser Vorgehensweise liegt die Annahme zugrunde, daß sich auf der Basis der Anzahl und der Vielschichtigkeit der einbezogenen Berichte allgemeine Tendenzaussagen hinsichtlich des Aufbaus ableiten lassen, soweit derartige Strömungen in der Be-

3 Vgl. *Schildbach/Beermann/Feldhoff* (Lagebericht 1990) S. 2301; *Havermann* (Publizitätsfreudigkeit 1963) S. 201 und 227; *v. Wysocki* (Jahre 1970) S. 132 f.

4 Zustimmend *Schildbach/Beermann/Feldhoff* (Lagebericht 1990) S. 2301; *Müller* (Zwischenberichtspublizität 1975) S. 84 ff. Ablehnend *v. Wysocki* (Jahre 1970) S. 133; *v. Wysocki* (Ergebnisse 1976) S. 748.

richtspraxis tatsächlich vorhanden sind. Einen Gesamtüberblick über die in die Untersuchung einbezogenen Unternehmen geben abschließend Tabelle 3a und Tabelle 3b.

Größe / Branche	klein	mittel	groß	Summe
I Bergbau	3	4	1	8
II Energiewirtschaft	-	1	6	7
III Stahlindustrie	-	2	7	9
IV Chemische Industrie	1	2	6	9
V Bekleidungsgewerbe	5	3	-	8
VI Ernährungsgewerbe	3	4	-	7
VII Baugewerbe	1	3	3	7
VIII Elektrotechnik	2	1	4	7
IX Handel	1	3	2	6
X Verkehr	3	1	2	6
Summe	19	24	31	74

Tab. 2: Unternehmensgröße nach Branchen

Branche Name	Bilanzsumme in Mio DM	Branche Name	Bilanzsumme in Mio DM
I BERGBAU/GEWINNUNG VON BAUMATERIAL/ KERAMISCHE INDUSTRIE/GLASINDUSTRIE:		II ENERGIEWIRTSCHAFT:	
Didier AG	729	Badenwerk AG	3764
Dyckerhoff AG	786	Bayerische Wasserkraftwerke AG	224
Hutschenreuter AG	230	Hamburg. Elektrizitätswerke AG	3218
Kali und Salz AG	1230	Neckarwerke AG	3205
KERAMAG Keramische Werke AG	81	Ruhrgas AG	6116
Porzellanfabrik Mitterteich AG	31	Steag AG	2646
Rosenthal AG	215	Thüga AG	819
Schott-Zwiesel-Glaswerke AG	111		
III STAHLINDUSTRIE/MASCHINENBAU/ FAHRZEUGBAU:		IV CHEMISCHE INDUSTRIE/MINERALÖL-VERARBEITUNG:	
Audi AG	4856	BASF AG	21903
Bayerische Motorenwerke AG	10132	Bayer AG	21092
Buderus AG	649	Cassella AG	421
Hoesch AG	3798	Deutsche BP AG	6144
Krauss Maffei AG	701	ESSO AG	4384
Linde AG	3248	Hoechst AG	18046
MAN AG	3200	Otto Stumpf AG	132
Mannesmann AG	8035	Schering AG	3975
Volkswagen AG	29740	Th. Goldschmidt AG	486

Tab. 3a: In die Untersuchung einbezogene Aktiengesellschaften (Fortsetzung: Tab. 3b)

Branche	Name	Bilanzsumme in Mio DM	Branche	Name	Bilanzsumme in Mio DM
V	BEKLEIDUNGSGEWERBE/TEXTILGEWERBE:		VI	ERNÄHRUNGSGEWERBE:	
	Ackermann-Göggingen AG	78		Aktienbrauerei Kaufbeuren AG	19
	Etienne Aigner AG	67		Dinkelacker Brauerei AG	209
	Hugo Boss AG	299		Löwenbräu AG	199
	Kulmbacher Spinnerei AG	115		Oelmühle Hamburg AG	262
	NAK Stoffe AG	125		Paulaner-Salvator-Thomasbräu AG	343
	Puma AG	228		Tucher Bräu AG	102
	Salamander AG	530		Würzburger Hofbräuhaus AG	50
	Spinnerei u. Weberei Momm AG	49			
VII	BAUGEWERBE:		VIII	ELEKTROTECHNIK:	
	Bilfinger + Berger Bau-AG	1927		AEG AG	6613
	DYWIDAG	1126		Asea Brown Boveri AG	4788
	Heilit + Woerner Bau-AG	362		Electronic 2000 Vertriebs-AG	62
	Held u. Francke Bau-AG	204		Felten u. Guilleaume AG	383
	HOCHTIEF AG	3979		Hegener + Glaser AG	34
	Josef Riepl Bau-AG	137		Philips Kommunikations Industrie AG	1109
	Walter-Thosti-Boswau Bau-AG	490		Siemens AG	1453
IX	HANDEL/VERLAGSWESEN:		X	VERKEHR/SPEDITION/LAGEREI:	
	ANZAG Andreae-Noris Zahn-AG	563		Deutsche Lufthansa AG	11303
	Horten AG	1292		Hapag-Lloyd AG	1465
	Karstadt AG	4395		Köln-Düsseldorfer Deutsche Rheinschiffahrt AG	39
	Kaufhalle AG	509		Germanischer Lloyd AG	135
	Markt und Technik Verlag AG	85		Markt und Kühlhallen AG	165
	Oppermann Versand AG	271		Nebelhornbahn AG	13

Tab. 3b: In die Untersuchung einbezogene Aktiengesellschaften (Fortsetzung)

C. Tabellarische Zusammenfassung der Ergebnisse

I. Einzelfragen zum Inhalt des Druckberichts

Arten der veröffentlichten Abschlüsse	Anzahl der Unternehmen	Anteil in %
Nur Einzelabschluß	30	40,5
Nur Konzernabschluß	1	1,4
Einzel- und Konzernabschluß	43	58,1
Summe	74	100,0

Tab. 4: Arten der publizierten Abschlüsse

Form des Bestätigungsvermerks	Anzahl der Unternehmen	Anteil in %
Bestätigungsvermerk in der Kernfassung	74	100,0
Bestätigungsvermerk mit Ergänzungen	0	0
Bestätigungsvermerk mit Einschränkungen	0	0
Bestätigungsbericht	0	0
Summe	74	100,0

Tab. 5: Form des Bestätigungsvermerks

Zur Verwendung von Inhaltsverzeichnissen	Anzahl der Unternehmen	Anteil in %
Druckbericht mit Inhaltsverzeichnis	61	82,4
Druckbericht ohne Inhaltsverzeichnis	13	17,6
Summe	74	100,0

Tab. 6: Verwendung von Inhaltsverzeichnissen

II. Zum Grundaufbau des Druckberichts

Anordnung der handelsrechtlichen Rechnungslegungsinstrumente (Einzelabschluß)	Anzahl der Unternehmen	Anteil in %
Bilanz - GuV - Anhang	64	86,5
Anhang - Bilanz - GuV	9	12,2
GuV - Bilanz - Anhang	1	1,3
Summe	74	100,0
Lagebericht vor Jahresabschluß	74	100,0
Lagebericht nach Jahresabschluß	0	0
Summe	74	100,0

Tab. 7: Anordnung der handelsrechtlichen Rechnungslegungsinstrumente

Gestaltung der Veröffentlichung des Konzernabschlusses und Konzernlageberichts durch die 43 Unternehmen, die auch einen Einzelabschluß publizieren*	Anzahl der Unternehmen	Anteil in %
Einzelabschluß vor Konzernabschluß	20	46,5
Konzernabschluß vor Einzelabschluß	23	53,5
Summe	43	100,0
Anhang und Konzernanhang zusammengefaßt	36	83,7
Anhang und Konzernanhang getrennt	7	16,3
Summe	43	100,0
Lagebericht und Konzernlagebericht zusammengefaßt	43	100,0
Lagebericht und Konzernlagebericht getrennt	0	0
Summe	43	100,0

* Das 44. Unternehmen, das einen Konzernabschluß veröffentlicht (vgl. Tab. 4), publiziert ausschließlich den Konzernabschluß und einen zusammengefaßten Lagebericht.

Tab. 8: Gestaltung der Veröffentlichung von Konzernabschluß und Konzernlagebericht

Einleitende und abschließende Teile des Druckberichts	Anzahl der Unternehmen	Anteil in %
Erster Berichtsteil:		
+ Statistische Übersichten	44	59,4
+ Inhaltsverzeichnis	16	21,6
+ Namensteil	7	9,5
+ Sonstige Angaben des freien Teils	7	9,5
Summe	74	100,0
Letzter Berichtsteil:		
+ Bestätigungsvermerk	16	21,6
+ Bericht des Aufsichtsrats	15	20,3
+ GuV	5	6,8
+ Anhang	1	1,3
+ Statistische Übersichten	10	13,5
+ Sonstige Angaben des freien Teils	27	36,5
Summe	74	100,0
Vor den handelsrechtlichen Rechnungslegungsinstrumenten und dem Testat (Jahresabschluß/Lagebericht/Bestätigungsvermerk) werden publiziert:		
+ Ausschließlich andere Pflichtbestandteile	1	1,3
+ Andere Pflichtbestandteile u. Elemente d. freien Teils	62	83,8
+ Ausschließlich Elemente des freien Teils	11	14,9
Summe	74	100,0

Tab. 9: Einleitende und abschließende Teile des Druckberichts

III. Anordnung weiterer Komponenten des Druckberichts

Anordnung des Berichts des Aufsichtsrats	Anzahl der Unternehmen	Anteil in %
+ Vor dem Lagebericht	33	44,6
+ Zwischen Lagebericht und Jahresabschluß	9	12,2
+ Nach dem Jahresabschluß	32	43,2
(davon ganz am Ende des Berichts)	(15)	(20,3)
Summe	74	100,0

Tab. 10: Anordnung des Berichts des Aufsichtsrats

Anordnung des Bestätigungsvermerks im Zusammenhang mit den prüfungspflichtigen Komponenten	Anzahl der Unternehmen	Anteil in %
(1) Lagebericht/Jahresabschluß/BESTÄTIGUNGSVERMERK	63	85,1
(2) Lagebericht/Anhang/BESTÄTIGUNGSVERMERK/Bilanz/GuV	9	12,2
(3) Lagebericht/Bilanz/GuV/BESTÄTIGUNGSVERMERK/Anhang	2	2,7
Summe	74	100,0
Zur Anordnung (1): In den 63 Druckberichten werden zwischen Lagebericht und Jahresabschluß folgende Teile publiziert:		
+ Nur Abschnitte des freien Teils	39	61,9
+ Nur Pflichtbestandteile	5	7,9
+ Abschnitte des freien Teils und Pflichtbestandteile	8	12,7
(Zwischensumme)	(52)	(82,5)
+ Keine zusätzlichen Angaben	11	17,5
Summe	63	100,0
Zur Anordnung (2): In den 9 Druckberichten werden zwischen Bestätigungsvermerk und Bilanz folgende Teile publiziert:		
+ Nur Abschnitte des freien Teils	1	11,1
+ Nur Pflichtbestandteile	3	33,3
+ Abschnitte des freien Teils und Pflichtbestandteile	1	11,1
(Zwischensumme)	(5)	(55,5)
+ Keine zusätzlichen Angaben	4	44,5
Summe	9	100,0
In 43 Druckberichten befindet sich der Bestätigungsvermerk an letzter bzw. vorletzter Stelle:		
+ An letzter Stelle	16	37,2
+ An vorletzter Stelle	27	62,8
Summe	43	100,0

Tab. 11: Anordnung des Bestätigungsvermerks

Anordnung des Vorschlags zur Gewinnverwendung	Anzahl der Unternehmen	Anteil in %
+ Im Anhang integriert	28	37,8
+ Gesondert im Anschluß an den Anhang	22	29,7
+ Im Lagebericht integriert	9	12,2
+ Gesondert im Anschluß an den Lagebericht	2	2,7
+ Im freien Teil integriert	2	2,7
+ Kein Gewinnverwendungsvorschlag aufgrund eines Gewinnabführungsvertrags bzw. eines Verlusts	11	14,9
Summe	74	100,0

Tab. 12: Anordnung des Gewinnverwendungsvorschlags

Literaturverzeichnis

Adler, H. / Dieterich, W. / Düring, W. / Elmendorff, W. / Karoli, R. et al. [Bearb.]: Wirtschaftsprüfers-Jahrbuch 1954. Düsseldorf 1954.

Adler, H. / Düring, W. / Schmaltz, K. (Rechnungslegung 1938): Rechnungslegung und Prüfung der Aktiengesellschaft - Handkommentar. 1. Aufl., Stuttgart 1938.

Adler, H. / Düring, W. / Schmaltz, K. (Rechnungslegung 1968): Rechnungslegung und Prüfung der Aktiengesellschaft - Handkommentar. Bd. 1, bearb. v. *K. Schmaltz, K.-H. Forster, R. Goerdeler* und *H. Havermann*. 4. Aufl., Stuttgart 1968.

Adler, H. / Düring, W. / Schmaltz, K. (Rechnungslegung 1987): Rechnungslegung und Prüfung der Unternehmen - Kommentar zum HGB, AktG, GmbHG, PublG nach den Vorschriften des Bilanzrichtlinien-Gesetzes, bearb. v. *K.-H. Forster, R. Goerdeler, J. Lanfermann, H.-P. Müller, W. Müller et al.* 5. Aufl., Stuttgart ab 1987.

Albrecht, W.: siehe *Hofbauer, M. A.*

Apelt, B. (Publizität 1991): Die Publizität der GmbH. Regelungen des BiRiLiG, der Mittelstandsrichtlinie und der GmbH & Co.-Ergänzungsrichtlinie. Berlin 1991.

Apelt, B.: siehe *Baetge, J.*

Baetge, J. [Hrsg.]: Der Jahresabschluß im Widerstreit der Interessen. Vortragsreihe des Instituts für Revisionswesen an der Westfälischen Wilhelms-Universität Münster. Düsseldorf 1983.

Baetge, J. [Hrsg.]: Rechnungslegung und Prüfung nach neuem Recht. Düsseldorf 1987.

Baetge, J. [Hrsg.]: Abschlußprüfung nach neuem Recht. Stuttgart 1988.

Baetge, J. [Hrsg.]: Rechnungslegung, Finanzen, Steuern und Prüfung in den neunziger Jahren. Düsseldorf 1990.

Baetge, J. (Geschäftsbericht 1992): Der beste Geschäftsbericht. In: Rechnungslegung und Prüfung 1992, hrsg. v. *J. Baetge*. Düsseldorf 1992, S. 199-230.

Baetge, J. [Hrsg.]: Rechnungslegung und Prüfung 1992. Düsseldorf 1992, S. 199-230.

Baetge, J. / Apelt, B. (Bedeutung 1992): Bedeutung und Ermittlung der Grundsätze ordnungsmäßiger Buchführung (GoB). In: Handbuch des Jahresabschlusses in Einzeldarstellungen, hrsg. v. *K. v. Wysocki* und *J. Schulze-Osterloh*. 2. Aufl., Köln 1992, Abt. I/2.

Baetge, J. / Commandeur, D. (Kommentierung 1990): Kommentierung zu § 264 HGB. In: Handbuch der Rechnungslegung. Kommentar zur Bilanzierung und

Prüfung, hrsg. v. *K. Küting* und *C.-P. Weber*. 3. Aufl., Stuttgart 1990, S. 1101-1123.

Baetge, J. / Fey, D. / Fey, G. (Kommentierung 1990): Kommentierung zu § 243 HGB. In: Handbuch der Rechnungslegung. Kommentar zur Bilanzierung und Prüfung, hrsg. v. *K. Küting* und *C.-P. Weber*. 3. Aufl., Stuttgart 1990, S. 497-527.

Baetge, J. / Fischer, T. R. (Kommentierung 1990): Kommentierung zu § 317 HGB. In: Handbuch der Rechnungslegung. Kommentar zur Bilanzierung und Prüfung, hrsg. v. *K. Küting* und *C.-P. Weber*. 3. Aufl., Stuttgart 1990, S. 1871-1908.

Baetge, J. / Fischer, T. R. / Paskert, D. (Lagebericht 1989): Der Lagebericht. Aufstellung, Prüfung und Offenlegung. Stuttgart 1989.

Baetge, J. / Göbel, R. (Kommentierung 1990): Kommentierung zu § 320 HGB. In: Handbuch der Rechnungslegung. Kommentar zur Bilanzierung und Prüfung, hrsg. v. *K. Küting* und *C.-P. Weber*. 3. Aufl., Stuttgart 1990, S. 2041-2057.

Baetge, J. / Moxter, A. / Schneider, D. [Hrsg.]: Bilanzfragen - FS für *U. Leffson*. Düsseldorf 1976.

Ballwieser, W. (Generalklausel 1985): Sind mit der neuen Generalklausel zur Rechnungslegung auch neue Prüfungspflichten verbunden? In: BB 1985, S. 1034-1043.

Ballwieser, W. (Grundsätze 1987): Grundsätze ordnungsmäßiger Buchführung und neues Bilanzrecht. In: ZFB Sonderheft 1/1987, S. 3-24.

Ballwieser, W. (Bilanzierungspraxis 1991): Bilanzierungspraxis und Publizitätsverhalten mittelgroßer Kapitalgesellschaften. In: WPK-Mitt. 1991, S. 49-51.

Bareis, P.: siehe *Brönner, H.*

Barz, C. H. / Claussen, C. P. / Hauck, M. / Hoffmann, D. / Hornef, H. et al. [Hrsg.]: Das Frankfurter Publizitätsgespräch. Vorträge und Diskussionen der gleichnamigen Tagung in Königstein/Ts. am 13. und 14. April 1962. Frankfurt am Main 1962.

Barz, H. / Brönner, H. / Klug, U. / Mellerowicz, K. / Meyer-Landrut, J. et al. [Bearb.]: Aktiengesetz. Großkommentar. Berlin 1970.

Bauchowitz, H. (Lageberichtspublizität 1979): Die Lageberichtspublizität der Deutschen Aktiengesellschaft. Eine empirische Untersuchung zum Stand der Berichterstattung gem. § 160 Abs. 1 AktG. Frankfurt am Main 1979.

Baumann, K.-H. (Geschäftsbericht 1987): Der Geschäftsbericht nach dem Bilanzrichtlinien-Gesetz. In: Rechnungslegung und Prüfung nach neuem Recht, hrsg. v. *J. Baetge*. Düsseldorf 1987, S. 91-106.

Baumbach, A. / Duden, K. / Hopt, K. J. (Handelsgesetzbuch 1987): Handelsgesetzbuch mit GmbH & Co., Recht der Allgemeinen Geschäftsbedingungen und Handelsklausuren, Bank- und Börsenrecht, Transportrecht (ohne Seerecht). 27. Aufl., München 1987.

Baumbach, A. / Hueck, A. (Aktiengesetz 1968): Aktiengesetz. 13. Aufl., München 1968.

Beermann, M.: siehe *Schildbach, T.*

Beisse, H. (Generalnorm 1988): Die Generalnorm des neuen Bilanzrechts. In: Handelsrecht und Steuerrecht - FS für *G. Döllerer*, hrsg. v. *B. Knobbe-Keuk, F. Klein* und *A. Moxter*. Düsseldorf 1988, S. 25-44.

Beisse, H. (Generalnorm 1989): Die Generalnorm des neuen Bilanzrechts und ihre steuerrechtliche Bedeutung. In: Handelsbilanz und Steuerbilanz, hrsg. v. *W. Mellwig, A. Moxter* und *D. Ordelheide*. Wiesbaden 1989, S. 15-31.

Berneke, W.: siehe *Biener, H.*

Bieg, H. (Buchführungspflichten 1986): Buchführungspflichten und Buchführungsvorschriften. In: Beck'sches Handbuch der Rechnungslegung, hrsg. v. *E. Castan, G. Heymann, E. Müller, D. Ordelheide* und *E. Scheffler*. Losebl. ab 1986, München 1986, A 100.

Biener, H. (Auswirkungen 1979): Auswirkungen der Vierten Richtlinie der EG auf den Informationsgehalt der Rechnungslegung deutscher Unternehmen. In: BFuP 1979, S. 1-16.

Biener, H. (Rechnungslegung 1982): Die Rechnungslegung der GmbH nach dem Regierungsentwurf eines Bilanzrichtlinien-Gesetzes. In: GmbHR 1982, S. 53-64.

Biener, H. (Interessenkonflikte 1983): Interessenkonflikte bei der Anpassung der Rechnungslegungsvorschriften in der Europäischen Wirtschaftsgemeinschaft. In: Der Jahresabschluß im Widerstreit der Interessen. Vortragsreihe des Instituts für Revisionswesen an der Westfälischen Wilhelms-Universität Münster, hrsg. v. *J. Baetge*. Düsseldorf 1983, S. 21-46.

Biener, H. (Publizität 1989): Die Publizität der Rechnungslegung im Wandel. In: BFuP 1989, S. 213-230.

Biener, H. / Berneke, W. (Bilanzrichtlinien-Gesetz 1986): Bilanzrichtlinien-Gesetz. Textausgabe des Bilanzrichtlinien-Gesetzes vom 19.12.1985 (Bundesgesetzbl. I S. 2355) mit Bericht des Rechtsausschusses des Deutschen

Bundestages, Regierungsentwürfe mit Begründung, EG-Richtlinien mit Begründung, Entstehung und Erläuterung des Gesetzes. Düsseldorf 1986.

Blohm, H. (Geschäftsbericht 1962): Der Geschäftsbericht als Mittel der Betriebspolitik. Praktische Hinweise für Erstellung und Auswertung. Baden-Baden 1962.

Bolsenkötter, H. (Bestätigungsvermerk 1992): Bestätigungsvermerk. In: Handwörterbuch der Revision, hrsg. v. *A. G. Coenenberg* und *K. v. Wysocki*. 2. Aufl., Stuttgart 1992, Sp. 210-224.

Brandl, R.: siehe *Raff, I.*

Breycha, O. / Schäfer, W. (Kommentierung 1990): Kommentierung zu § 322 HGB. In: Handbuch der Rechnungslegung. Kommentar zur Bilanzierung und Prüfung, hrsg. v. *K. Küting* und *C.-P. Weber*. 3. Aufl., Stuttgart 1990, S. 2085-2101.

Brink, H.-J. (Anhang 1991): Anhang. In: Lexikon des Rechnungswesens. Handbuch der Bilanzierung und Prüfung, der Erlös-, Finanz-, Investitions- und Kostenrechnung, hrsg. v. *W. Busse von Colbe*. 2. Aufl., München 1991, S. 16-20.

Brockhoff, K. (Berichterstattung 1975): Zur externen gesellschaftsbezogenen Berichterstattung deutscher Unternehmen. Eine Auswertung von Geschäftsberichten aus dem Jahre 1973. Köln 1975.

Brönner, H. (Kommentierung 1970): Kommentierung zu §§ 161-178 AktG. In: Aktiengesetz. Großkommentar, bearb. v. *H. Barz, H. Brönner, U. Klug, K. Mellerowicz, J. Meyer-Landrut et al.* Berlin 1970.

Brönner, H. / Bareis, P. (Bilanz 1991): Die Bilanz nach Handels- und Steuerrecht. 9. Aufl., Stuttgart 1991.

Brönner, H.: siehe *Barz, H.*

Bruns, H.-G. (Anhang 1990): Anhang. In: Erste Erfahrungen mit den neuen Rechnungslegungsvorschriften, hrsg. v. *W. Busse von Colbe* und *H. Reinhard* im Auftrag der *Schmalenbach-Gesellschaft - Deutsche Gesellschaft für Betriebswirtschaft*. Stuttgart 1990, S. 57-62.

Budde, W. D. (Verhältnis 1988): Das Verhältnis des "True and Fair View" zu den Grundsätzen ordnungsmäßiger Buchführung und zu den Einzelrechnungslegungsvorschriften. In: Einzelabschluß und Konzernabschluß, hrsg. v. *W. Mellwig, A. Moxter* und *D. Ordelheide*. Wiesbaden 1988, S. 27-45.

Budde, W. D. / Clemm, H. / Pankow, M. / Sarx, M. [Bearb.]: Beck'scher Bilanzkommentar. Der Jahresabschluß nach Handels- und Steuerrecht. 2. Aufl., München 1990.

Budde, W. D. / Dörner, W. / Forster, K.-H. / Gmelin, H. J. / Havermann, H. et al. [Bearb.]: Wirtschaftsprüfer-Handbuch 1985/86 - Handbuch für Rechnungslegung, Prüfung und Beratung. Bd. I. 9. Aufl., Düsseldorf 1985.

Budde, W. D. / Förschle, G. (Fragen 1988): Ausgewählte Fragen zum Inhalt des Anhangs. In: DB 1988, S. 1457-1465.

Budde, W. D. / Forster, K.-H. / Grewe, W. / Havermann, H. / Kaminski, H. et al. [Bearb.]: Wirtschaftsprüfer-Handbuch 1992 - Handbuch für Rechnungslegung, Prüfung und Beratung. Bd. I. 10. Aufl., Düsseldorf 1992.

Budde, W. D. / Geißler, H. (Kommentierung 1990): Kommentierung zu § 265 HGB. In: Beck'scher Bilanzkommentar. Der Jahresabschluß nach Handels- und Steuerrecht, bearb. v. *W. D. Budde, H. Clemm, M. Pankow* und *M. Sarx*. 2. Aufl., München 1990, S. 816-827.

Budde, W. D. / Hense, B. (Kommentierung 1990): Kommentierung zu § 323 HGB. In: Beck'scher Bilanzkommentar. Der Jahresabschluß nach Handels- und Steuerrecht, bearb. v. *W. D. Budde, H. Clemm, M. Pankow* und *M. Sarx*. 2. Aufl., München 1990, S. 1855-1892.

Budde, W. D. / Karig, K. P. (Kommentierung 1990): Kommentierung zu § 243 HGB. In: Beck'scher Bilanzkommentar. Der Jahresabschluß nach Handels- und Steuerrecht, bearb. v. *W. D. Budde, H. Clemm, M. Pankow* und *M. Sarx*. 2. Aufl., München 1990, S. 74-77.

Budde, W. D. / Karig, K. P. (Kommentierung 1990): Kommentierung zu § 264 HGB. In: Beck'scher Bilanzkommentar. Der Jahresabschluß nach Handels- und Steuerrecht, bearb. v. *W. D. Budde, H. Clemm, M. Pankow* und *M. Sarx*. 2. Aufl., München 1990, S. 795-816.

Budde, W. D. / Kofahl, G. (Kommentierung 1990): Kommentierung zu § 317 HGB. In: Beck'scher Bilanzkommentar. Der Jahresabschluß nach Handels- und Steuerrecht, bearb. v. *W. D. Budde, H. Clemm, M. Pankow* und *M. Sarx*. 2. Aufl., München 1990, S. 1728-1745.

Budde, W. D. / Kunz, K. (Kommentierung 1990): Kommentierung zu § 245 HGB. In: Beck'scher Bilanzkommentar. Der Jahresabschluß nach Handels- und Steuerrecht, bearb. v. *W. D. Budde, H. Clemm, M. Pankow* und *M. Sarx*. 2. Aufl., München 1990, S. 86-88.

Bühner, R. (Prüfungsauftrag 1992): Prüfungsauftrag. In: Handwörterbuch der Revision, hrsg. v. *A. G. Coenenberg* und *K. v. Wysocki*. 2. Aufl., Stuttgart 1992, Sp. 1490-1494.

Busse von Colbe, W. (Rechnungslegungsvorschriften 1987): Die neuen Rechnungslegungsvorschriften aus betriebswirtschaftlicher Sicht. In: WPg 1987, S. 117-126.

Busse von Colbe, W. (Geschäftsbericht 1991): Geschäftsbericht. In: Lexikon des Rechnungswesens. Handbuch der Bilanzierung und Prüfung, der Erlös-, Finanz-, Investitions- und Kostenrechnung, hrsg. v. *W. Busse von Colbe*. 2. Aufl., München 1991, S. 217-218.

Busse von Colbe, W. [Hrsg.]: Lexikon des Rechnungswesens. Handbuch der Bilanzierung und Prüfung, der Erlös-, Finanz-, Investitions- und Kostenrechnung. 2. Aufl., München 1991.

Busse von Colbe, W. / Lutter, M. [Hrsg.]: Wirtschaftsprüfer heute: Entwicklung oder Reform? Wiesbaden 1977.

Busse von Colbe, W. / Reinhard, H. [Hrsg. im Auftrag der *Schmalenbach-Gesellschaft - Deutsche Gesellschaft für Betriebswirtschaft*]: Erste Erfahrungen mit den neuen Rechnungslegungsvorschriften. Stuttgart 1990.

Castan, E. (Geschäftsbericht 1981): Geschäftsbericht. In: Handwörterbuch des Rechnungswesens, hrsg. v. *E. Kosiol, K. Chmielewicz* und *M. Schweitzer*. Stuttgart 1981, Sp. 606-615.

Castan, E. (Rechnungslegung 1990): Rechnungslegung der Unternehmung. 3. Aufl., München 1990.

Castan, E. (Lagebericht 1991): Lagebericht. In: Lexikon des Rechnungswesens. Handbuch der Bilanzierung und Prüfung, der Erlös-, Finanz-, Investitions- und Kostenrechnung, hrsg. v. *W. Busse von Colbe*. 2. Aufl., München 1991, S. 366-368.

Castan, E. / Heymann, G. / Müller, E. / Ordelheide, D. / Scheffler, E. [Hrsg.]: Beck'sches Handbuch der Rechnungslegung. Losebl. ab 1986, München 1986.

Chmielewicz, K. (Gewinnverwendung 1991): Gewinnverwendung. In: Lexikon des Rechnungswesens. Handbuch der Bilanzierung und Prüfung, der Erlös-, Finanz-, Investitions- und Kostenrechnung, hrsg. v. *W. Busse von Colbe*. 2. Aufl., München 1991, S. 229-233.

Chmielewicz, K. / Schweitzer, M. [Hrsg.]: Handwörterbuch des Rechnungswesens. 3. Aufl., Stuttgart 1993.

Chmielewicz, K.: siehe *Kosiol, E.*

Claussen, C. P. (Kommentierung 1971): Kommentierung zu §§ 160, 162, 163 AktG. In: Kölner Kommentar zum Aktiengesetz, hrsg. v. *W. Zöllner*. Bd. 2. 1. Lfg., Köln/Berlin et al. 1971.

Claussen, C. P.: siehe *Barz, C. H.*

Clemm, H. (Bilanzpolitik 1989): Bilanzpolitik und Ehrlichkeits-("true and fair view") Gebot. In: WPg 1989, S. 357-366.

Clemm, H. / Ellrott, H. (Kommentierung 1990): Kommentierung zu § 284 HGB. In: Beck'scher Bilanzkommentar. Der Jahresabschluß nach Handels- und Steuerrecht, bearb. v. *W. D. Budde, H. Clemm, M. Pankow* und *M. Sarx*. 2. Aufl., München 1990, S. 1207-1244.

Clemm, H. / Ellrott, H. (Kommentierung 1990): Kommentierung zu § 289 HGB. In: Beck'scher Bilanzkommentar. Der Jahresabschluß nach Handels- und Steuerrecht, bearb. v. *W. D. Budde, H. Clemm, M. Pankow* und *M. Sarx*. 2. Aufl., München 1990, S. 1317-1331.

Clemm, H. / Reittinger, W. (Lagebericht 1983): Lagebericht, Prüfung. In: Handwörterbuch der Revision, hrsg. v. *A. G. Coenenberg* und *K. v. Wysocki*. Stuttgart 1983, Sp. 887-901.

Clemm, H. / Reittinger, W. (Lagebericht 1992): Lagebericht, Prüfung. In: Handwörterbuch der Revision, hrsg. v. *A. G. Coenenberg* und *K. v. Wysocki*. 2. Aufl., Stuttgart 1992, Sp. 1181-1197.

Clemm, H.: siehe *Budde, W. D.*

Coenenberg, A. G. (Gliederungsentscheidung 1986): Gliederungs-, Bilanzierungs- und Bewertungsentscheidungen bei der Anpassung des Einzelabschlusses nach dem Bilanzrichtlinien-Gesetz. In: DB 1986, S. 1581-1589.

Coenenberg, A. G. [Hrsg.]: Bilanzanalyse nach neuem Recht. München 1990.

Coenenberg, A. G. (Jahresabschluß 1991): Jahresabschluß und Jahresabschlußanalyse. Betriebswirtschaftliche, handels- und steuerrechtliche Grundlage. 13. Aufl., Landsberg am Lech 1991.

Coenenberg, A. G. / v. Wysocki, K. [Hrsg.]: Handwörterbuch der Revision. 1. Aufl., Stuttgart 1983.

Coenenberg, A. G. / v. Wysocki, K. [Hrsg.]: Handwörterbuch der Revision. 2. Aufl., Stuttgart 1992.

Commandeur, D.: siehe *Baetge, J.*

Csik, A. / Dörner, D. (Kommentierung 1990): Kommentierung zu §§ 284-288 HGB. In: Handbuch der Rechnungslegung. Kommentar zur Bilanzierung und Prüfung, hrsg. v. *K. Küting* und *C.-P. Weber*. 3. Aufl., Stuttgart 1990, S. 1736-1834.

Dellmann, K. (Kapitalflußrechnungen 1987): Kapitalflußrechnungen. Eine Bestandsaufnahme. In: DBW 1987, S. 471-489.

Deutsches Steuerberaterinstitut e.V. [Hrsg.]: Steuerberater Handbuch 1992. Bonn 1992.

Dieterich, W. / Elmendorff, W. / Forster, K.-H. / Havermann, H. / Karoli, R. et al. [Bearb.]: Wirtschaftsprüfer-Handbuch 1968. Düsseldorf 1968.

Dieterich, W.: siehe *Adler, H.*

Dietl, R. (Ausübung 1992): Zur Ausübung von gesetzlich eingeräumten Konsolidierungswahlrechten im Konzernabschluß. Diss., Frankfurt am Main/Bern et al. 1992.

Dober, W. (Publizität 1966): Die Publizität der Unternehmen. Mit Beispielen aus der Praxis und Vorschlägen zur freiwilligen Publizität. Zürich 1966.

Döllerer, G. [FS]: siehe *Knobbe-Keuk, B.* [Hrsg.].

Dörner, D.: siehe *Csik, A.*

Dörner, W.: siehe *Budde, W. D.*

Duden, K.: siehe *Baumbach, A.*

Düring, W.: siehe *Adler, H.*

Ebke, W. F. / Scheel, H. (Haftung 1991): Die Haftung des Wirtschaftsprüfers für fahrlässig verursachte Vermögensschäden Dritter. In: WM 1991, S. 389-398.

Eckardt, U.: siehe *Geßler, E.*

Egner, H. (Bedeutung 1989): Die Bedeutung des Prüfungsberichts für den Aufsichtsrat. In: Wirtschaftsprüfung und Mitbestimmung, hrsg. v. *H.-E. Müller*. Stuttgart 1989, S. 19-28.

Ellerich, M. (Kommentierung 1990): Kommentierung zu § 245 HGB. In: Handbuch der Rechnungslegung. Kommentar zur Bilanzierung und Prüfung, hrsg. v. *K. Küting* und *C.-P. Weber*. 3. Aufl., Stuttgart 1990, S. 531-535.

Ellrott, H.: siehe *Clemm, H.*

Elmendorff, W.: siehe *Adler, H.*

Elmendorff, W.: siehe *Dieterich, W.*

Emmerich, V. / Herrmann, H. / Honsell, T. / Horn, N. / Jung, W. et al. [Bearb.]: Handelsgesetzbuch, Band III. Kommentar. Berlin/New York 1989.

Emmerich, G. / Künnemann, M. (Lagebericht 1986): Zum Lagebericht der Kapitalgesellschaft. In: WPg 1986, S. 145-152.

Erle, B. (Unterzeichnung 1987): Unterzeichnung und Datierung des Jahresabschlusses bei Kapitalgesellschaften. In: WPg 1987, S. 637-644.

Erle, B. (Bestätigungsvermerk 1990): Der Bestätigungsvermerk des Abschlußprüfers. Eine Untersuchung zu § 322 HGB. Düsseldorf 1990.

Ertner, U. (Geschäftsbericht 1968): Der Geschäftsbericht als Instrument erweiterter aktienrechtlicher Rechnungslegung. Berlin 1968.

Fandré, B. (Anhang 1989): Anhang und Lagebericht. In: Rechnungslegung und Prüfung von Versicherungsunternehmen, hrsg. v. *IDW*. Düsseldorf 1989, S. 395-482.

Federmann, R.: siehe *Gnam, A.*

Feldhoff, M.: siehe *Schildbach, T.*

Fey, D.: siehe *Baetge, J.*

Fey, G.: siehe *Baetge, J.*

Fischer, T. R.: siehe *Baetge, J.*

Fliess, W. (Haftung 1992): Die Haftung des Wirtschaftsprüfers unter Berücksichtigung internationaler Entwicklungen. In: WPK-Mitt. 1992, S. 49-62.

Förschle, G.: siehe *Budde, W. D.*

Forster, K.-H. (Jahresabschlußprüfung 1965): Die Jahresabschlußprüfung nach dem Aktiengesetz von 1965. In: WPg 1965, S. 389-397.

Forster, K.-H. (Verbesserung 1980): Verbesserung der Aussagefähigkeit des Jahresabschlusses und seine Ergänzung durch Zusatzrechnungen. In: ZGR Sonderheft 2/1980, S. 57-77.

Forster, K.-H. (Anhang 1982): Anhang, Lagebericht, Prüfung und Publizität im Regierungsentwurf eines Bilanzrichtlinie-Gesetzs. In: DB 1982, S. 1577-1582 und S. 1631-1635.

Forster, K.-H. (Prüfung 1991): Prüfung des Jahresabschlusses. In: Lexikon des Rechnungswesens. Handbuch der Bilanzierung und Prüfung, der Erlös-, Finanz-, Investitions- und Kostenrechnung, hrsg. v. *W. Busse von Colbe*. 2. Aufl., München 1991, S. 442-446.

Forster, K.-H. / Goerdeler, R. / Lanfermann, J. / Müller, H.-P. / Müller, W. et al. [Bearb.]: *ADS* - Rechnungslegung und Prüfung der Unternehmen - Kommentar zum HGB, AktG, GmbHG, PublG nach den Vorschriften des Bilanzrichtlinien-Gesetzes. 5. Aufl., Stuttgart ab 1987.

Forster, K.-H.: siehe *Budde, W. D.*

Forster, K.-H.: siehe *Dieterich, W.*

Forster, K.-H. [FS]: siehe *Moxter, A.* [Hrsg.].

Forster, K.-H.: siehe *Schmaltz, K.*

Frey, H. (Bilanz-Publizität 1988): Zur Bilanz-Publizität nach neuem Bilanzrecht. In: BB 1988, S. 1784-1786.

Friedmann, J. (Wirtschaftsprüfertestat 1989): Das Wirtschaftsprüfertestat: Ein Qualitätssiegel mit beschränkter Haftung? In: WPK-Mitt. 1989, S. 18-19.

Friedrich, R. O. (Lagebericht 1990): Der Lagebericht aus wettbewerbsrechtlicher Sicht. In: BB 1990, S. 741-746.

Friedrich-Ebert Stiftung - Forschungsstelle [Hrsg.]: Zur großen Aktienrechtsreform. Referate und Diskussionen einer Fachtagung der Forschungsstelle. Hannover 1962.

Fussan, H. M. (Jahresabschluß 1986): Jahresabschluß der AG nach neuem Recht. Landsberg am Lech 1986.

GEFIU [Hrsg.] (Probleme 1987): Ausgewählte Probleme bei der Anwendung des Bilanzrichtlinien-Gesetzes. Band 2, Stuttgart 1987.

Geißler, H.: siehe *Budde, W. D.*

Geßler, E. / Eckardt, U. / Hefermehl, W. / Kropff, B.: Aktiengesetz - Kommentar. Bd. III. München 1973.

Geßler, E.: siehe *Schlegelberger, F.*

Glanegger, P. / Niedner, H. J. / Renkl, G. / Ruß, W. (HGB 1990): HGB. Kommentar zum Handelsgesetzbuch mit den Rechnungslegungsvorschriften nach dem Bilanzrichtlinien-Gesetz und den Steuern der kaufmännischen Personenunternehmen. 2. Aufl., Heidelberg 1990.

Gmelin, H. J. (Prüfungsbericht 1991): Prüfungsbericht. In: Lexikon des Rechnungswesens. Handbuch der Bilanzierung und Prüfung, der Erlös-, Finanz-, Investitions- und Kostenrechnung, hrsg. v. *W. Busse von Colbe*. 2. Aufl., München 1991, S. 450-454.

Gmelin, H. J. / Weber, E. (Prüfungsaufgaben 1988): Neue Prüfungsaufgaben des Abschlußprüfers aufgrund der Erweiterung seiner Berichterstattungs- und Testatpflichten durch das HGB? In: BFuP 1988, S. 301-312.

Gmelin, H. J. / Weber, E. (Prüfungsbericht 1993): Prüfungsbericht. In: Handwörterbuch des Rechnungswesens, hrsg. v. *K. Chmielewicz* und *M. Schweitzer*. 3. Aufl., Stuttgart 1993, Sp. 1661-1668.

Gmelin, H. J.: siehe *Budde, W. D.*

Gnam, A. / Federmann, R. [Hrsg.]: Handbuch der Bilanzierung. Losebl. ab 1960. Freiburg i.Br. 1992.

Göbel, R. (Vorlagepflicht 1988): Vorlagepflicht, Auskunftsrecht. In: Abschlußprüfung nach neuem Recht, hrsg. v. *J. Baetge*. Stuttgart 1988, S. 59-66.

Göbel, R.: siehe *Baetge, J.*

Göbel, W.: siehe *Maluck, M.*

Godin / Wilhelmi (Aktiengesetz 1971): Aktiengesetz vom 6. September 1965. Kommentar, begr. v. *Freiherr von Godin* und *H. Wilhelmi*, neubearbeitet von *S. Wilhelmi*. Bd. I, Berlin/New York 1971.

Goerdeler, R. (Publizität 1962): Die Publizität der Rechenschaftslegung. In: Das Frankfurter Publizitätsgespräch. Vorträge und Diskussionen der gleichnamigen Tagung in Königstein/Ts. am 13. und 14. April 1962, hrsg. v. *C. H. Barz, C. P. Claussen, M. Hauck, D. Hoffmann, H. Hornef et al.* Frankfurt am Main 1962, S. 211-233.

Goerdeler, R. (Geschäftsbericht 1966): Geschäftsbericht, Konzerngeschäftsbericht und "Abhängigkeitsbericht" aus der Sicht des Wirtschaftsprüfers. In: WPg 1966, S. 113-126

Goerdeler, R. (Publizität 1992): Publizität der Rechnungslegung im Rückblick und Ausblick. In: Entwicklungen bei der Bilanzierung und Prüfung von Kapitalgesellschaften - FS für *K.-H. Forster*, hrsg. v. *A. Moxter, R. Windmöller, H.-P. Müller* und *K. v. Wysocki*. Düsseldorf 1992, S. 235-252.

Goerdeler, R. (Bestätigungsvermerk 1993): Bestätigungsvermerk. In: Handwörterbuch des Rechnungswesens, hrsg. v. *K. Chmielewicz* und *M. Schweitzer*. 3. Aufl., Stuttgart 1993, Sp. 130-137.

Goerdeler, R.: siehe *Forster, K.-H.*

Goerdeler, R. [FS]: siehe *Havermann, H.* [Hrsg.].

Goerdeler, R.: siehe *Schmaltz, K.*

Grewe, W. (Kommentierung 1986): Kommentierung zu § 317 HGB. In: Bonner Handbuch Rechnungslegung. Aufstellung, Prüfung und Offenlegung des Jahresabschlusses, hrsg. v. *M. A. Hofbauer, W. Albrecht, W. Grewe, P. Kupsch* und *G. Scherrer*. Bonn 1986.

Grewe, W. (Kommentierung 1986): Kommentierung zu § 318 HGB. In: Bonner Handbuch Rechnungslegung. Aufstellung, Prüfung und Offenlegung des Jahresabschlusses, hrsg. v. *M. A. Hofbauer, W. Albrecht, W. Grewe, P. Kupsch* und *G. Scherrer*. Bonn 1986.

Grewe, W. (Kommentierung 1986): Kommentierung zu § 320 HGB. In: Bonner Handbuch Rechnungslegung. Aufstellung, Prüfung und Offenlegung des Jahresabschlusses, hrsg. v. *M. A. Hofbauer, W. Albrecht, W. Grewe, P. Kupsch* und *G. Scherrer*. Bonn 1986.

Grewe, W. (Kommentierung 1986): Kommentierung zu § 321 HGB. In: Bonner Handbuch Rechnungslegung. Aufstellung, Prüfung und Offenlegung des Jahresabschlusses, hrsg. v. *M. A. Hofbauer, W. Albrecht, W. Grewe, P. Kupsch* und *G. Scherrer*. Bonn 1986.

Grewe, W. (Kommentierung 1986): Kommentierung zu § 322 HGB. In: Bonner Handbuch Rechnungslegung. Aufstellung, Prüfung und Offenlegung des Jahresabschlusses, hrsg. v. *M. A. Hofbauer, W. Albrecht, W. Grewe, P. Kupsch* und *G. Scherrer*. Bonn 1986.

Grewe, W.: siehe *Budde, W. D.*

Grewe, W.: siehe *Hofbauer, M. A.*

Grochla, E. / Wittmann, W. [Hrsg.]: Handwörterbuch der Betriebswirtschaft. Bd. 1. 4. Aufl., Stuttgart 1974.

Gross, G. [Hrsg.]: Der Wirtschaftsprüfer im Schnittpunkt nationaler und internationaler Entwicklungen - FS für *K. v. Wysocki*. Düsseldorf 1985.

Gross, G. (Überlegungen 1985): Überlegungen zum Bestätigungsvermerk und zur Bescheinigung bei freiwilligen Abschlußprüfungen. In: Der Wirtschaftsprüfer im Schnittpunkt nationaler und internationaler Entwicklungen - FS für *K. v. Wysocki*, hrsg. v. *G. Gross*. Düsseldorf 1985, S. 269-282.

Gross, G. / Schruff, L. (Jahresabschluß 1986): Der Jahresabschluß nach neuem Recht. 3. Aufl., Düsseldorf 1986.

Gross, G. / Schruff, L. / Wysocki, K. v. (Konzernabschluß 1987): Der Konzernabschluß nach neuem Recht. Aufstellung - Prüfung - Offenlegung. 2. Aufl., Düsseldorf 1987.

Großfeld, B.: siehe *Leffson, U.*

Hagenau, G. F. / Hauser, M. (Publizität 1989): Die Publizität des Jahresabschlusses. Eine nicht zwingende Vorschrift? In: BB 1989, S. 180-182.

Haller, A. / Jung, H. (Pflichtprüfungen 1992): Pflichtprüfungen, aperiodische. In: Handwörterbuch der Revision, hrsg. v. *A. G. Coenenberg* und *K. v. Wysocki*. 2. Aufl., Stuttgart 1992, Sp. 1384-1396.

Hauck, M.: siehe *Barz, C. H.*

Hauser, M.: siehe *Hagenau, G. F.*

Havermann, H. [Hrsg.]: Bilanz- und Konzernrecht - FS für *R. Goerdeler*. Düsseldorf 1987.

Havermann, H. (Publizitätsfreudigkeit 1963): Zur Publizitätsfreudigkeit deutscher Aktiengesellschaften. In: WPg 1963, S. 193-202; S. 226-237 und S. 263-269.

Havermann, H. (Risiko 1989): Das Risiko des Abschlußprüfers. In: Bericht über die Fachtagung'88 Hamburg, 26.-28. Oktober, - Risiken erkennen - Risiken bewältigen, hrsg. v. *IDW*. Düsseldorf 1989, S. 57-70.

Havermann, H. (Fachorganisationen 1992): Fachorganisationen der Wirtschaftsprüfer. In: Handwörterbuch der Revision, hrsg. v. *A. G. Coenenberg* und *K. v. Wysocki*. 2. Aufl., Stuttgart 1992, Sp. 513-528.

Havermann, H. (Prüfung 1993): Prüfung des Jahresabschlusses. In: Handwörterbuch des Rechnungswesens, hrsg. v. *K. Chmielewicz* und *M. Schweitzer*. 3. Aufl., Stuttgart 1993, Sp. 1652-1661.

Havermann, H.: siehe *Budde, W. D.*

Havermann, H.: siehe *Dieterich, W.*

Havermann, H.: siehe *Schmaltz, K.*

Hax, K. (Aktienrechtsreform 1962): Aktienrechtsreform und Publizität der Unternehmungen. In: Zur großen Aktienrechtsreform. Referate und Diskussionen einer Fachtagung der Forschungsstelle, hrsg. v. der *Forschungsstelle der Friedrich-Ebert Stiftung*. Hannover 1962, S. 93-113.

Hefermehl, W.: siehe *Geßler, E.*

Hefermehl, W.: siehe *Schlegelberger, F.*

Heinen, E. (Handelsbilanzen 1986): Handelsbilanzen. 12 Aufl., Wiesbaden 1986.

Heinhold, M. (Jahresabschluß 1988): Der Jahresabschluß. 2. Aufl., München 1988.

Helmrich, H. (Bilanzrichtlinien-Gesetz 1986): Bilanzrichtlinien-Gesetz. Amtliche Texte und Entwürfe, Begründungen, Stellungnahmen und Protokolle. München 1986.

Hense, B.: siehe *Budde, W. D.*

Herbig, G.: siehe *Schlegelberger, F.*

Herrmann, H. (Kommentierung 1989): Kommentierung zu § 320 HGB. In: Handelsgesetzbuch, Band III. Kommentar, bearb. v. *V. Emmerich, H. Herrmann, T. Honsell, N. Horn, W. Jung et al.* Berlin/New York 1989, S. 775-776.

Herrmann, H. (Kommentierung 1989): Kommentierung zu § 322 HGB. In: Handelsgesetzbuch, Band III. Kommentar, bearb. v. *V. Emmerich, H. Herrmann, T. Honsell, N. Horn, W. Jung et al.* Berlin/New York 1989, S. 779-782.

Herrmann, H.: siehe *Emmerich, V.*

Heubaum, W. / Jäger, O. (Aufbau 1989): Aufbau und Inhalt des Prüfungsberichts. In: Rechnungslegung und Prüfung von Versicherungsunternehmen, hrsg. v. *IDW*. Düsseldorf 1989, S. 505-554.

Heymann, G.: siehe *Castan, E.*

Hofbauer, M. A. / Albrecht, W. / Grewe, W. / Kupsch, P. / Scherrer, G. [Hrsg.]: Bonner Handbuch Rechnungslegung. Aufstellung, Prüfung und Offenlegung des Jahresabschlusses. Bonn 1986.

Hoffmann, D.: siehe *Barz, C. H.*

Hoffmann, K.-J. (True and fair view 1989): "True and fair view" aus englischer Sicht. Dargestellt am Verhältnis zwischen Bilanzrecht und SSAP. Frankfurt am Main et al. 1989.

Holzer, P. H. / Jung, U. (Beitrag 1990): Der Beitrag von zahlungsstromorientierten Kapitalflußrechnungen (Statement of Cash Flows) zur Beurteilung der Qualität des Jahresergebnisses. In: WPg 1990, S. 281-288.

Honsell, T.: siehe *Emmerich, V.*

Hopt, K. (Haftung 1986): Die Haftung des Wirtschaftsprüfers. Rechtsprobleme zu § 323 HGB (§ 168 AktG a.F.) und zur Prospekt- und Auskunftshaftung. In: WPg 1986, S. 461-466 und S. 498-506.

Hopt, K. (Haftung 1992): Haftung des externen Prüfers. In: Handwörterbuch der Revision, hrsg. v. *A. G. Coenenberg* und *K. v. Wysocki*. 2. Aufl., Stuttgart 1992, Sp. 791-802.

Hopt, K.: siehe *Baumbach, A.*

Horn, N.: siehe *Emmerich, V.*

Hornef, H.: siehe *Barz, C. H.*

Hueck, A.: siehe *Baumbach, A.*

Hundhausen, C. (Publizität 1957): Industrielle Publizität als Public Relations. Essen 1957.

IDW [Hrsg.] (WP-Jahrbuch 1954): Wirtschaftsprüfer-Jahrbuch 1954, bearb. v. *H. Adler, W. Dieterich, W. Düring, W. Elmendorff, R. Karoli et al.* Düsseldorf 1954.

IDW [Hrsg.] (Vorschläge 1956): Vorschläge zur Aktienrechtsreform des Arbeits-kreises Aktienrechtsreform im Institut der Wirtschaftsprüfer e.V. Düsseldorf 1956.

IDW [Hrsg.] (WP-Handbuch 1968): Wirtschaftsprüfer-Handbuch 1968, bearb. v. *W. Dieterich, W. Elmendorff, K.-H. Forster, H. Havermann, R. Karoli et al.* Düsseldorf 1968.

IDW [Hrsg.] (WP-Handbuch 1985): Wirtschaftsprüfer-Handbuch 1985/86 - Handbuch für Rechnungslegung, Prüfung und Beratung, bearb. v. *W. D.*

Budde, W. Dörner, K.-H. Forster, H. J. Gmelin, H. Havermann et al. Bd. I. 9. Aufl., Düsseldorf 1985.

IDW [Hrsg.] (FG 1/1988): Fachgutachten 1/1988: Grundsätze ordnungsmäßiger Durchführung von Abschlußprüfungen. In: Die Fachgutachten und Stellungnahmen des Instituts der Wirtschaftsprüfer auf dem Gebiete der Rechnungslegung und Prüfung. Düsseldorf 1992.

IDW [Hrsg.] (FG 2/1988): Fachgutachten 2/1988: Grundsätze ordnungsmäßiger Berichterstattung bei Abschlußprüfungen. In: Die Fachgutachten und Stellungnahmen des Instituts der Wirtschaftsprüfer auf dem Gebiete der Rechnungslegung und Prüfung. Düsseldorf 1992.

IDW [Hrsg.] (FG 3/1988): Fachgutachten 3/1988: Grundsätze für die Erteilung von Bestätigungsvermerken bei Abschlußprüfungen. In: Die Fachgutachten und Stellungnahmen des Instituts der Wirtschaftsprüfer auf dem Gebiete der Rechnungslegung und Prüfung. Düsseldorf 1992.

IDW [Hrsg.]: Bericht über die Fachtagung'88 Hamburg, 26.-28. Oktober, - Risiken erkennen - Risiken bewältigen. Düsseldorf 1989.

IDW [Hrsg.]: Rechnungslegung und Prüfung von Versicherungsunternehmen. Düsseldorf 1989.

IDW [Hrsg.] (FG 1/1953 i.d.F. 1990): Fachgutachten 1/1953 i.d.F. 1990: Veröffentlichung der geprüften Jahresabschlüsse und Geschäftsberichte. In: Die Fachgutachten und Stellungnahmen des Instituts der Wirtschaftsprüfer auf dem Gebiete der Rechnungslegung und Prüfung. Düsseldorf 1992.

IDW [Hrsg.] (HFA 1/1978 i.d.F. 1990): Hauptfachausschuß: Stellungnahme 1/1978 i.d.F. 1990: Die Kapitalflußrechnung als Ergänzung des Jahresabschlusses. In: Die Fachgutachten und Stellungnahmen des Instituts der Wirtschaftsprüfer auf dem Gebiete der Rechnungslegung und Prüfung. Düsseldorf 1992.

IDW [Hrsg.] (WP-Handbuch 1992): Wirtschaftsprüfer-Handbuch 1992 - Handbuch für Rechnungslegung, Prüfung und Beratung, bearb. v. *W. D. Budde, K.-H. Forster, W. Grewe, H. Havermann, H. Kaminski et al.*, Bd. I. 10. Aufl., Düsseldorf 1992.

IDW / WPK (Stellungnahme 1985): Gemeinsame Stellungnahme zum Entwurf eines Bilanzrichtlinien-Gesetzes. In: WPg 1985, S. 537-553.

IFAC [Hrsg.] (Guideline 14 1984): IFAC International Auditing Guideline 14: Other Information in Documents Containing Audited Financial Statements. In: IFAC-Handbook. New York February 1984, Section 9/Page 125-130.

Irrgang, W.: siehe *Kellinghusen, G.*

Jacobs, O. H. (Auskunftsrechte 1992): Auskunftsrechte des Prüfers. In: Handwörterbuch der Revision, hrsg. v. *A. G. Coenenberg* und *K. v. Wysocki*. 2. Aufl., Stuttgart 1992, Sp. 132-138.

Jäger, O.: siehe *Heubaum, W.*

Janz, R. / Schülen, W. (Anhang 1986): Der Anhang als Teil des Jahresabschlusses und des Konzernabschlusses. In: WPg 1986, S. 57-65.

Jung, H.: siehe *Haller, A.*

Jung, U.: siehe *Holzer, P. H.*

Jung, W. (Kommentierung 1989): Kommentierung zu § 264 HGB. In: Handelsgesetzbuch, Band III. Kommentar, bearb. v. *V. Emmerich, H. Herrmann, T. Honsell, N. Horn, W. Jung et al.* Berlin/New York 1989, S. 260-272.

Jung, W. (Kommentierung 1989): Kommentierung zu § 289 HGB. In: Handelsgesetzbuch, Band III. Kommentar, bearb. v. *V. Emmerich, H. Herrmann, T. Honsell, N. Horn, W. Jung et al.* Berlin/New York 1989, S. 556-561.

Jung, W.: siehe *Emmerich, V.*

Kaminski, H. (IASC 1989): International Accounting Standards Committee (IASC). In: Lexikon der Rechnungslegung und Abschlußprüfung, hrsg. v. *W. Lück*. 2. Aufl., Marburg 1989, S. 381-382.

Kaminski, H. (IFAC 1989): International Federation of Accountants (IFAC). In: Lexikon der Rechnungslegung und Abschlußprüfung, hrsg. v. *W. Lück*. 2. Aufl., Marburg 1989, S. 382-383.

Kaminski, H. (Wirtschaftsprüfung 1992): Wirtschaftsprüfung, Deutschland. In: Handwörterbuch der Revision, hrsg. v. *A. G. Coenenberg* und *K. v. Wysocki*. 2. Aufl., Stuttgart 1992, Sp. 2214-2225.

Kaminski, H.: siehe *Budde, W. D.*

Kammers, H.: siehe *Sahner, F.*

Karig, K. P.: siehe *Budde, W. D.*

Karoli, R.: siehe *Adler, H.*

Karoli, R.: siehe *Dieterich, W.*

Karsten, J.: siehe *Selchert, F. W.*

Kellinghusen, G. / Irrgang, W. (Geschäftsbericht 1978): Der optimale Geschäftsbericht. Praktische Hinweise auf der Grundlage von Marktforschungsergebnissen. In: DB 1978, S. 2277-2283.

Kern, W.: siehe *Wittmann, W.*

Klein, F.: siehe *Knobbe-Keuk, B.*

Kloock, J. (Bilanzrechnung 1990): Bilanz- und Erfolgsrechnung. Düsseldorf 1990.

Klug, U.: siehe *Barz, H.*

Knobbe-Keuk, B. / Klein, F. / Moxter, A. [Hrsg.]: Handelsrecht und Steuerrecht - FS für *G. Döllerer*. Düsseldorf 1988.

Kofahl, G.: siehe *Budde, W. D.*

Köhler, R.: siehe *Wittmann, W.*

Kosiol, E. / Chmielewicz, K. / Schweitzer, M. [Hrsg.]: Handwörterbuch des Rechnungswesens. Stuttgart 1981.

Krawitz, N. (Kommentierung 1986): Kommentierung zu § 284 HGB. In: Bonner Handbuch Rechnungslegung. Aufstellung, Prüfung und Offenlegung des Jahresabschlusses, hrsg. v. *M. A. Hofbauer, W. Albrecht, W. Grewe, P. Kupsch* und *G. Scherrer*. Bonn 1986.

Krawitz, N. (Prüfung 1988): Zur Prüfung des Lageberichts nach neuem Recht. In: WPg 1988, S. 225-234.

Krawitz, N. (Lagebericht 1990): Der Lagebericht und seine Prüfung. In: Rechnungslegung, Finanzen, Steuern und Prüfung in den neunziger Jahren, hrsg. v. *J. Baetge*. Düsseldorf 1990, S. 1-30.

Kresse, W. / Pernack, H.-J. / Rössle, W. [Hrsg.]: Jahrbuch der Betriebswirte. Stuttgart 1983.

Krieger, G.: siehe *Lutter, M.*

Kropff, B. (Aktiengesetz 1965): Aktiengesetz. Textausgabe des Aktiengesetzes vom 6.9.1965 und des Einführungsgesetzes zum Aktiengesetz vom 6.9.1965 mit Begründung des Regierungsentwurfs, Bericht des Rechtsausschusses des Deutschen Bundestags, Verweisungen und Sachverzeichnis. Düsseldorf 1965.

Kropff, B. (Kommentierung 1973): Kommentierung zu § 160 AktG. In: Aktiengesetz. Kommentar v. *E. Geßler, U. Eckardt, W. Hefermehl* und *B. Kropff*. Bd. III. München 1973.

Kropff, B. (Kommentierung 1973): Kommentierung zu § 162 AktG. In: Aktiengesetz. Kommentar v. *E. Geßler, U. Eckardt, W. Hefermehl* und *B. Kropff*. Bd. III. München 1973.

Kropff, B. (Kommentierung 1973): Kommentierung zu § 171 AktG. In: Aktiengesetz. Kommentar v. *E. Geßler, U. Eckardt, W. Hefermehl* und *B. Kropff*. Bd. III. München 1973.

Kropff, B. (Kommentierung 1973): Kommentierung zu § 178 AktG. In: Aktiengesetz. Kommentar v. *E. Geßler, U. Eckardt, W. Hefermehl* und *B. Kropff*. Bd. III. München 1973.

Kropff, B. (Lagebericht 1980): Der Lagebericht nach geltendem und künftigem Recht. In: BFuP 1980, S. 514-532.

Kropff, B. (Publizität 1993): Publizität. In: Handwörterbuch des Rechnungswesens, hrsg. v. *K. Chmielewicz* und *M. Schweitzer*. 3. Aufl., Stuttgart 1993, Sp. 1669-1678.

Kropff, B.: siehe *Geßler, E.*

Kropff, H. F. J. (Public relations 1950): Public relations. Pflege der öffentlichen Beziehungen - Werbung um das öffentliche Vertrauen. In: WPg 1950, S. 434-440.

Küffner, P. (Anhang 1987): Der Anhang nach §§ 284, 285 HGB. In: DStR 1987, Beilage zu Heft 17, S. 1-20.

Künnemann, M.: siehe *Emmerich, G.*

Kunz, K.: siehe *Budde, W. D.*

Küpper, H.-U.: siehe *Wittmann, W.*

Kupsch, P. (Anhang 1988): Der Anhang. In: Handbuch des Jahresabschlusses in Einzeldarstellungen, hrsg. v. *K. v. Wysocki* und *J. Schulze-Osterloh*. Köln 1988, Abt. IV/4.

Kupsch, P.: siehe *Hofbauer, M. A.*

Küting, K. / Weber, C.-P. [Hrsg.]: Handbuch der Rechnungslegung. Kommentar zur Bilanzierung und Prüfung. 3. Aufl., Stuttgart 1990.

Lanfermann, J.: siehe ***Forster, K.-H.***

Lang, A. (Dritthaftung 1989): Zur Dritthaftung der Wirtschaftsprüfer. In: WPg 1989, S. 57-64.

Lange, C. (Publizitätspflicht 1991): Zur Publizitätspflicht "zusätzlicher Angaben" im Anhang. Zusatzinformationen auf Basis der Generalnorm des handelsrechtlichen Jahresabschlusses. In: WPg 1991, S. 369-376.

Lange, C. (Generalnorm 1992): Generalnorm, Prüfung der Einhaltung. In: Handwörterbuch der Revision, hrsg. v. *A. G. Coenenberg* und *K. v. Wysocki*. 2. Aufl., Stuttgart 1992, Sp. 602-620.

Langenmayr, C. (Kommentierung 1986): Kommentierung zu § 328 HGB. In: Bonner Handbuch Rechnungslegung. Aufstellung, Prüfung und Offenlegung des Jahresabschlusses, hrsg. v. *M. A. Hofbauer, W. Albrecht, W. Grewe, P. Kupsch* und *G. Scherrer*. Bonn 1986.

Larenz, K. (Methodenlehre 1991): Methodenlehre der Rechtswissenschaft. 6. Aufl., Berlin et al. 1991.

Lätsch, R. (Anhang 1986): Anhang. In: Handbuch der Bilanzierung, hrsg. v. *A. Gnam* und *R. Federmann*. Losebl. ab 1960, Freiburg i.Br. 1986, A 9a.

Lätsch, R. (Lagebericht 1987): Lagebericht. In: Handbuch der Bilanzierung, hrsg. v. *A. Gnam* und *R. Federmann*. Losebl. ab 1960, Freiburg i.Br. 1987, L 83.

Lausberg, F.-W. (Anhang 1986): Anhang - eine Fundgrube für Bilanzanalytiker. In: BWM 8/1986, S. 40-42 und BWM 9/1986, S. 38-42.

Lechner, K. [Hrsg.]: Treuhandwesen. Wien 1978.

Leffson, U. (Bilanzrecht 1986): Das neue deutsche Bilanzrecht für Kapitalgesellschaften unter der Forderung des true and fair view. In: Journal für Betriebswirtschaft 1986, S. 25-33.

Leffson, U. (Bild 1986): Bild der tatsächlichen Verhältnisse. In: Handwörterbuch unbestimmter Rechtsbegriffe im Bilanzrecht des HGB, hrsg. v. *U. Leffson, D. Rückle* und *B. Großfeld*. Köln 1986, S. 94-105.

Leffson, U. (Grundsätze 1987): Die Grundsätze ordnungsmäßiger Buchführung. 7. Aufl. Düsseldorf 1987.

Leffson, U. (Wirtschaftsprüfung 1988): Wirtschaftsprüfung. 4. Aufl., Wiesbaden 1988.

Leffson, U. / Rückle, D. / Großfeld, B. [Hrsg.]: Handwörterbuch unbestimmter Rechtsbegriffe im Bilanzrecht des HGB. Köln 1986.

Leffson, U. [FS]: siehe *Baetge, J.* [Hrsg.].

Loitlsberger, E. (Prüfungsordnungen 1992): Prüfungsordnungen. In: Handwörterbuch der Revision, hrsg. v. *A. G. Coenenberg* und *K. v. Wysocki*. 2. Aufl., Stuttgart 1992, Sp. 1513-1519.

Lück, W. [Hrsg.]: Rechnungslegung nach neuem Bilanzrecht. Berlin 1985.

Lück, W. [Hrsg.]: Lexikon der Rechnungslegung und Abschlußprüfung. 2. Aufl., Marburg 1989.

Lück, W. (Kommentierung 1990): Kommentierung zu § 289 HGB. In: Handbuch der Rechnungslegung. Kommentar zur Bilanzierung und Prüfung, hrsg. v. *K. Küting* und *C.-P. Weber*. 3. Aufl., Stuttgart 1990, S. 1835-1855.

Lück, W. (Wirtschaftsprüfung 1991): Wirtschaftsprüfung und Treuhandwesen. 2. Aufl., Stuttgart 1991.

Lück, W. / Müller, U. / Schönbrunn, N. (Anhang 1985): Der Anhang nach neuem Recht. Check-Liste der Erläuterungs- und Anhangsangaben. In: Rechnungslegung nach neuem Bilanzrecht, hrsg. v. *W. Lück*. Berlin 1985, S. 365-384.

Ludewig, R. (Bestätigungsvermerk 1986): Der Bestätigungsvermerk gemäß § 322 HGB im Hinblick auf den Lagebericht. In: WPg 1986, S. 377-380.

Ludewig, R. (Einflüsse 1987): Die Einflüsse des "true and fair view" auf die zukünftige Rechnungslegung. In: AG 1987, S. 12-15.

Luik, H. (Bestätigungsvermerk 1989): Bestätigungsvermerk. In: Lexikon der Rechnungslegung und Abschlußprüfung, hrsg. v. *W. Lück*. 2. Aufl., Marburg 1989, S. 120-123.

Lutter, M. / Krieger, G. (Rechte 1988): Rechte und Pflichten des Aufsichtsrats. 2. Aufl., Freiburg i.Br. 1989.

Lutter, M.: siehe *Busse von Colbe, W.*

Maluck, M. / Göbel, W. (Unterzeichnung 1978): Die Unterzeichnung der Bilanz nach § 41 HGB. In: WPg 1978, S. 624-628.

Mandl, D. (Grundsätze 1978): Grundsätze "ordnungsmäßiger" Prüfung, Begutachtung und Beratung als Nebenbedingung. In: Treuhandwesen, hrsg. v. *K. Lechner*. Wien 1978, S. 635-659.

Marks, P. (Entwicklungstendenzen 1989): Entwicklungstendenzen beim Bestätigungsvermerk. Zum neuen FG 3/1988 des IDW. In: WPg 1989, S. 121-128 und S. 164-173.

Marquard, J.: siehe *Sarx M.*

Martens, K.-P. (Vorlage 1988): Die Vorlage des Jahresabschlusses und des Prüfungsberichts gegenüber dem Wirtschaftsausschuß. In: DB 1988, S. 1229-1236.

Meier, A. (Geschäftsbericht 1974): Geschäftsbericht. In: Handwörterbuch der Betriebswirtschaft, hrsg. v. *E. Grochla* und *W. Wittmann*. Bd. 1. 4. Aufl., Stuttgart 1974, Sp. 1638-1648.

Meilicke, W. (Gestaltungen 1986): Gestaltungen zur Verminderung der Publizität. In: DB 1986, S. 2445-2450.

Meisinger, R. / Wenzler, Ch. (Diskrepanzen 1992): Diskrepanzen bei der Lageberichtspublizität. In: WPg 1992, S. 445-451.

Mellerowicz, K. (Unternehmenspolitik 1965): Unternehmenspolitik. Freiburg i.Br. 1965.

Mellerowicz, K. (Kommentierung 1970): Kommentierung zu §§ 148-160 AktG. In: Aktiengesetz. Großkommentar, bearb. v. *H. Barz, H. Brönner, U. Klug, K. Mellerowicz, J. Meyer-Landrut et al.* Berlin 1970.

Mellerowicz, K.: siehe *Barz, H.*

Mellwig, W. / Moxter, A. / Ordelheide, D. [Hrsg.]: Einzelabschluß und Konzernabschluß. Wiesbaden 1988.

Mellwig, W. / Moxter, A. / Ordelheide, D. [Hrsg.]: Handelsbilanz und Steuerbilanz. Wiesbaden 1989.

Mellwig, W. / Moxter, A. / Ordelheide, D. [Hrsg.]: Handelsbilanz und Steuerbilanz, Beiträge zum neuen Bilanzrecht. Bd. 2. Wiesbaden 1989.

Meyer, C. (Geschäftsbericht 1987): Geschäftsbericht und Jahresabschluß der Kapitalgesellschaft. Eine Analyse der ersten veröffentlichten Abschlüsse nach dem Bilanzrichtlinien-Gesetz als Leitfaden für Aufstellung, Gestaltung und Offenlegung. Stuttgart 1987.

Meyer-Landrut, J.: siehe *Barz, H.*

Minz, W. (Mittler 1962): Mittler der Publizität. In: Das Frankfurter Publizitätsgespräch. Vorträge und Diskussionen der gleichnamigen Tagung in Königstein/Ts. am 13. und 14. April 1962, hrsg. v. *C. H. Barz, C. P. Claussen, M. Hauck, D. Hoffmann, H. Hornef et al.* Frankfurt am Main 1962, S. 258-276.

Moxter, A. (Fundamentalgrundsätze 1976): Fundamentalgrundsätze ordnungsmäßiger Rechenschaft. In: Bilanzfragen - FS für *U. Leffson*, hrsg. v. *J. Baetge, A. Moxter* und *D. Schneider*. Düsseldorf 1976, S. 87-100.

Moxter, A. (Bilanzlehre 1986): Bilanzlehre. Band II, Einführung in das neue Bilanzrecht. 3. Aufl., Wiesbaden 1986.

Moxter, A. (Sinn 1987): Zum Sinn und Zweck des handelsrechtlichen Jahresabschlusses nach neuem Recht. In: Bilanz- und Konzernrecht - FS für *R. Goerdeler*, hrsg. v. *H. Havermann*. Düsseldorf 1987, S. 361-374.

Moxter, A. / Windmöller, R. / Müller, H.-P. / v. Wysocki, K. [Hrsg.]: Entwicklungen bei der Bilanzierung und Prüfung von Kapitalgesellschaften - FS für *K.-H. Forster*. Düsseldorf 1992.

Moxter, A.: siehe *Baetge, J.*

Moxter, A.: siehe *Knobbe-Keuk, B.*

Moxter, A.: siehe *Mellwig, W.*

Müller, E. (Darstellungsformen 1986): Darstellungsformen des Lageberichts. In: Beck'sches Handbuch der Rechnungslegung, hrsg. v. *E. Castan, G. Heymann, E. Müller, D. Ordelheide* und *E. Scheffler*. Losebl. ab 1986, München 1986, B 520.

Müller, E. (Einführung 1986): Einführung und rechtliche Grundlagen des Lageberichts. In: Beck'sches Handbuch der Rechnungslegung, hrsg. v. *E. Castan, G. Heymann, E. Müller, D. Ordelheide* und *E. Scheffler*. Losebl. ab 1986, München 1986, B 500.

Müller, E. (Inhalt 1986): Inhalt des Lageberichts. In: Beck'sches Handbuch der Rechnungslegung, hrsg. v. *E. Castan, G. Heymann, E. Müller, D. Ordelheide* und *E. Scheffler*. Losebl. ab 1986, München 1986, B 510.

Müller, E. (Prüfung 1986): Prüfung des Lageberichts. In: Beck'sches Handbuch der Rechnungslegung, hrsg. v. *E. Castan, G. Heymann, E. Müller, D. Ordelheide* und *E. Scheffler*. Losebl. ab 1986, München 1986, B 530.

Müller, E. (Kommentierung 1990): Kommentierung zu § 328 HGB. In: Handbuch der Rechnungslegung. Kommentar zur Bilanzierung und Prüfung, hrsg. v. *K. Küting* und *C.-P. Weber*. 3. Aufl., Stuttgart 1990, S. 2167-2173.

Müller, E.: siehe *Castan, E.*

Müller, H.-E. [Hrsg.]: Wirtschaftsprüfung und Mitbestimmung. Stuttgart 1989.

Müller, H.-P.: siehe *Forster, K.-H.*

Müller, H.-P.: siehe *Moxter, A.*

Müller, U.: siehe *Lück, W.*

Müller, W. (Zwischenberichtspublizität 1975): Die Zwischenberichtspublizität der deutschen Aktiengesellschaften. München 1975.

Müller, W.: siehe *Forster, K.-H.*

Münker, R. (Inhalt 1985): Inhalt und Gestaltung des Lageberichts nach neuem Recht. In: Rechnungslegung nach neuem Bilanzrecht, hrsg. v. *W. Lück*. Berlin 1985, S. 311-330.

Nahlik, W. (Bestätigungsvermerk 1985): Der Bestätigungsvermerk - Erwartungshaltung und Wirklichkeit. In: Kreditwesen 1985, S. 666-670.

Niedner, H. J.: siehe *Glanegger, P.*

Niehus, R. J. (Angaben 1988): Freiwillige nicht GoB-konforme Angaben im Anhang und der Bestätigungsvermerk des Abschlußprüfers. In: WPg 1988, S. 93-101.

Niehus, R. J. (Anhang 1989): Der Anhang in nationaler und internationaler Betrachtung. In: Handelsbilanz und Steuerbilanz, Beiträge zum neuen Bilanzrecht. Bd. 2, hrsg. v. *W. Mellwig, A. Moxter* und *D. Ordelheide*. Wiesbaden 1989, S. 181-216.

Niehus, R. J. (Weiterentwicklung 1992): Zur Weiterentwicklung der Grundsätze ordnungsmäßiger Durchführung von Abschlußprüfungen. Anregungen aus nationaler und internationaler Sicht. In: Entwicklungen bei der Bilanzierung und Prüfung von Kapitalgesellschaften - FS für *K.-H. Forster*, hrsg. v. *A. Moxter, R. Windmöller, H.-P. Müller* und *K. v. Wysocki*. Düsseldorf 1992, S. 489-505.

Obermüller, W. / Werner, W. / Winden, K. (Aktiengesetz 1965): Aktiengesetz 1965. Erläuterungen mit praktischen Hinweisen. Stuttgart 1965.

Olbrich, T. (Lage 1992): Die wirtschaftliche Lage der Kapitalgesellschaft. Prüfung und Berichterstattung im Rahmen der Abschlußprüfung. Düsseldorf 1992.

Ordelheide, D.: siehe *Castan, E.*

Ordelheide, D.: siehe *Mellwig, W.*

Ott, H. (Offenlegung 1992): Offenlegung des Jahresabschlusses. In: Handbuch der Bilanzierung, hrsg. v. *A. Gnam* und *R. Federmann*. Losebl. ab 1960, Freiburg i.Br. 1992, O 92.

Otte, H.-H. (Ergänzungen 1988): Ergänzungen zum Bestätigungsvermerk nach § 322 Abs. 2 HGB. In: WPg 1988, S. 73-77.

Otte, H.-H. (Rechnungslegung 1990): Harmonisierte europäische Rechnungslegung, Prüfung und Publizität. Herausforderungen der neunziger Jahre. In: WPK-Mitt. 1990, S. 1-11.

Pankow, M.: siehe *Budde, W. D.*

Paskert, D.: siehe *Baetge, J.*

Pelka, J. [Hrsg.]: Beck'sches Steuerberater-Handbuch 1988. München 1988.

Pernack, H.-J.: siehe *Kresse, W.*

Pfleger, G. (Anhang 1989): Anhang. Bilanzpolitik. In: Handbuch der Bilanzierung, hrsg. v. *A. Gnam* und *R. Federmann*. Losebl. ab 1960, Freiburg i.Br. 1989, A 9a/1.

Pfleger, G. (Prüfung 1990): Prüfung des Jahresabschlusses (Abschlußprüfung nach Handelsrecht). In: Handbuch der Bilanzierung, hrsg. v. *A. Gnam* und *R. Federmann*. Losebl. ab 1960, Freiburg i.Br. 1990, P 102.

Piper, G. (Umfang 1970): Zum Umfang und Inhalt von Geschäftsberichten. Anregungen aus einem Vergleich mit der amerikanischen Praxis. In: DB 1970, S. 1141-1142.

Pohle, K. (Geschäftsbericht 1993): Geschäftsbericht. In: Handwörterbuch des Rechnungswesens, hrsg. v. *K. Chmielewicz* und *M. Schweitzer*. 3. Aufl., Stuttgart 1993, Sp. 707-712.

Pohlentz, H. (Prüfungsbericht 1992): Prüfungsbericht. In: Handwörterbuch der Revision, hrsg. v. *A. G. Coenenberg* und *K. v. Wysocki*. 2. Aufl., Stuttgart 1992, Sp. 1499-1513.

Puckler, G. (Kommentierung 1990): Kommentierung zu § 323 HGB. In: Handbuch der Rechnungslegung. Kommentar zur Bilanzierung und Prüfung, hrsg. v. *K. Küting* und *C.-P. Weber*. 3. Aufl., Stuttgart 1990, S. 2103-2109.

Quassowski, L.: siehe *Schlegelberger, F.*

Quick, R. (Haftung 1992): Die Haftung des handelsrechtlichen Abschlußprüfers. In: BB 1992, S. 1675-1685.

Raff, I. / Brandl, R. (Prüfungsbericht 1988): Prüfungsbericht, Bestätigungsvermerk, Bescheinigungen und Schlußbesprechung. In: Handbuch des Jahresabschlusses in Einzeldarstellungen, hrsg. v. *K. v. Wysocki* und *J. Schulze-Osterloh*. Köln 1988, Abt. VI/5.

Räuber, D. (Lagebericht 1988): Der Lagebericht. Diskrepanz zwischen Erwartung und Rechtswirklichkeit. In: BB 1988, S. 1285-1292.

Reiche, K. (Ergänzungen 1987): Ergänzungen zum Bestätigungsvermerk gemäß § 322 Abs. 2 HGB. In: DStR 1987, S. 684-688.

Reige, J. (Publizitätspraxis 1989): Publizitätspraxis und Nutzung ausgewählter handelsrechtlicher Wahlrechte. Zur Rechnungslegung von Großunternehmen (ohne Handel, Banken und Versicherungen). In: BB 1989, S. 1648-1655.

Reinhard, H.: siehe *Busse von Colbe, W.*

Reittinger, W. (Prüfung 1983): Die Prüfung des Lageberichts nach Aktienrecht und nach den Vorschriften der 4. EG-Richtlinie. Diss., Frankfurt am Main/Bern et al. 1983.

Reittinger, W. (Lagebericht 1986): Der Lagebericht. In: Handbuch des Jahresabschlusses in Einzeldarstellungen, hrsg. v. *K. v. Wysocki* und *J. Schulze-Osterloh*. Köln 1986, Abt. IV/3.

Reittinger, W.: siehe *Clemm, H.*

Renkl, G.: siehe *Glanegger, P.*

Reuter, E. (Publizität 1987): Die Publizität der Kapitalgesellschaft nach neuem Bilanzrecht. In: Bilanz- und Konzernrecht - FS für *R. Goerdeler*, hrsg. v. *H. Havermann*. Düsseldorf 1987, S. 427-443.

Richter, H. (Generalklausel 1988): Die Generalklausel des § 264 Abs. 2 HGB und die Forderung des true and fair view. In: BB 1988, S. 2212-2219.

Richter, M. (Anhang 1992): Anhang, Prüfung der Pflichtangaben zum Einzelabschluß. In: Handwörterbuch der Revision, hrsg. v. *A. G. Coenenberg* und *K. v. Wysocki*. 2. Aufl., Stuttgart 1992, Sp. 26-38.

Rössle, W.: siehe *Kresse, W.*

Rückle, D. (Grundsätze 1992): Grundsätze ordnungsmäßiger Abschlußprüfung. In: Handwörterbuch der Revision, hrsg. v. *A. G. Coenenberg* und *K. v. Wysocki*. 2. Aufl., Stuttgart 1992, Sp. 752-769.

Rückle, D.: siehe *Leffson, U.*

Ruß, W.: siehe *Glanegger, P.*

Sahner, F. / Kammers, H. (Lagebericht 1984): Der Lagebericht. Gegenwart und Zukunft. In: DB 1984, S. 2309-2316.

Sarx M. (Kommentierung 1990): Kommentierung zu § 320 HGB. In: Beck'scher Bilanzkommentar. Der Jahresabschluß nach Handels- und Steuerrecht, bearbeitet v. *W. D. Budde, H. Clemm, M. Pankow* und *M. Sarx*. 2. Aufl., München 1990, S. 1783-1793.

Sarx M. (Kommentierung 1990): Kommentierung zu § 321 HGB. In: Beck'scher Bilanzkommentar. Der Jahresabschluß nach Handels- und Steuerrecht, bearbeitet v. *W. D. Budde, H. Clemm, M. Pankow* und *M. Sarx*. 2. Aufl., München 1990, S. 1819-1829.

Sarx M. (Kommentierung 1990): Kommentierung zu § 322 HGB. In: Beck'scher Bilanzkommentar. Der Jahresabschluß nach Handels- und Steuerrecht, bearbeitet v. *W. D. Budde, H. Clemm, M. Pankow* und *M. Sarx*. 2. Aufl., München 1990, S. 1829-1855.

Sarx M. (Kommentierung 1990): Kommentierung zu § 328 HGB. In: Beck'scher Bilanzkommentar. Der Jahresabschluß nach Handels- und Steuerrecht, bearbeitet v. *W. D. Budde, H. Clemm, M. Pankow* und *M. Sarx*. 2. Aufl., München 1990, S. 1977-1987.

Sarx M. / Marquard, J. (Kommentierung 1990): Kommentierung zu § 318 HGB. In: Beck'scher Bilanzkommentar. Der Jahresabschluß nach Handels- und Steuerrecht, bearbeitet v. *W. D. Budde, H. Clemm, M. Pankow* und *M. Sarx*. 2. Aufl., München 1990, S. 1745-1764.

Sarx M. / Spremann, B. (Kommentierung 1990): Kommentierung zu § 326 HGB. In: Beck'scher Bilanzkommentar. Der Jahresabschluß nach Handels- und Steuerrecht, bearbeitet v. *W. D. Budde, H. Clemm, M. Pankow* und *M. Sarx*. 2. Aufl., München 1990, S. 1966-1973.

Sarx, M.: siehe *Budde, W. D.*

Schäfer, W. (Prüfungsbericht 1988): Der Prüfungsbericht nach § 321 HGB. In: Abschlußprüfung nach neuem Recht, hrsg. v. *J. Baetge*. Stuttgart 1988, S. 67-74.

Schäfer, W.: siehe *Breycha, O.*

Schedlbauer, H. (Prüfungen 1992): Prüfungen, freiwillige und vertragliche. In: Handwörterbuch der Revision, hrsg. v. *A. G. Coenenberg* und *K. v. Wysocki*. 2. Aufl., Stuttgart 1992, Sp. 1484-1489.

Scheel, H.: siehe *Ebke, W. F.*

Scheffler, E.: siehe *Castan, E.*

Scheibe-Lang, I. (Prüfungsbericht 1989): Prüfungsbericht nach neuem Recht. Offene Fragen. In: Wirtschaftsprüfung und Mitbestimmung, hrsg. v. *H.-E. Müller*. Stuttgart 1989, S. 37-58.

Scherrer, G. (Prüfungsergebnis 1992): Prüfungsergebnis. In: Steuerberater Handbuch 1992, hrsg. v. *Deutschen Steuerberaterinstitut e.V.* Bonn 1992, S. 596-621.

Scherrer, G.: siehe *Hofbauer, M. A.*

Schildbach, T. / Beermann, M. / Feldhoff, M. (Lagebericht 1990): Lagebericht und Publizitätspraxis der GmbH. Eine empirische Untersuchung. In: BB 1990, S. 2297-2301.

Schlegelberger, F. / Quassowski, L. / Herbig, G. / Geßler, E. / Hefermehl, W. [Hrsg.] (Aktiengesetz 1937): Aktiengesetz vom 30. Januar 1937. Berlin 1937.

Schloen, B. (Lagebericht 1988): Lagebericht und Unternehmenspotential. In: DB 1988, S. 1661-1664.

Schmalenbach-Gesellschaft - Deutsche Gesellschaft für Betriebswirtschaft: siehe *Busse von Colbe, W.*

Schmaltz, K. / Forster, K.-H. / Goerdeler, R. / Havermann, H. [Bearb.]: *ADS* - Rechnungslegung und Prüfung der Aktiengesellschaft - Handkommentar. Bd. 1. 4. Aufl., Stuttgart 1968.

Schmaltz, K.: siehe *Adler, H.*

Schmidle, L. (Publizitätsverhalten 1981): Das Publizitätsverhalten Deutscher Aktiengesellschaften im Erläuterungsbericht gem. § 160 Abs. 2 Satz 2-5 AktG. Eine empirische Untersuchung. Diss., Frankfurt am Main/Bern et al. 1981.

Schmidt, A. (Jahresabschluß 1988): Der Jahresabschluß nach Handels- und Steuerrecht (Aufstellung und Prüfung. Vorbemerkung zum Bilanzrichtlinien-

Gesetz. In: Beck'sches Steuerberater-Handbuch 1988, hrsg. v. *J. Pelka*. München 1988, S. 108-126.

Schmidt, F. (Gestaltungsmöglichkeiten 1990): Gestaltungsmöglichkeiten und Aussagefähigkeit von Cash-flow und Kapitalflußrechnungen. In: Bilanz-analyse nach neuem Recht, hrsg. v. *A. G. Coenenberg*. München 1990, S. 91-108.

Schmidt, H. (Grundsätze 1991): Grundsätze ordnungsmäßiger Buchführung. In: Handbuch der Bilanzierung, hrsg. v. *A. Gnam* und *R. Federmann*. Freiburg i.Br. Losebl. 1960 ff, Stand: 1991, G 66.

Schmidt, R. (Druckbericht 1992): Druckbericht, Inhaltsanalyse. In: Handwörterbuch der Revision, hrsg. v. *A. G. Coenenberg* und *K. v. Wysocki*. 2. Aufl., Stuttgart 1992, Sp. 368-376.

Schmidt, R. (Gewinnverwendung 1993): Gewinnverwendung. In: Handwörterbuch des Rechnungswesens, hrsg. v. *K. Chmielewicz* und *M. Schweitzer*. 3. Aufl., Stuttgart 1993, Sp. 798-803.

Schmitz, B. (Vertragshaftung 1989): Die Vertragshaftung des Wirtschaftsprüfers und Steuerberaters gegenüber Dritten. eine Auseinandersetzung mit den Haftungsausdehnungstendenzen der Rechtsprechung des BGH. In: DB 1989, S. 1909-1915.

Schneider, D. (Gliederungswahlrechte 1980): Gliederungs-, Ansatz- und Bewertungswahlrechte für den Jahresabschluß. In: ZfbF-Sonderheft 10/1980, S. 81-100.

Schneider, D.: siehe *Baetge, J.*

Schneider, P. (Nebenrechnungen 1985): Finanzwirtschaftliche Nebenrechnungen. Eine empirische Untersuchung von Geschäftsberichten börsennotierter deutscher Aktiengesellschaften zum Publizitätsverhalten bei Kapitalfluß-, Umsatzüberschuß-, Wertschöpfungs- und Kapitalerhaltungsrechnungen. Frankfurt am Main 1985.

Schönbrunn, N.: siehe *Lück, W.*

Schruff, L.: siehe *Gross, G.*

Schülen, W. (Grundsätze 1986): Grundsätze für den Inhalt des Anhangs. In: Beck'sches Handbuch der Rechnungslegung, hrsg. v. *E. Castan, G. Heymann, E. Müller, D. Ordelheide* und *E. Scheffler*. Losebl. ab 1986, München 1986, B 410.

Schülen, W. (Aufstellung 1987): Die Aufstellung des Anhangs. In: WPg 1987, S. 223-231.

Schülen, W.: siehe *Janz, R.*

Schulte, K.-W. (Rechnungslegung 1984): Aktienrechtliche Rechnungslegung im Spiegel der Geschäftsberichte. Würzburg et al. 1984.

Schulte, K.-W. (Bilanzpolitik 1986): Bilanzpolitik und Publizitätsverhalten deutscher Aktiengesellschaften. Derzeitige Praxis und erwartete Auswirkungen des BiRiLiG. Bergisch-Gladbach 1986.

Schulte, K.-W. (Publizitätspraxis 1988): Die Publizitätspraxis deutscher Aktiengesellschaften und die Ziele der Aktienrechtsreform von 1965. In: AG 1988, S. 41-46.

Schulze-Osterloh, J. (Jahresabschluß 1986): Jahresabschluß, Abschlußprüfung und Publizität der Kapitalgesellschaften nach dem Bilanzrichtlinien-Gesetz. In: ZHR 1986, S. 532-569.

Schulze-Osterloh, J. (Bestätigungsvermerk 1987): Der Bestätigungsvermerk bei freiwilligen Abschlußprüfungen kleiner Kapitalgesellschaften. In: ZfB Sonderheft 1/1987, S. 355-364.

Schulze-Osterloh, J.: siehe *v. Wysocki, K.*

Schweitzer, M.: siehe *Chmielewicz, K.*

Schweitzer, M.: siehe *Kosiol, E.*

Selchert, F. W. (Anhang 1987): Der Anhang als Instrument der Informationspolitik. Stuttgart 1987.

Selchert, F. W. (Jahresabschlußprüfung 1988): Jahresabschlußprüfung der Kapitalgesellschaften. Wiesbaden 1988.

Selchert, F. W. / Karsten, J. (Inhalt 1985): Inhalt und Gliederung des Anhangs. Ein Gliederungsvorschlag. In: BB 1985, S. 1889-1894.

Sieben, G. (Fragen 1987): Offene Fragen bei der Erstellung und Prüfung des Lageberichts. In: Bilanz- und Konzernrecht - FS für *R. Goerdeler*, hrsg. v. *H. Havermann*. Düsseldorf 1987, S. 581-600.

Siepe, G. (Bestätigungsvermerk 1991): Bestätigungsvermerk. In: Lexikon des Rechnungswesens. Handbuch der Bilanzierung und Prüfung, der Erlös-, Finanz-, Investitions- und Kostenrechnung, hrsg. v. *W. Busse von Colbe*. 2. Aufl., München 1991, S. 55-57.

Sorg, P. (Entwicklung 1988): Die voraussichtliche Entwicklung der Kapitalgesellschaft. Anmerkungen zu Form und Inhalt der Angaben im Anhang. In: WPg 1988, S. 381-389.

Spremann, B.: siehe *Sarx M.*

Steiner, B. (Prüfungsbericht 1991): Der Prüfungsbericht des Abschlußprüfers. Bedeutung, Inhalt und Entwicklung eines "adressatenbezogenen" Prüfungsberichts gemäß § 321 HGB als Grundlage für die Unternehmenskontrolle und -führung. Zugleich ein Plädoyer für eine prüfungsbezogene Beratung durch den Abschlußprüfer. Köln 1991.

Stobbe, T. (Lagebericht 1988): Der Lagebericht. In: BB 1988, S. 303-311.

Stolberg, K. (Offenlegung 1986): Offenlegung und Veröffentlichung des Jahresabschlusses. In: Beck'sches Handbuch der Rechnungslegung, hrsg. v. *E. Castan, G. Heymann, E. Müller, D. Ordelheide* und *E. Scheffler*. Losebl. ab 1986, München 1986, B 610.

Stolberg, K. (Prüfung 1986): Prüfung des Jahresabschlusses. In: Beck'sches Handbuch der Rechnungslegung, hrsg. v. *E. Castan, G. Heymann, E. Müller, D. Ordelheide* und *E. Scheffler*. Losebl. ab 1986, München 1986, B 600.

Streim, H. (Kommentierung 1986): Kommentierung zu § 264 HGB. In: Bonner Handbuch Rechnungslegung. Aufstellung, Prüfung und Offenlegung des Jahresabschlusses, hrsg. v. *M. A. Hofbauer, W. Albrecht, W. Grewe, P. Kupsch* und *G. Scherrer*. Bonn 1986.

Theisen, M.R. (Überwachungsberichterstattung 1988): Die Überwachungsberichterstattung des Aufsichtsrats. Theoretische Forderung und praktische Übung. In: BB 1988, S. 705-711.

Verband der Chemischen Industrie (Rechnungslegung 1967): Rechnungslegung im Konzern. Geschäftsbericht und Konzerngeschäftsbericht nach dem Aktiengesetz 1965. In: ZfB 1967 2. Ergänzungsheft 1967.

Versicherungsgemeinschaft für das wirtschaftliche Prüfungs- und Treuhandwesen (Grenzen 1992): Grenzen der Haftung des Abschlußprüfers. In: WPK-Mitt. 1992, S. 171-172.

Volk, G. (Informationsinteresse 1987): Das Informationsinteresse der Jahresabschlußadressaten. In: BB 1987, S. 723-728.

Weber, C.-P.: siehe *Küting, K.*

Weber, E.: siehe *Gmelin, H. J.*

Weber, H. (Kommentierung 1990): Kommentierung zu § 265 HGB. In: Handbuch der Rechnungslegung. Kommentar zur Bilanzierung und Prüfung, hrsg. v. *K. Küting* und *C.-P. Weber*. 3. Aufl., Stuttgart 1990, S. 1125-1151.

Weilenmann, P. (Gewinnermittlung 1993): Gewinnermittlung und Gewinnverwendung. In: Handwörterbuch der Betriebswirtschaft, hrsg. v. *W. Wittmann, W. Kern, R. Köhler, H.-U. Küpper* und *K. v. Wysocki*. Bd. I. 5. Aufl., Stuttgart 1993, Sp. 1468-1481.

Wenzler, Ch. (Pflichtprüfungen 1992): Pflichtprüfungen, periodische. In: Handwörterbuch der Revision, hrsg. v. *A. G. Coenenberg* und *K. v. Wysocki*. 2. Aufl., Stuttgart 1992, Sp. 1396-1415.

Wenzler, Ch.: siehe *Meisinger, R.*

Werner, U. (Analyse 1990): Die Analyse des Lageberichts als Instrument empirischer Zielforschung. Dargestellt am Beispiel deutscher Rückversicherungsunternehmen. In: ZfbF 1990, S. 1014-1035.

Werner, W.: siehe *Obermüller, W.*

Wiechers, K. (Gegenstand 1988): Gegenstand und Umfang der Prüfung des Jahresabschlusses. In: BBK 1988, Fach 28, S. 797-804.

Wiethölter, R. (Publizitätsinteressen 1962): Die Publizitätsinteressen der Anteilseigner. In: Das Frankfurter Publizitätsgespräch. Vorträge und Diskussionen der gleichnamigen Tagung in Königstein/Ts. am 13. und 14. April 1962, hrsg. v. *C. H. Barz, C. P. Claussen, M. Hauck, D. Hoffmann, H. Hornef et al.* Frankfurt am Main 1962, S. 33-54.

Wilhelmi, S. [Bearb.]: Aktiengesetz vom 6. September 1965. Kommentar, begr. v. *Freiherr von Godin* und *H. Wilhelmi*. Bd. I, Berlin/New York 1971.

Wilhelmi: siehe *Godin.*

Winden, K.: siehe *Obermüller, W.*

Windmöller, R.: siehe *Moxter, A.*

Wittmann, W. / Kern, W. / Köhler, R. / Küpper, H.-U. / v. Wysocki, K. [Hrsg.]: Handwörterbuch der Betriebswirtschaft. 5. Aufl., Stuttgart 1993.

Wittmann, W.: siehe *Grochla, E.*

Wöhe, G. (Möglichkeiten 1985): Möglichkeiten und Grenzen der Bilanzpolitik im geltenden und im neuen Bilanzrecht. In: DStR 1985, S. 715-721 und S. 754-761.

Wölk, A. (Generalnorm 1992): Die Generalnorm für den Einzelabschluß von Kapitalgesellschaften. Frankfurt am Main 1992.

WPK (Richtlinien 1987): Richtlinien für die Berufsausübung der Wirtschaftsprüfer und vereidigten Buchprüfer gemäß § 57 Abs. 2 Nr. 5 der Wirtschaftsprüferordnung vom 24. Juli 1961 i.d.F. der Bekanntmachung der Neufassung vom 5. November 1975 (BGBL. I S. 2803), zuletzt geändert durch Art. 6 des Ersten Rechtsbereinigungsgesetzes vom 24. April 1986 (BGBL. I S. 560). Düsseldorf 1987.

WPK: siehe *IDW.*

Würdinger, H. (Aktienrecht 1966): Aktien- und Konzernrecht. Eine systematische Darstellung. 2. Aufl., Karlsruhe 1966.

v. Wysocki, K. (Jahre 1970): Zwei Jahre Konzernrechnungslegung in Deutschland. In: WPg 1970, S. 97-103 und S. 124-133.

v. Wysocki, K. (Ergebnisse 1976): Ergebnisse empirischer Untersuchungen über das Publizitätsverhalten deutscher Unternehmen. In: ZfbF 1976, S. 744-755.

v. Wysocki, K. (Kapitalflußrechnung 1976): Die Kapitalflußrechnung als Ergänzung des Jahresabschlusses. In: WPg 1976, S. 14-28.

v. Wysocki, K. (Grundsätze 1977): Grundsätze ordnungsmäßiger Bilanzierung und Prüfung. In: Wirtschaftsprüfer heute: Entwicklung oder Reform?, hrsg. v. *W. Busse von Colbe* und *M. Lutter*. Wiesbaden 1977, S. 175-183.

v. Wysocki, K. (Wirtschaftsprüfer 1978): Was prüft der Wirtschaftsprüfer (und was nicht)? In: WIST 1978, S. 219-225.

v. Wysocki, K. (Gestaltungsformen 1983): Gestaltungsformen und Aussagemöglichkeiten von Sozialbilanzen. In: Jahrbuch der Betriebswirte, hrsg. v. *W. Kresse, H.-J. Pernack* und *W. Rössle*. Stuttgart 1983, S. 274-285.

v. Wysocki, K. (Meinungsspiegel 1987): Meinungsspiegel zum Thema "Ausgewählte Probleme des Bilanzrichtlinien-Gesetzes". In: BFuP 1987, S. 70-98.

v. Wysocki, K. (Grundlagen 1988): Grundlagen des betriebswirtschaftlichen Prüfungswesens. Prüfungsordnungen, Prüfungsorgane, Prüfungsverfahren, Prüfungsplanung und Prüfungsbericht. 3. Aufl., München 1988.

v. Wysocki, K. (Aussagefähigkeit 1990): Aussagefähigkeit des Lageberichts. In: Bilanzanalyse nach neuem Recht, hrsg. v. *A. G. Coenenberg*, 2. Aufl., Landsberg am Lech 1990, S. 257-273.

v. Wysocki, K. (Jahresabschluß 1993): Jahresabschluß. In: Handwörterbuch des Rechnungswesens, hrsg. v. *K. Chmielewicz* und *M. Schweitzer*. 3. Aufl., Stuttgart 1993, Sp. 989-999.

v. Wysocki, K. / Schulze-Osterloh, J. [Hrsg.]: Handbuch des Jahresabschlusses in Einzeldarstellungen. 2. Aufl., Köln ab 1984.

v. Wysocki, K.: siehe *Coenenberg, A. G.*

v. Wysocki, K.: siehe *Gross, G.*

v. Wysocki, K. [FS]: siehe *Gross, G.* [Hrsg.].

v. Wysocki, K.: siehe *Moxter, A.*

v. Wysocki, K.: siehe *Wittmann, W.*

Zeiss, F. (Aktiengesetz 1966): Das Aktiengesetz 1965. Erläuterungen unter besonderer Berücksichtigung der Verhältnisse kommunaler Gesellschaften. Stuttgart 1966.

Ziegler, M. (Ergebnisverwendung 1991): Ergebnisverwendung bei Kapitalgesellschaften aus der Sicht der Rechnungslegung und Publizität nach dem Bilanzrichtlinien-Gesetz. Frankfurt am Main et al. 1991.

Zöllner, W. [Hrsg.]: Kölner Kommentar zum Aktiengesetz. Bd. 2. 1. Lfg., Köln/Berlin et al. 1971.

Verzeichnis der untersuchten Druckberichte

Ackermann-Göggingen AG (Bericht 1989): Bericht über das Geschäftsjahr 1989. Augsburg 1990.

Adam Opel AG (Bericht 1989): Bericht über das Geschäftsjahr 1989. Rüsselsheim 1990.

AEG AG (Geschäftsbericht 1989): Geschäftsbericht 1989. Berlin und Frankfurt am Main 1990.

AEG AG (Geschäftsjahr 1991): Das Geschäftsjahr 1991. Berlin und Frankfurt am Main 1992.

AKS Augsburger Kammgarn-Spinnerei AG (Geschäftsbericht 1989): Geschäftsbericht 1989. Augsburg 1990.

Aktienbrauerei Kaufbeuren AG (Geschäftsbericht 1988/89): Geschäftsbericht für das Jahr 1988/89. Kaufbeuren 1989.

ANZAG Andreae-Noris Zahn-AG (Geschäftsbericht 1989): Geschäftsbericht 1989. Frankfurt am Main 1990.

Asea Brown Boveri (ABB) AG (Geschäftsbericht 1989): Geschäftsbericht 1989. Mannheim 1990.

Audi AG (Bericht 1989): Bericht über das Geschäftsjahr 1989. Ingolstadt 1990.

B.A.T Cigarettenfabriken GmbH (Geschäftsbericht 1991): Der Geschäftsbericht 1991. Hamburg 1992.

Badenwerk AG (Bericht 1989): Bericht über das Geschäftsjahr 1989. Karlsruhe 1990.

Bankenunion AG (Geschäftsjahr 1990/91): Geschäftsjahr 1990/91. Frankfurt am Main 1991.

BASF AG (Geschäftsjahr 1989): Geschäftsjahr 1989. Ludwigshafen 1990.

Bayer AG (Geschäftsbericht 1989): Geschäftsbericht 1989. Leverkusen 1990.

Bayer AG (Geschäftsbericht 1990): Geschäftsbericht 1989. Leverkusen 1991.

Bayerische Hypotheken- und Wechsel-Bank AG (Bericht 1991): Bericht über das Geschäftsjahr 1991. München 1992.

Bayerische Motoren Werke AG (Bericht 1989): Bericht über das Geschäftsjahr 1989. München 1990.

Bayerische Wasserkraftwerke AG (Bericht 1989): Bericht über das fünfzigste Geschäftsjahr 1989. München 1990.

Beiersdorf AG (Bericht 1989): Bericht über das Geschäftsjahr 1989. Hamburg 1990.

Bertelsmann AG (Geschäftsbericht 1977/78): Geschäftsbericht und Sozialbilanz für das Geschäftsjahr 1. Juli 1977 bis 30. Juni 1978. Gütersloh 1978.

Bilfinger + Berger Bau-AG (Geschäftsbericht 1989): Geschäftsbericht 1989 über das vierundachtzigste Geschäftsjahr vom 1. Januar bis 31. Dezember 1989. Mannheim 1990.

Brau und Brunnen AG (Bericht 1989): Bericht über das Geschäftsjahr 1989. Berlin und Dortmund 1990.

Bremer Vulkan AG (Bericht 1989): Bericht über das 97. Geschäftsjahr 1. Januar bis 31. Dezember 1989. Bremen 1990.

Buderus AG (Geschäftsbericht 1989): Geschäftsbericht 1989. Wetzlar 1990.

Casella AG (Geschäftsbericht 1989): Geschäftsbericht 1989. Frankfurt am Main 1990.

Daimler-Benz AG (Geschäftsjahr 1990): Das Geschäftsjahr 1990. Stuttgart-Möhringen 1991.

Daimler-Benz AG (Geschäftsjahr 1991): Das Geschäftsjahr 1991. Stuttgart-Möhringen 1992.

Deutsche Aerospace AG (Geschäftsjahr 1989): Das Geschäftsjahr 1989. München 1990.

Deutsche BP AG (Geschäftsbericht 1989): Geschäftsbericht 1989. Hamburg 1990.

Deutsche Genossenschafts-Hypothekenbank AG (Geschäftsbericht 1991): Geschäftsbericht 1991. Hamburg - Berlin 1992.

Deutsche Lufthansa AG (Jahr 1989): Das Jahr 1989. Köln 1990.

Didier AG (Bericht 1989): Bericht über das 156. Geschäftsjahr 1989. Wiesbaden 1990.

Dinkelacker Brauerei AG (Bericht 1988/89): Bericht über das Geschäftsjahr 1988/89. Stuttgart 1990.

Dyckerhoff AG (Geschäftsbericht 1989): Geschäftsbericht 1989. Wiesbaden 1990.

DYWIDAG Dyckerhoff & Widmann AG (Geschäftsbericht 1989): Geschäftsbericht der Dyckerhoff & Widmann AG 1989. München 1990.

Electronic 2000 Vertriebs-AG (Geschäftsbericht 1989): Geschäftsbericht 1989. München 1990.

ESSO AG (Geschäftsbericht 1989): Geschäftsbericht 1989. Hamburg 1990.

Etienne Aigner AG (Geschäftsbericht 1989): Geschäftsbericht 1989. München 1990.

FAG Kugelfischer Georg Schäfer KGaA (Geschäftsbericht 1990): Geschäftsbericht 1990. Schweinfurt 1991.

Feldmühle AG (Geschäftsbericht 1989): Geschäftsbericht 1989. Düsseldorf 1990.

Felten & Guilleaume Energietechnik AG (Bericht 1989): Bericht über das Geschäftsjahr 1989. Köln 1990.

Ford-Werke AG (Geschäftsbericht 1989): Geschäftsbericht 1989. Köln 1990.

Friedr. Krupp Hüttenwerke AG (Bericht 1975): Bericht über das Geschäftsjahr 1975. Bochum 1976.

Germanischer Lloyd AG (Geschäftsbericht 1989): Geschäftsbericht 1989. Hamburg 1990.

Hamburgische Elektrizitätswerke (HEW) AG (Geschäftsbericht 1989): Geschäftsbericht 1989. Hamburg 1990.

Hans Einhell AG (Geschäftsbericht 1989): Geschäftsbericht der Hans Einhell AG 1989. Landau 1990.

Hapag-Lloyd AG (Geschäftsbericht 1989): Geschäftsbericht 1989. Hamburg/Bremen 1990.

Hapag-Lloyd AG (Geschäftsbericht 1990): Geschäftsbericht 1990. Hamburg/Bremen 1991.

Hapag-Lloyd AG (Geschäftsbericht 1991): Geschäftsbericht 1991. Hamburg/Bremen 1992.

Harpener AG (Bericht 1989): Bericht über das 134. Geschäftsjahr 1989. Dortmund 1990.

Hegener + Glaser AG (Geschäftsbericht 1989): Geschäftsbericht 1989. München 1990.

Heilit + Woerner Bau-AG (Bericht 1989): Bericht über das Geschäftsjahr 1989. München 1990.

Held & Francke Bau-AG (Geschäftsbericht 1989): Geschäftsbericht 1989. München 1990.

Henkel KGaA (Geschäftsbericht 1978): Geschäftsbericht 1978. Düsseldorf 1979.

Henkel KGaA (Geschäftsbericht 1990): Geschäftsbericht 1990. Düsseldorf 1991.

Henkel KGaA (Geschäftsbericht 1991): Geschäftsbericht 1991. Düsseldorf 1992.

HOCHTIEF AG (Geschäftsbericht 1989): Geschäftsbericht 1989. Essen 1990.

Hoechst AG (Geschäftsbericht 1989): Geschäftsbericht 1989. Frankfurt am Main 1990.

Hoesch AG (Geschäftsbericht 1989): Geschäftsbericht 1989. Dortmund 1990.

Hoesch AG (Geschäftsbericht 1991): Geschäftsbericht 1991. Dortmund 1992.

Horten AG (Bericht 1989): Bericht über das Geschäftsjahr 1989. Düsseldorf 1990.

Hugo Boss AG (Geschäftsbericht 1989): Geschäftsbericht 1989. Metzingen 1990.

Hutschenreuther AG (Geschäftsbericht 1989): Geschäftsbericht 1989. Selb 1990.

IKB Deutsche Industriekreditbank AG (Bericht 1990/91): Bericht über das Geschäftsjahr 1990/91. Düsseldorf und Berlin 1991.

IKB Deutsche Industriekreditbank AG (Bericht 1991/92): Bericht über das Geschäftsjahr 1991/92. Düsseldorf und Berlin 1992.

Josef Riepl Bau-AG (Geschäftsbericht 1989): Geschäftsbericht 1989. München 1990.

Kali und Salz (K+S) AG (Geschäftsbericht 1989): Geschäftsbericht 1989. Kassel 1990.

Karstadt AG (Geschäftsbericht 1989): Geschäftsbericht 1989. Essen 1990.

Kaufhalle AG (Bericht 1989): Bericht über das Geschäftsjahr vom 1. Januar bis 31. Dezember 1989. Köln 1990.

KERAMAG Keramische Werke AG (Geschäftsbericht 1989): Geschäftsbericht 1989. Ratingen 1990.

Klöckner & Co AG (Bericht 1989): Bericht über das Geschäftsjahr 1989. Duisburg 1990.

Knorr-Bremse AG (Geschäftsbericht 1989): Geschäftsbericht 1989. München 1990.

Kolbenschmidt AG (Geschäftsbericht 1988/89): Geschäftsbericht 1988/89. Neckarsulm 1989.

Kolbenschmidt AG (Geschäftsbericht 1989/90): Geschäftsbericht 1989/90. Neckarsulm 1990.

Köln-Düsseldorfer Deutsche Rheinschiffahrt AG (Bericht 1989): Bericht über das Geschäftsjahr 1989. Köln 1990.

KPMG Deutsche Treuhand-Gesellschaft AG (Geschäftsbericht 1991): Geschäftsbericht 1991. Berlin und Frankfurt am Main 1992.

KPMG Deutsche Treuhand-Gesellschaft AG (Geschäftsbericht 1990): Geschäftsbericht 1990. Berlin und Frankfurt am Main 1991.

Krauss Maffei AG (Geschäftsbericht 1989): Geschäftsbericht 1989. München 1990.

Kulmbacher Spinnerei AG (Geschäftsbericht 1989): Geschäftsbericht für das Geschäftsjahr 1989. Kulmbach 1990.

Leifheit AG (Geschäftsbericht 1989): Geschäftsbericht 1989. Nassau/Lahn 1990.

Linde AG (Jahresbericht 1989): Jahresbericht 1989. Wiesbaden 1990.

Löwenbräu AG (Geschäftsbericht 1988/89): Geschäftsbericht 1988/89. München 1989.

MAN AG (Bericht 1989): Bericht über das 117. Geschäftsjahr 1988/89. München 1989.

Mannesmann AG (Bericht 1989): Bericht über das Geschäftsjahr 1989. Düsseldorf 1990.

Mannesmann AG (Bericht 1990): Bericht über das Geschäftsjahr 1990. Düsseldorf 1991.

Mannesmann AG (Bericht 1991): Bericht über das Geschäftsjahr 1991. Düsseldorf 1992.

Markt und Kühlhallen (MUK) AG (Bericht 1989): Bericht über das 99. Geschäftsjahr 1989. München 1990.

Markt und Technik Verlag AG (Geschäftsbericht 1989): Geschäftsbericht 1989. Haar bei München 1990.

Metallgesellschaft AG (Geschäftsjahr 1988/89): Geschäftsbericht 1988/89. Frankfurt am Main 1990.

Münchener Rückversicherungs-Gesellschaft AG (Bericht 1989/90): Bericht über das 110. Geschäftsjahr 1. Juli 1989 bis 30. Juni 1990. München 1990.

NAK Stoffe AG (Geschäftsbericht 1989): Geschäftsbericht für das Jahr 1989. Augsburg 1990.

Nebelhornbahn AG (Bericht 1988/89): Bericht über das Geschäftsjahr 1988/89. Oberstdorf 1990.

Neckarwerke Elektrizitätsversorgungs-AG (Bericht 1989): Bericht über das Geschäftsjahr vom 1. Januar bis 31. Dezember 1989. Esslingen 1990.

Nixdorf Computer AG (Geschäftsbericht 1989): Geschäftsbericht 1989. Paderborn 1990.

Oelmühle Hamburg AG (Geschäftsbericht 1989): Geschäftsbericht 1989. Hamburg 1990.

Oppermann Versand AG (Geschäftsbericht 1989): Geschäftsbericht 1989. Neumünster 1990.

Otto Stumpf AG (Geschäftsbericht 1989): Geschäftsbericht der Otto Stumpf Aktiengesellschaft Nürnberg über das 68. Geschäftsjahr. Nürnberg 1990.

Otto Versand GmbH & Co (Bericht 1990/91): Bericht über das Geschäftsjahr vom 1. März 1990 bis 28. Februar 1991. Hamburg 1991.

Paulaner-Salvator-Thomasbräu AG (Geschäftsbericht 1988/89): Geschäftsbericht 1988/89. München 1989.

Philips Kommunikations Industrie (PKI) AG (Geschäftsbericht 1989): Geschäftsbericht 1989. Nürnberg 1990.

Porzellanfabrik Mitterteich AG (Geschäftsbericht 1989): 68. Geschäftsbericht für das Geschäftsjahr 1989. Mitterteich 1990.

Preussag AG (Bericht 1989): Bericht über das Geschäftsjahr 1989. Hannover 1990.

Puma AG (Geschäftsbericht 1989): Geschäftsbericht 1989. Herzogenaurach 1990.

PWA Papierwerke Waldhof-Aschaffenburg AG (Bericht 1989): Bericht über das Geschäftsjahr 1989. Raubling 1990.

Rheinland Versicherungs-AG (Bericht 1991): Bericht über das 112. Geschäftsjahr der RheinLand Versicherungs-Aktiengesellschaft 1991. Neuss 1992.

Robert Bosch GmbH (Geschäftsbericht 1990): Geschäftsbericht über das Jahr 1990. Stuttgart 1991.

Rosenthal AG (Geschäftsbericht 1989): Geschäftsbericht 1989. Selb 1990.

Ruhrgas AG (Bericht 1989): Bericht über das 64. Geschäftsjahr 1989. Essen 1990.

RWE AG (Bericht 1991/92): Bericht über das 94. Geschäftsjahr 1991/92. Essen 1992.

RWE Energie AG (Bericht 1990/91): Bericht über das Geschäftsjahr 1990/91. Essen 1991.

RWE Energie AG (Bericht 1991/92): Bericht über das Geschäftsjahr 1990/91. Essen 1992.

Saarbergwerke AG (Bericht 1991): Bericht über das Geschäftsjahr 1991. Saarbrücken 1992.

Salamander AG (Geschäftsbericht 1989): Geschäftsbericht 1989. Kornwestheim 1990.

Salzgitter AG (Geschäftsbericht 1988/89): Geschäftsbericht 1988/89 der Salzgitter AG. Salzgitter 1990.

Schering AG (Geschäftsbericht 1971): Geschäftsbericht 1971. Berlin 1972.

Schering AG (Geschäftsbericht 1989): Geschäftsbericht 1989. Berlin 1990.

Schering AG (Geschäftsbericht 1990): Geschäftsbericht 1990. Berlin 1991.

Schering AG (Geschäftsbericht 1991): Geschäftsbericht 1991. Berlin 1992.

Schneider Rundfunkwerke AG (Geschäftsbericht 1989): Geschäftsbericht 1989. Türkheim 1990.

Schott-Zwiesel-Glaswerke AG (Geschäftsbericht 1988/89): Geschäftsbericht 1988/89. Zwiesel 1989.

Siemens AG (Geschäftsbericht 1989): Geschäftsbericht '89. Berlin und München 1990.

Siemens AG (Geschäftsbericht 1990): Geschäftsbericht '90. Berlin und München 1991.

Siemens AG (Geschäftsbericht 1991): Geschäftsbericht '91. Berlin und München 1992.

Siemens AG (Geschäftsbericht 1992): Geschäftsbericht '92. Berlin und München 1993.

Spinnerei und Weberei Momm AG (Geschäftsbericht 1989): Geschäftsbericht und Jahresabschluß 1989. Kaufbeuren 1990.

Stadt-Sparkasse Solingen (Geschäftsbericht 1990): Geschäftsbericht 1990. Solingen 1991.

Stadt-Sparkasse Solingen (Geschäftsbericht 1991): Geschäftsbericht 1990. Solingen 1992.

Steag AG (Bericht 1989): Bericht über das Geschäftsjahr 1989. Essen 1990.

Stinnes AG (Jahre 1989): Die Stinnes AG im Jahre 1989. Mühlheim a. d. Ruhr 1990.

Th. Goldschmidt AG (Bericht 1989): Bericht über das Geschäftsjahr 1989. Essen 1990.

Thüga AG (Bericht 1989): Bericht über das Geschäftsjahr vom 1. Januar bis 31. Dezember 1989. München 1990.

Thyssen AG (Bericht 1988/89): Bericht über das Geschäftsjahr vom 1. Oktober 1988 bis zum 30. September 1989. Duisburg 1990.

Thyssen AG (Bericht 1991/92): Bericht über das Geschäftsjahr Thyssen-Welt vom 1. Oktober 1991 bis zum 30. September 1992. Duisburg 1993.

Tucher Bräu AG (Geschäftsbericht 1988/89): Geschäftsbericht der Tucher Bräu Aktiengesellschaft in Nürnberg über das 102. Geschäftsjahr vom 1. Oktober 1988 bis 30. September 1989. Nürnberg 1990.

Varta AG (Geschäftsbericht 1989): Geschäftsbericht 1989. Bad Homburg v.d. Höhe 1990.

VDO Adolf Schindling AG (Geschäftsbericht 1989): Geschäftsbericht 1989. Frankfurt am Main 1990.

VEBA AG (Geschäftsbericht 1990): Geschäftsbericht 1990. Düsseldorf 1991.

VEBA AG (Geschäftsbericht 1991): Geschäftsbericht 1991. Düsseldorf 1992.

VEGLA Vereinigte Glaswerke GmbH (Geschäftsbericht 1990): Geschäftsbericht 1990. Aachen 1991.

VEGLA Vereinigte Glaswerke GmbH (Geschäftsbericht 1991): Geschäftsbericht '91. Aachen 1992.

Volkswagen AG (Bericht 1983): Bericht über das Geschäftsjahr 1983. Wolfsburg 1984.

Volkswagen AG (Bericht 1988): Bericht der Volkswagen AG über das Geschäftsjahr 1988. Wolfsburg 1989.

Volkswagen AG (Bericht 1989): Bericht der Volkswagen AG über das Geschäftsjahr 1989. Wolfsburg 1990.

Volkswagen AG (Bericht 1990): Bericht der Volkswagen AG über das Geschäftsjahr 1990. Wolfsburg 1991.

Volkswagen AG (Geschäftsbericht 1991): Geschäftsbericht 1991. Wolfsburg 1992.

Wacker-Chemie GmbH (Geschäftsjahr 1991): Die Wacker-Chemie GmbH berichtet über das Geschäftsjahr 1991. München 1992.

Walter-Thosti-Boswau (WTB) Bau-AG (Geschäftsbericht 1989): Geschäftsbericht 1989. Augsburg 1990.

Wella AG (Geschäftsbericht 1989): Geschäftsbericht 1989. Darmstadt 1990.

Würzburger Hofbräuhaus AG (Geschäftsbericht 1988/89): Geschäftsbericht über das Geschäftsjahr 1988/89. Würzburg 1990.

Zürich Kautions- und Kreditversicherungs-AG (Bericht 1991): Bericht über das Geschäftsjahr 1991. Frankfurt am Main 1992.

BEITRÄGE ZUM RECHNUNGS-, FINANZ- UND REVISIONSWESEN

Band 1 Rainer Kleine-Doepke: Informationsökonomische Analyse der externen Rechnungslegung. 1981.

Band 2 Lothar Schmidle: Das Publizitätsverhalten Deutscher Aktiengesellschaften im Erläuterungsbericht gem. § 160 Abs. 2 Satz 2-5 AktG. Eine empirische Untersuchung. 1981.

Band 3 Bernd Schönbrodt: Erfolgsprognosen mit Bilanzkennzahlen. 1981.

Band 4 Hans Brandt: Private Rechnungslegungskommissionen. Grundprobleme der institutionalisierten Festlegung von Rechnungslegungsnormen. 1981.

Band 5 Klaus Hille: Latente Steuern im Einzel- und Konzernabschluss. 1982.

Band 6 Helmut Wimmer: Die Anpassung der externen Rechenschaftslegung von Aktiengesellschaften an die Körperschaftssteuerreform. 1982.

Band 7 Manfred Bohn: Konzeption einer Produkterfolgsrechnung für Planung und Kontrolle. 1982.

Band 8 Wolfgang Reittinger: Die Prüfung des Lageberichts nach Aktienrecht und nach den Vorschriften der 4. EG-Richtlinie. 1983.

Band 9 Brigitte Döll: Bilanzierung langfristiger Fertigung. Eine theoretische und empirische Untersuchung aktienrechtlicher Rechnungslegung. 1984.

Band 10 Wolfgang Franzen: Entscheidungswirkungen von Kosteninformationen. Eine experimentelle Untersuchung zum Einfluß von Voll- oder Teilkosteninformationen auf betriebswirtschaftliche Entscheidungen. 1985. 2. unveränderte Auflage 1987.

Band 11 Bärbel Hanisch: Die Ergebnisrechnung nach dem Bilanzrichtlinien-Gesetzentwurf im internationalen Vergleich (BRD, Japan, USA). 1984.

Band 12 Heinz Hanisch: Jahresabschlußprüfung bei Datenbanksystemen. 1986.

Band 13 Rudolf Hartl: Die Politikberatung durch die Kommission Rechnungswesen im Verband der Hochschullehrer für Betriebswirtschaft e.V.. Methodenkritik der Stellungnahme zur Transformation der 4. (Bilanz-) Richtlinie der Europäischen Gemeinschaft. 1986.

Band 14 Sylvia Höchendorfer: Grundsätze ordnungsgemäßer Bilanzierung von Rückstellungen für Jahresabschlußkosten. 1986.

Band 15 Rudolf Kraus: Vorkalkulation bei langfristiger Einzelfertigung. 1986.

Band 16 Hans J. Wenzel: Bilanzierung von Sachverhaltsgestaltungen mit Reserveauflösung im Anlagevermögen. 1987.

Band 17 Josef Spieler: Aktivierungsfähigkeit von selbsterstellter Standardsoftware zur anonymen Vermarktung gemäß Handels- und Steuerrecht. Mit einer einführenden Darstellung über Software als Aktivierungsproblem in der Bundesrepublik Deutschland und in den USA. 1987.

Band 18 Walter G. Donhauser: Nettosubstanzerhaltungsrechnungen im internationalen Konzern. 1988.

Band 19 Hans Betz: Zur Gestaltung der Rechnungslegung und Publizität von Eingliederung und eingliederungsähnlichen Unternehmensverbindungen. 1988.

Band 20 Andreas Raffel: Abweichungsinduzierte Entscheidungsfindung zur Steuerung von Software-Entwicklungsprojekten. 1988.

Band 21 Gerhard Florin: Strategiebewertung auf der Ebene der strategischen Geschäftseinheit. Ein PC-gestütztes Modell zur ergebnis- und finanzorientierten Bewertung von Marktanteilsstrategien. 1988.

Band 22 Peter Ströhlein: Bedeutung betriebswirtschaftlicher Bilanztheorien für die Systematisierung und Auslegung handelsrechtlicher Bilanzierungshilfen. Dargestellt am Beispiel der Aufwendungen für die Ingangsetzung und Erweiterung des Geschäftsbetriebs. 1988.

Band 23 Rudolf Gingele: Der konsolidierte Abschluß in den Vereinigten Staaten von Amerika. Rechtliche, historische und theoretische Grundlagen unter besonderer Berücksichtigung des Konsolidierungskreises und der Kapitalkonsolidierung. 1989.

Band 24 Michael T. Sautter: Strategische Analyse von Unternehmensakquisitionen. Entwurf und Bewertung von Akquisitionsstrategien. 1989.

Band 25 Andreas Mayer: Auswirkungen des Bilanzrichtlinien-Gesetzes auf die externe Analyse der Einzelabschlüsse von Kapitalgesellschaften. - Eine theoretische Untersuchung. 1989.

Band 26 Hermann Josef Demmel: Auswahl von Prüfungsgegenständen aufgrund von Vorinformationen. 1989.

Band 27 Olaf Jahn: Pensionsgeschäfte und ihre Behandlung im handelsrechtlichen Jahresabschluß von Kapitalgesellschaften. 1990.

Band 28 Alwin Jung: Erfolgsrealisation im industriellen Anlagengeschäft. Ein Ansatz zur Operationalisierung einer zusätzlichen Angabepflicht. 1990.

Band 29 Roland Dietl: Zur Ausübung von gesetzlich eingeräumten Konsolidierungswahlrechten im Konzernabschluß. 1992.

Band 30 Jürgen Glaubig: Grundsätze ordnungsmäßiger Bilanzierung für Dauerrechtsverhältnisse. Unter besonderer Berücksichtigung von Miete, Pacht und Leasing sowie Darlehens-, Arbeits- und Ausbildungsverträgen. 1993.

Band 31 Stefan Rammert: Jahresabschlußprüfung und Resampling-Verfahren. 1994.

Band 32 Klaus Dieter Patzak: Einheitliche Bewertung im Jahresabschluß von Kapitalgesellschaften. 1994.

Band 33 Christian Wenzler: Die Komponenten des Geschäftsberichts. Abgrenzung und Prüfung unter besonderer Berücksichtigung des freien Teils. 1994.

Lebenslauf

Name:	**Christian** Johannes **Wenzler**
Anschrift:	Lilienweg 24 8130 Starnberg
Geburtsdatum/-ort:	12. November 1962 in Murnau
Familienstand:	verheiratet; 3 Kinder
Eltern:	Karl Wenzler; Johanna Wenzler, geb. Ullrich
Schulbildung:	September 1969 - Juli 1973 Grundschule Partenkirchen September 1973 - Juni 1982 Werdenfels-Gymnasium Garmisch-Partenkirchen Allgemeinen Hochschulreife: 25. Juni 1982
Wehrdienst:	Juli 1982 - September 1983 in Füssen und Murnau
Studium:	Ludwig-Maximilians-Universität München WS 1983/84: Volkswirtschaftslehre SS 1984 - WS 1988/89: Betriebswirtschaftslehre Diplom-Examen: 22. Februar 1989
Berufliche Tätigkeit:	1. Februar bis 31. Mai 1989 Prüfungsassistent bei der KPMG Deutsche Treuhand-Gesellschaft, München Seit 1. Juni 1989 wissenschaftlicher Mitarbieter am Seminar für Wirtschaftsberatung und Revisions- wesen der Ludwig-Maximilians-Universität München, Leitung: Prof. Dr. Klaus v. Wysocki